brary

入門

平凡社ライブラリー

Heibonsha Library

和本入門

千年生きる書物の世界

橋口侯之介

平凡社

本著作は二〇〇五年十月、平凡社より刊行されました。

まえがき

和本が日本人を本好きにした

有史以来、明治の初め頃までに日本で書かれたか、印刷された書物の総称を「和本《わほん》」という。日本で書物が作られるようになった千三百年前から、明治の後半に洋装の活版印刷が主流になるまでの千二百年間が和本の歴史である。

とりわけ江戸時代にはその文化が大きく花開き、木版で印刷された本が全国に普及した。そのため現在でも当時の本をよく見ることができる。日本では古書の流通が盛んで、和本の分野でも数多くの本が売買されているのである。全国ではおそらく三百軒以上の古書店が、多少なりとも和本を売っていて、その店先で自由に手にとってめくることが可能である。和本は骨董品でなく、手軽に接することができる「現役」の書物として存在している。

和本を手にとってみることの意義は、たんに古い書物に触れるというだけでなく、そこに原初的ともいうべき「本の魂」が息づいていて、それが今日まで生き続けていることを実感することにある。和本を知ることは現代の本を知ることにも通じ、ひいては「本とは何か」という原点にまでさかのぼって考える格好の材料になるのである。

たとえば、日本人は無類の本好きといわれている。それほど本に魅せられてきた原点は、江戸時代に本の大衆化が進んだところにあった。

今日でも学術専門書はA5判やB5判で、エンターテイメント系の本はB6判や文庫判と、本の大きさがおおよそ決まっている。別にそう定められているわけではないが、おのずとそうなっている。その起源は江戸時代にさかのぼる。当時、硬い本は「物之本《ものの ほん》」といい、文芸的な書物は「草紙《そうし》」といって区別されていた。物之本は大本《おおぼん》（今のほぼB5判）か半紙本（A5判）で、草紙は中本《ちゅうぼん》（B6判）か小本《こほん》（文庫判）と相場が決まっていた。これは今日のサイズとぴったり符合するのである。

往来物《おうらいもの》といって寺子屋などの教材になった本が江戸時代にはたくさん作られたが、そのせいもあって当時の識字率はたいへん高かった。そのうえ大衆本は蕎麦《そば》より安価だったので、小ぶりな草紙は、いきで気楽な読み物として庶民層にまで広く受け入れられていった。

また学問は武士階級だけでなく町人や農民にまで広がり、全国に家塾ができて、そこで物之本もたくさん読まれた。想像以上に盛んな書物の流通網ができあがっていたので、全国すみずみまで本がいきわたっていた。

さらに江戸時代には、優れた出版プロデューサーとでもいうべき人材がいく人も出現した。そこで練られた企画は斬新で、数々のヒット作を生んでいった。それが本の世界の厚みを増して、質量ともに世界的な日本人の本好きをつくりあげていったといえるのである。

和本の作法を知る楽しさ

現代の日本の本には巻末に奥付《おくづけ》があって、そこに刊行年月日や発行者が必ず書かれている。ところが、この位置は世界的に見るとむしろ少数派で、欧米では扉（タイトルページ）に記されている。

奥付の伝統は和本時代からあった。もともと平安時代以来の手書きの書物（写本《しゃほん》）に奥書《おくがき》といって誰がいつ、どこから写したかなどを書き込んできた。それが中世以降の印刷物にも引き継がれ、さらに江戸時代の十八世紀中頃、大岡越前守《おおおかえちぜんのかみ》が定めた出版条目《じょうもく》によって普及した。以来日本の出版物には刊行年月と、どこの本屋が刊行したかを奥付で表記するようになったのである。

とはいえ、和本にある奥付の書きかたは、今日のそれとは違うところもある。手元にある和本がいつの発行物かということは、一番知りたいことがらだが、この奥付に書かれている年代をそのまま受け入れてしまうと思わぬ間違いを犯してしまう。

たとえば、江戸時代後半にもっとも広く読まれた江戸の名所旧跡を案内した地誌『江戸砂子《えどすなご》』は、享保十七年（一七三二）に初版が出た。人気があったので何度も増刷されたあと、四十年後の明和九年（一七七二）には内容を一部改めた再板《さいはん》も出た。それが十九世紀前半の天保頃まで盛んに刊行された。およそ百年の間発行され続けてきたのだ。ところが、奥付に記載された年代を見ると最初の『江戸砂子』はずっと享保十七年のままで、改訂版となった『再校江戸砂子』になって初めて明和九年と書き改められた。その改訂版も五十年は経っていると思われる増刷本にいたるまで、今度は明和九年のままである。つまり、奥付には確かに刊行年代は書かれているが、それだけではほんとうの印刷時期までは確定できないのである。

木版印刷用の板木《はんぎ》は丈夫で長持ちしたので、百年はあたりまえ、なかには二百年以上経って増刷することもよくあった。そのため、できたての板木を用いた初刷本《しょずりぼん》と、何度も使われてすり減ってしまった板木による後刷本《あとずりぼん》とでは出来栄えが違う。和本の世界では、この初刷か後刷かということをやかましくいう。それによって古書価格も桁が違うほど開くことがある。いつ刊行された本かということは、奥付を見ただけではわからないもので、刷りの状態、出版元の情報などを含めて総合的に判断しなければならない。

このほか、中国の古い時代にできあがった本作りの基本が和本にも伝えられ、書名や著者名の書きかた、板木の彫りかたなど細部にいたるまで伝統と格式ができあがった。それが本作りの作法というべきもので、そのいくつかは今日の本にも伝えられている。現代の出版用語には和本時代のことばがたくさん残っている。たとえば表紙とか見返しというのは奈良時代の書物がまだ巻物《まきもの》で作られていた頃からの用語だし、そもそも本を一巻、二巻と数えるのはそのときからの名残である。本の最初に序が入り、おしまいには跋《ばつ》が入るのも和本ではふつうのことだが、今の本でも「まえがき」と「あとがき」として残っている。

逆に和本には今日では失われてしまった作法もたくさんある。たとえば、同じ序や跋にしても、その入れかたや順番まで決まりごとがあったし、奥付の例のように形は同じだが実質が違うということもある。外題《げだい》といって表紙に印刷された書名と、本文の始まりのところに出てくる内題《ないだい》と呼ばれる書名とが異なっていることも少なくない。今の本にはあり得ないことで、いったいどちらを採用すべきか、いまだに論争になっているほどである。

現代にも共通するもの、今とはまったく違うものなどさまざまな面が和本にはある。そのひとつひとつを知ることだけでも本を深く知る楽しい世界が広がるのだが、そのためには少々の基礎知識を得ることが必要である。ところが、和本を実際にどのように扱い、どう見ればよいのかということになると、これまでなかなかよい指針となる入門書がなかった。堅苦しい書誌学の本でなく、実用的でわかりやすい本が必要だろう。

その点、わたしたち古本屋は、実践的に和本を取り扱いながら価格付けという価値判断を下す仕事をしてきた。それが適正でないと、売れ残る＝不良在庫という厳しい結果があった。そんな失敗を三十年繰り返しながら、ようやく和本を見るツボを心得るようになった。その経験を生かして、さまざまな基本となる知識を披露するのもお役に立つだろうと思う。

本書では、本の文化が形成される歴史的背景を探りながら、実際に和本を手にとるように、できるだけ実例で説明することに努めた。いわゆる珍本・稀本《きほん》でなく、入手しやすい江戸時代の出版物を選ぶようにしてある。また古本屋の秘伝とまではいわないが、書誌学や図書館学の本などには出てこない、独特の見かたもそっとお教えする。また手に入れた和本を、きちんと保存する方法も忘れずに紹介する。

これまで、どうしても専門の研究者や特殊なコレクターの世界になりがちだった和本を、より広く、深く知っていただきたい。本書はそういう「知」のためのささやかなガイドブックをめざしている。

和本には和紙の柔らかい感触、しっとりとした墨の味わいがあって、全体からほのぼのとした癒し系の雰囲気がにじみ出ている。そのうえ自然素材である和紙は丈夫で長持ちする。きちんと保管できれば、和本は千年もつことがもう証明されている。これからも千年の単位で和本を残していきたい。そのためには、ものとして保存しておくだけでなく、その価値を的確に見極める知識、いわばソフトの部分も同時に伝えていかなければならないだろう。

千二百年の歴史の厚みがつまった文化遺産ともいうべき和本は、悠久の未来に伝えなければならない。その役の一端を、本書が担うことができれば幸いである。

目次

第三章 和本はどのように刊行されたか――刊記・奥付の見かた〈上級編〉

第四章　和本の入手と保存——次の世代に残すために

挿絵――杉本直子

第一章 和本とは何か——その歴史と様式を知る〈初級編〉

本の神様・魁星（『三養雑記』より）

❖和本という用語

「有史以来、明治の初め頃までに日本で書かれたか、印刷された書物の総称」というのが、本書での和本の定義である。日本の古来の書物をひとつの用語でくくろうとすると、それ以外のことばでは、なかなかしっくりいかないからである。

たとえば「古典籍」というのはどうか。古典芸能、古典文学などと同じように、古典の書籍という意味で広く使われている。ところが、古典籍とは古典・籍でなく、古・典籍だそうだ。典籍はてんせきというが、てんじゃくとも読んで、優れた書物、善本《ぜんぽん》という意味の古い用語である。となると、どうもそこに草紙《そうし》のような通俗的な読み物などは入れてもらえそうもない。別に「和古書」「和装古書」といういいかたもあるが、これは図書館などが使うだけで一般的になっていない。

昭和三十八年から刊行された『国書総目録《こくしょそうもくろく》』（岩波書店）は、有史以来江戸時代末までの書籍五十万点を「国書」と称して、書名の五十音順に配列した全九巻の大辞典である。書物を調べるのにたいへん役に立つ基本の文献だが、ここでいう「国書」とは「日本人の編著に限る」という条件がついている。ところが、平安時代に始まる日本の出版活動で、室町時代末期までに出た本を見てみると、その七、八割までが仏教に関する著作物、つまり仏書《ぶっしょ》といわれるものである。残りが儒学などの思想や漢詩といった中国人の編著になる書物＝漢籍で、ほかにほんのわずかの医学書があった。この間、日本人の書いた歌集や歴史書などは、手書きの写本《しゃほん》としてしか伝えられておらず、外国の思想や知識を導入するための書物のほうが数多く作られてきたのである。その大半は中国の原書をもとに日本で板木を彫り直すという方法（和刻《わこく》という）で出版されてきた。

この伝統はその後も続き、少なくとも江戸時代の初めまでは、出版物ジャンルの上位は相変わらず仏書、漢籍などで占められていた。日本人の編著に限る「国書」という用語でくくると、このように古来大量に出版されてきた和刻本が除かれてしまう。できるだけ、これら仏書・漢籍から国書全般にわたる書物を総称する用語がふさわしい。

そこで、江戸時代の本屋が使っていたことばを探してみる。

次頁右の図は文政四年（一八二一）のタウンページというべき『江戸買物独案内《えどかいものひとりあんない》』という本の一部である。四十軒ほどの本屋（書物問屋《といや》）が並んでいる欄のなかに「唐本《とうほん》　和本　仏書《ぶっしょ》　石刻《せっこく》　書物問屋　須原屋茂兵衛《すはらやもへえ》」などと書かれている。次の小林新兵衛《こばやししんべえ》、前川六左衛門《まえかわろくざえもん》も同様だ。唐本というのは、中国で製作された書物のことをいい、石刻というのは金石《きんせき》から写しとっ

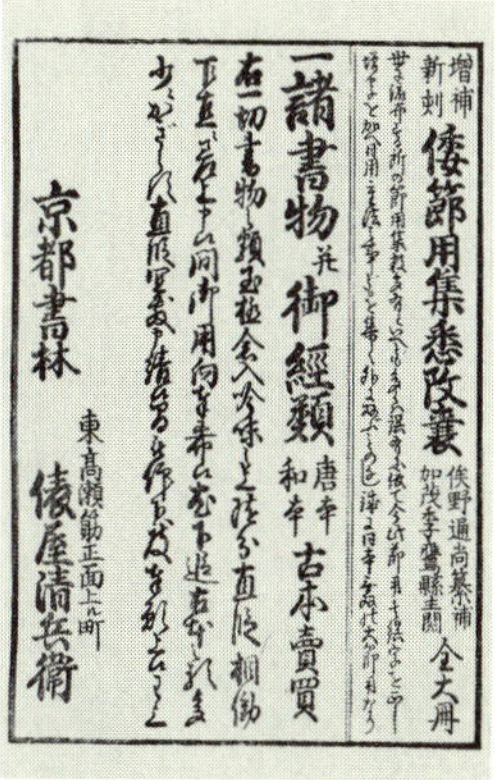

俵屋清兵衛の広告

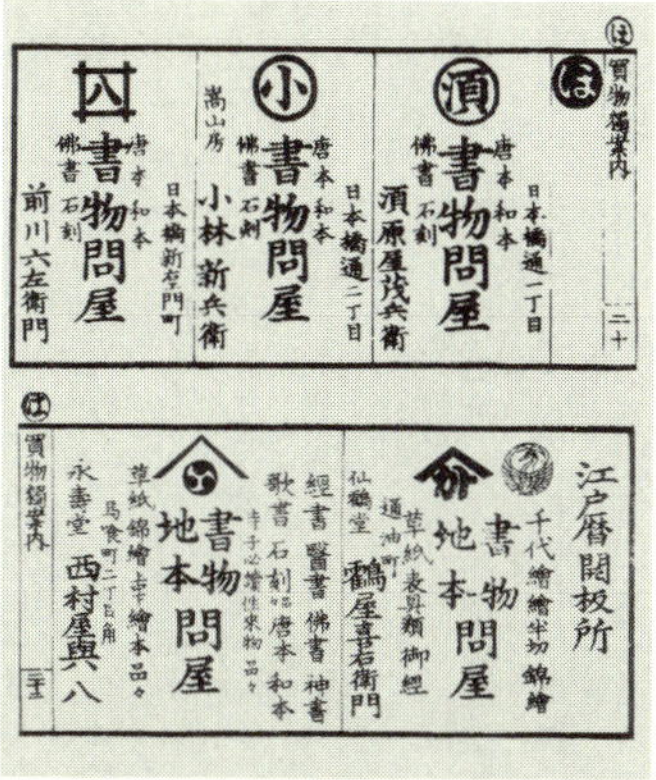

『江戸買物独案内』の本屋から

た拓本《たくほん》類のことである。

　さらに左の図にあるのは京都の俵屋清兵衛《たわらやせいべえ》という本屋の広告である。そこには「唐本　和本　古本売買」と書いてある。江戸時代の本屋は、出版社だけでなく、新本の問屋も兼ねた小売店でもあり、同時に古書の売買まで広く手がけていた。その古本の取り扱い品目として、「和本」を用いているのだ。

　つまり、中国製の「唐本」以外の書物はみな「和本」として広告を出しているのである。仏書が別にされているのは数の多いジャンルなので、「仏書をはじめとする和本」と理解していいと思う。石刻は冊子状でなく、紙を折り込んで作る折本状が多いので別扱いにしたのだろう。

　このように江戸時代から日本でできた本の総称として実際に「和本」と呼んでいたことに注目して、わたしもこれを用いることにしたのである。これなら仏書・漢籍から庶民向けの本まで、古い書物の類を全般的にあらわす用語になるからだ。古本屋は明治以降もずっとこの語を使ってきた。書物というのは幅広いものなので、あまり狭く考えずに「和本」のようにゆるやかに包容することばで語るほうがいいと思っている。

書物問屋と地本問屋

江戸時代の本屋というのは、微妙に系統が分かれていた。その分けかたについて貞享四年(一六八七)刊の『江戸鹿子《えどかのこ》』という江戸の町を案内する本では、次頁の図のように唐本屋・書《かき》本屋《ほんや》・書物屋《しょもつや》、それに浄瑠璃本屋《じょうるりぼんや》とあらわされている。掲載されている本屋のうち唐本屋とあるのは一軒だけだが、その隣に書本屋が三軒あり、これは印刷物でない手書きの本(写本)を専門に扱った店であった。印刷本ばかりが本屋の商品ではなかったことがわかる。その先に書物屋が十数軒並んでいる。さらに少し離れたところには、図の下段にあるような浄瑠璃本屋が五軒出てくる。浄瑠璃などの音曲《おんぎょく》の語りをおさめた本(正本《しょうほん》という)をおもに扱う店が別にあったのだ。

その四軒目に通油町《とおりあぶらちょう》の鶴屋喜右衛門《つるやきえもん》の名が見える。この店は約百三十年後の『江戸買物独案内』にも載っていて、同じ日本橋の通油町で江戸暦《えどごよみ》・千代絵《ちよえ》・錦絵《にしきえ》・草紙・御経《おきょう》などを扱う書物地本問屋《じほんどいや》として出ている(前頁図参照)。錦絵や双六《すごろく》、千代絵(千代紙)などの一枚刷《いちまいずり》といわれている各種の印刷物、大衆的な読み物である草紙、民間で使用する暦や経文などを商っていた。前述の須原屋茂兵衛などが、内容の硬い本を中心とした書物問屋（貞享の頃は書物屋）を形成していたのに対して、大衆向けの音曲や実用書、読み物専門の別系統の地本問屋という本屋があって、幅広く印刷物を売っていたことがわかる。この草紙類は、江戸時代中期以降、爆発的といっていいほど大衆に受け入れられた本である。「和本」という場合、以上にあげたす

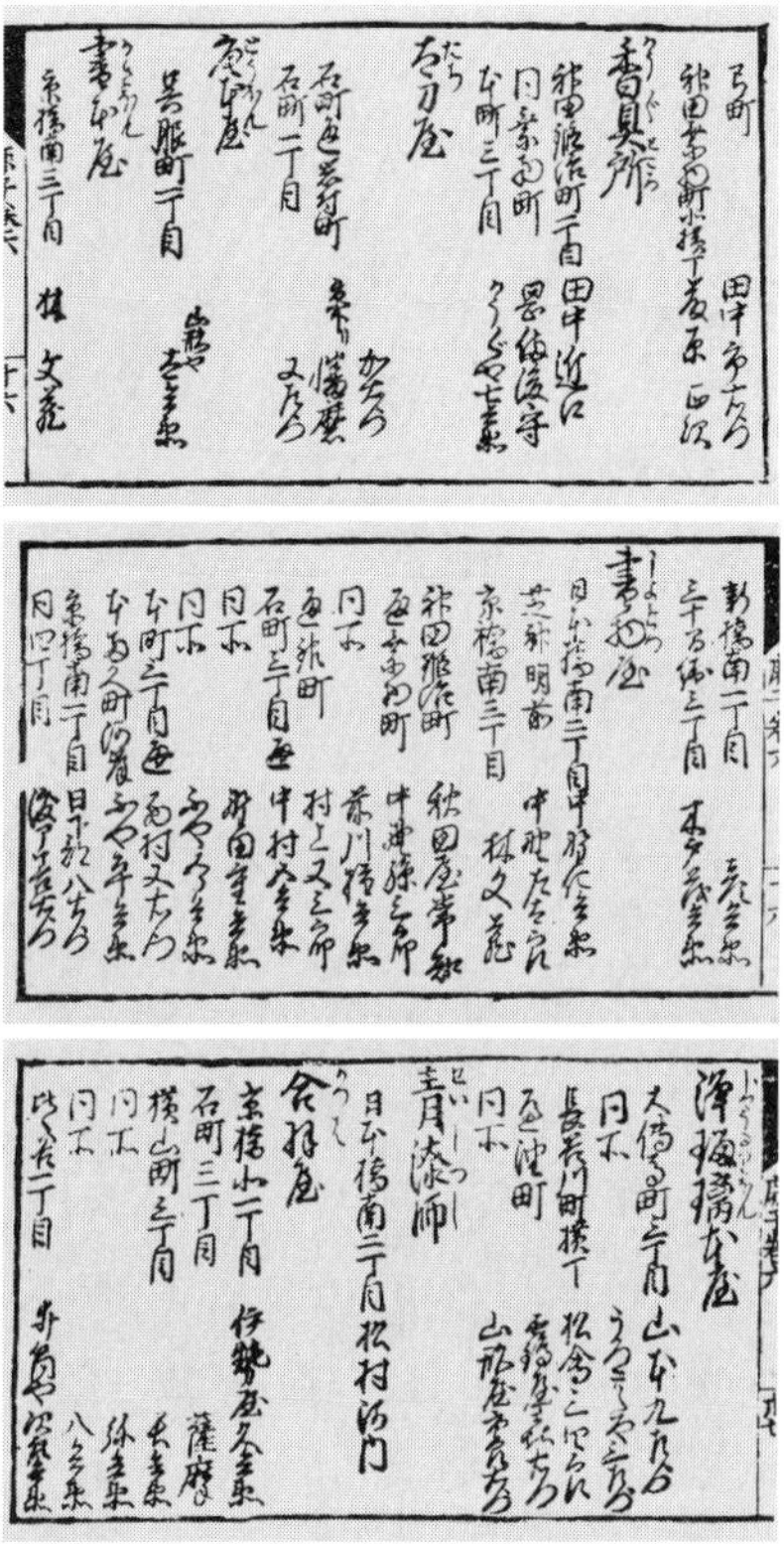

『江戸鹿子』にある本屋。上段に「唐本屋」「書本屋」とあり、次（中段）に「書物屋」が並ぶ。少し離れて「浄瑠璃本屋」が載っている（下段）

典型的な和本。袋綴じ

べてのものが対象となる。

別に装訂《そうてい》から本を分類する考えもある。江戸時代以前は、もっぱら木版による印刷なので、印刷された書物は版本《はんぽん》あるいは刊本《かんぽん》という。その版本の大半は、袋綴《ふくろと》じといわれる上の図のような装訂方法で作られていた。木版で刷った紙を、印刷面が表になるように折りたたみ、順番に重ねて少し厚い紙で作った表紙をあてがって、糸かがりして製本していくのである。これを基本としてさまざまな装訂の本が作られてきたが、このような伝統的な装訂の本を和装本《わそうぼん》という。書誌学などの、狭義の和本の定義に「江戸時代以前の和装本のこと」というのもあるが、江戸時代は各種刷《す》り物《もの》や地図、石刻など装訂にかかわらず、本の周辺にあたるバラエティに富んだジャンルの品物が大量に売られていた。それらがすべて、お互いに関連し合って書物文化を形成していたのだから、どれかをさしおいて語るというのでは、総合的な見かたができないことになる。

和本には装訂のいかんにかかわらず、こうした刷り物や地図も含まれるとわたしは理解している。つまり和本とは、明治初期以前の日本で「書いたもの、印刷したもの」すべてを含む広い概念なのである。

❖江戸が復元される古書市場

はじめから和本ということばに少々こだわったが、これは古本屋が日々接している古書の市《いち》場《ば》の様子を見ていただければ納得してもらえると思う。

東京・神田小川町《かんだおがわまち》にある東京古書会館では、毎日市場が開かれる。曜日ごとに専門が決められていて、火曜日が和本の市となっている。そこでは、毎回数百点の和本類が取引される。主催しているのは東京古典会で、都内三十軒の和本をおもに取り扱う古書店が会員として加盟している（平成十七年夏現在）。わたしの店もそのひとつである。平成十三年には創立九十周年記念の催しを開いたので、明治の末から続く古い会である。

市には残念ながら一般の人は入れない。その代わり、会員に限らず古書組合に加入している店なら全国どこからでも参加できるようになっている。参加するというのは、買うことはもちろん、そこへ出品することもできるということである。

ここに少しまとまった本が出るとか、珍しい本が出るというときには、事前に目録を出して全国の業者に案内状を送ることもあるので、そういう日には関西・名古屋はもちろん遠く九州や沖縄、札幌などの古書店も飛んでくる。全国的に古書の流通ネットワークができているおかげで、和本のように専門性の高い古書は、東京古典会の市場に出せばよい値になるという評価が固まってくる。そのせいで、あちこちから和本が送られてきて、それが毎週数百点という数になるのである。

この和本の市のおもしろいところは、江戸時代のある日のある町や村の姿がそっくり再現されたような光景となることである。当時の家々から、広く印刷されたもの、あるいは書かれたものを集めてくると、こういう風景になるかと思えるようである。

学者の家には硬い本が並び、武家の子弟は四書五経《ししょごきょう》を読み、商家には各種の帳面が商売道具としてある一方、寺子屋では往来物で文字やことばを学んでいる。庶民は読本《よみほん》・滑稽本《こっけいぼん》など草紙の類を寝転んで楽しみ、錦絵をながめる。女性の間では人情本《にんじょうぼん》が人気を集めていた。床の間に書画が、柱に暦がかかり、薬屋は本を参照して薬の調合をし、寺にはお経とともに難しい仏書が保管されていた。画家の仕事場には画譜《がふ》や下絵が散らばり、町役人・村役人のところには人別帳《にんべつちょう》や検地帳《けんちちょう》などの各種書類が保管され、遊女は手紙を書いている。旅立つ人の懐には往来《おうらい》手形《てがた》といっしょに道中案内が入っている、というように場面は多彩だ。市場には本以外にも、歴史学の史料となる文書《もんじょ》もたくさん出てくる。具体的には、書状《しょじょう》（書簡、消息）、公家・武家・社寺などの古文書、村役人の家から出てくる地方文書《じかたもんじょ》といった種類のものである。また、鑑賞のために伝えられてきた色紙《しきし》・短冊《たんざく》や掛軸《かけじく》（幅物《ふくもの》）・扁額《へんがく》などに表装《ひょうそう》した書画の類もある。

江戸時代の読書風景。各種挿絵から

これらが二百年、三百年後の古書市場の会場を埋め尽くしているのである。厳密には時代が錯綜しているから、ありのままの姿を反映しているとはいえないが、書物、印刷物全般ばかりでなく、文書も書画も当時の文字資料全般が、あたかもそのまま集められたような光景である。なかには、

「こんなものが売り物になるのだろうか」と首をかしげるようなものもあるが、いろいろな古本屋がさまざまな切り口でさばいていくらしい。市が終わるまでにこれらはすべて、はけていく。

国書・漢籍とか、和装袋綴じか一枚刷か、書物か文書か書画かという現代の分類で切り取るのではなく、多様なものがひとまとまりになっている雑多性が大事なのだと思う。これらが相互に関連し合って、後世の人へ「知」を伝えるネットワークになっているのだ。

❖装訂からみた書物の古い形態

日本における確実な書物の歴史は八世紀の奈良時代に始まると考えられるので、それ以来千三百年の歳月が流れている。もっとも和本らしい和本である江戸時代の版本が生まれたのが四百年前だから、それまで九百年の前史があったことになる。この間に書物は「より見やすく、扱いやすく、作りやすく、そして保存しやすいように」工夫、努力が積み重ねられてきた。

ここでは、その工夫や努力のあとを中心にその歴史を概観しておこう。

日本の書物史を語るときにはずせないのは『百万塔陀羅尼《ひゃくまんとうだらに》』だ。日本最古、八世紀の印刷物である。奈良時代の称徳《しょうとく》天皇の発願で四種の経文を二十五万枚ずつ合計百万枚印刷し、それを高さ二十センチほどの木製の小塔に入れて各寺に納めたというのだが、この数が大げさでない証拠に、今でもよく古書市場に出てくる。塔に欠けたところがなく、中のお経も保存がよければ、五百万円以上する。

それでも「最古の」とつくわりには、目の玉が飛び出るような価格でないのは、明治末年に法隆寺が寺の維持費捻出のために、かなりの量を頒布したからだ。今出てくるのは、ほとんどそのときのもので、旧家などにまだ保管されているものもあるだろう。

この『百万塔陀羅尼』を例外として、印刷された本の歴史は平安時代中頃までまたなければならない。奈良時代から平安時代までの書籍は大半が写本だった。

この場合の写本はうつすことでなく、手書きの本ということである。うつすというと他の本から写し取るように思えてしまう。実際そういう本もあるが、創造性のある書き下ろしも写本と呼ぶ。写本は版本に対する用語なのである。中国では抄本《しょうほん》という。

その写本が主体であった時代に、書物は実用的な側面だけでなく、優雅に装飾されることでも進化した。文字や絵を描くのに用いる紙をとくに料紙《りょうし》というが、その製紙技術も同時に発達していった。そこに、ただ読むためや知識を得るためだけでなく、書物を楽しむ、ひいては崇《あが》めるという別の側面が垣間見えてくる。

もっとも古い形態・巻子本

紙を用いた書物のもっとも原初的な形は巻物《まきもの》だった。巻子本《かんすぼん》ともいい、中国から伝来した。料紙を糊で継ぎ（これを継《つ》ぎ紙《がみ》という）、軸と呼ばれる木の棒を芯にして巻いていく装訂法である。そもそも書物を一巻、二巻と数えるのはここからきている。

巻子本には全体を保護するために、巻首の部分に布を貼りつけた紙をつけたす。ここを標《ひょう》といって、これが本の表紙の起源である。その裏のことを見返しというが、これも冊子の表紙の裏に貼る紙として、現代まで使われている。標には格調の高いものになると綾《あや》・錦《にしき》・緞子《どんす》などの上等な裂《きれ》を用いている。その先端に、紙のめくれを防ぐためにかまぼこ型をした細い竹ひごを入れる。これを押《おさ》え竹《たけ》とか八双《はっそう》といい、そこに紐《ひも》をつけて、ふだんはその紐を巻いて保管しておく（次頁図参照）。

奈良時代に光明《こうみょう》皇后が発願して一切経《いっさいきょう》を写させた古写経がある。天平十二年（七四〇）五月一日の日付が書いてあるので「五月一日経」とも呼ばれている。これは巻子本である。全七千巻作られたといわれるだけあって、今日でも市場にたびたび登場する。やや黄味がかった黄麻《おうま》紙《し》という紙に経文が書かれていて、濃い墨で力強く書かれた文字は、とても千三百年近い星霜を経たとは思えないほどくっきりとしていて感動的なものである。

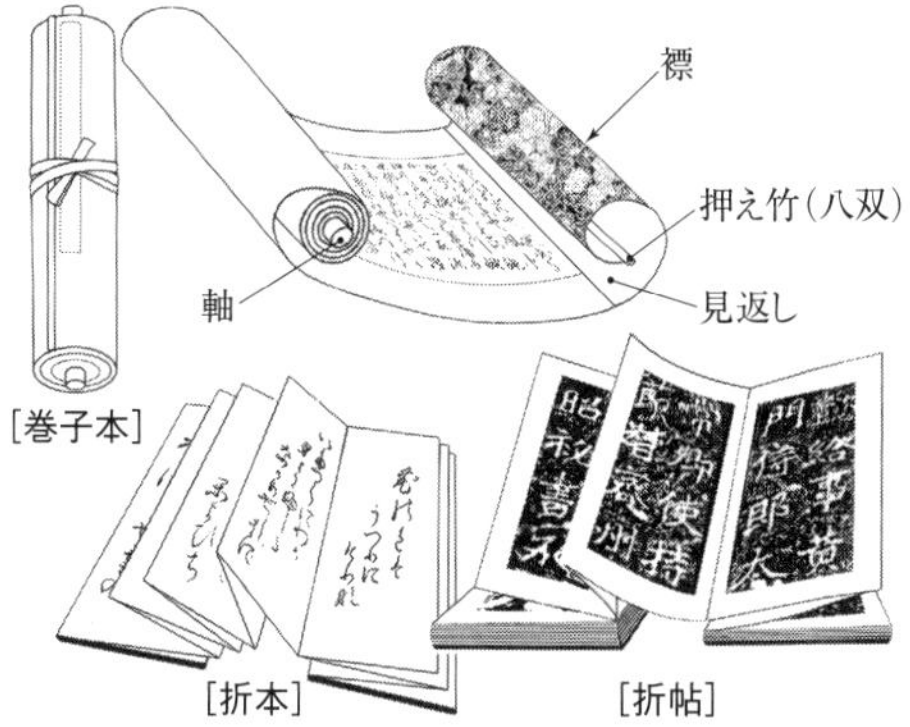

このほか平安時代にも盛んに書写された経文は大半が巻物だった。奥州・藤原氏発願の一切経『中尊寺経《ちゅうそんじきょう》』は、紺紙金泥経《こんしこんでいきょう》といって、藍染《あいぞめ》をした紺色地の料紙に金色の文字で書かれた巻子本で、たいそう美しく、また品格がある。経文は白地に書いてはいけないもので、天平の黄麻紙やこの紺紙、あるいは最高級の紫紙《しし》のように、あえて色のついた料紙を用いたのだそうだ。

詞書《ことばがき》と絵をおりまぜて構成する絵巻物にはこの巻子本の形が後世までずっと用いられた。絵を冊子で装訂してしまうと、その幅で切れてしまう。長い物語の場面を連続して鑑賞するには巻物のほうがずっとふさわしかったのだ。平安時代の物語絵巻に始まり、江戸時代にも道中絵巻、風俗絵巻、祭礼絵巻などずいぶんといろいろなものが作られている。

壁面などに掛ける掛軸も巻物を縦にして発達したものである。幅物ともいい、はじめは信仰の対象として神仏の絵像を掛けていたが、室町時代以降、茶の湯の発達とともに絵画や名家の書状、墨蹟《ぼくせき》（禅宗の僧侶の手になる書

巻物の広げかた

のこと）などをこの形に仕立てて床の間に飾るようになった。

巻物には見かたがあって、机や畳の上に置いて開いていくのだが、その開く幅は、せいぜい人の肩幅くらいまでにする。まず表紙部分（褾）を丸めて、紐を中にしまう。右手でそのままスタート部分から引き巻きながら広げるのである。左手は残りの巻き部分をやりすごすように添えておく。巻き戻すときはこの逆をするのだが、ずれたりゆるんだりするので少しこつがいる。

こうして見るのは、文字や絵の面に直接手を触れないようにするためと、料紙の中折《なかお》れを防ぐためである。中折れというのは、もとに戻らない折り目をつけてしまうことだ。巻物や幅物に用いるような上等な紙は粘りがないので一度ついた折り目は直らないのである。

このあたりが巻物の欠点でもあった。見たい箇所まで開いたあと、またもとのように丁寧に巻き戻さなければならない。もし、奥書《おくがき》がある最後の部分を見たいときなどはたいへんで、えんえんと開いていくことになる。なかには二十メートルを超える長巻もあるが、それでも見たらもとのように巻き戻すのである。

巻物の欠点を改めた折本

その不便さと、料紙の折れを防ぐために折本《おりほん》という形が考案された。中国では経折装《きょうせつそう》といって唐代から始まり、日本には平安時代に伝わった（三十一頁図参照）。

巻物を軸からはずし、継ぎ紙を等分に折り重ねていき、前後に厚めの表紙をつけたものである。僧侶が読経するときに手に持つ縦長のお経の形を思い起こしていただければよい。折本の数えかたは一帖《じょう》、二帖となる。折本は、けっして主流ではないが江戸時代までずっと残り、経文などは今でもそのままである。

これが少し進化して、近世初期には厚い紙に料紙を貼りつけ、厚紙を糊で継ぎながら折本状に仕立てた折帖《おりじょう》という形ができた。これに有名な書家の美しい筆跡（＝名筆）を切り取って貼り込んだものを古筆手鑑《こひつてかがみ》と呼ぶ。切断されて断片（断簡）となった歴史的名筆は、古筆切《こひつぎれ》と呼ばれているが、高価な手鑑には、まず先頭に聖武《しょうむ》天皇筆と伝えられる「賢愚経《けんぐきょう》」の古筆切を入れる。その字が大きいものを「大聖武《おおじょうむ》」といい、とくに珍重されてきた。

古筆手鑑のほかに、絵や書をこのように装訂したものを画帖《がじょう》、あるいは書画帖《しょがじょう》といい、明治の文人たちも盛んに寄せ書き風に作って楽しんだものである。また書道の分野では、著名な拓本やその写しを折帖に仕立てたものを法帖《ほうじょう》といい、今でも用いられている。

❖冊子の起源——粘葉装・列帖装

こうして巻物の弱点を補った折本だったが、まだ欠点があった。それは何度も繰り返して使用すると折り目で切れてしまうことだった。そこで、紙を継いでいくという観念にとらわれずに、料紙一枚ずつで製本すればよいという考えが生まれた。

料紙を半分に折りたたみ、背中の部分を一枚ずつ糊付けして冊子状にし、表紙を貼りつける製本の形である。これを粘葉装《でっちょうそう》といった。

始まりは唐代の末期のようで、平安時代の早い時期に伝わって歌集や仏典などに用いるようになった。糊のねばるを意味する「粘」の漢音デンと、紙を数える単位「葉」の古い音エフで、デンエフというのが、しだいにデッテフになまってでっちょうと読むようになったらしい。本を開くと蝶の羽が開くように見えるので、中国では胡蝶装《こちょうそう》の名もついた。

今日残っている粘葉装の典型は、なんといっても国宝の『西本願寺《にしほんがんじ》本《ぼん》三十六人集』だ。藤原《ふじわらの》公任《きんとう》（九六六～一〇四一）が柿本人麻呂《かきのもとのひとまろ》・紀貫之《きのつらゆき》ら歌仙三十六人を選んで編んだ歌集で、平安時代後期の華麗な写本である。

［粘葉装］

［列帖装］

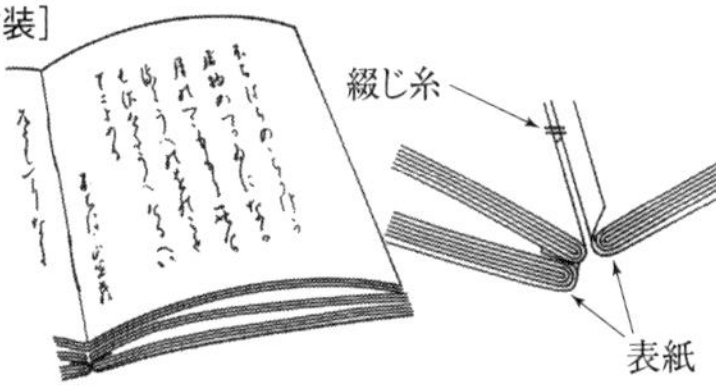

これで弱点はだいぶ克服されたが、まだ糊面のところが剝がれたり切れたりしやすく、改良の余地があった。場合によってはばらばらになってしまい、厚い本には向かない。そこで、製本部を強化するために、糊の代わりに糸でかがる方法が出現した。これを列帖装《れっちょうそう》という。料紙を二つ折りにするところまでは粘葉装と同じで、今度はその料紙を数枚重ねて中央で糸綴じするのである。その数枚ずつの折をいくつかまとめて、さらに糸でかがって一冊に綴じあげる。料紙を一部削って糸を通し、縫い目部分が見えないように工夫したり、表紙の端を一折目と最終折に折り込んで作るなど技術のいる製本法である。

平安末期の元永三年（一一二〇）に書かれたとされる『元永本古今集』はその代表で、色とりどりの料紙に書かれた『古今集』全二十巻が原装のまま東京国立博物館に保存されている。きらびやかさばかりでなく、洗練された美しさがある。

列帖装はその後も公卿や大名などが歌集や物語の写

本を作るときに用いており、ひとつの伝統の形となっていた。江戸初期の絵物語を冊子にした奈良絵本《ならえほん》などは、美しくまた楽しいもので、今でも古書市場を賑わしている。

日本で考案されたので列帖装を大和綴《やまとと》じともいってきたが、最近は中国宋初の敦煌《とんこう》出土経にこの形があることがわかり、やはり中国伝来ということになってきた。

粘葉装とその別名の胡蝶装、列帖装の別名である綴葉装《てつちょうそう》(てい、よ、う、そ、う、ともいう)・大和綴じなど、似たような用語があるため混乱してしまう。事実、書誌学会で用語法を整理しようとしたが、これらの語の微妙な違いに諸説あってまだよく整ったとはいえないのが実情だという(井上宗雄ほか編『日本古典籍書誌学辞典』平成十一年、岩波書店)。糊だけで製本した粘葉装と、糸綴じをした列帖装の二通りがあったことは確かなので、本書ではそれ以外の用語をできるだけ使わないようにする。

雁皮を用いた上質の紙

この時代、上質な写本は雁皮《がんぴ》(ジンチョウゲ科の落葉低木)を材料とした斐紙《ひし》という紙を使用していた。やや光沢があってきめが細かく、なめらかな紙である。そのうえ墨がしみないので書きやすく、また虫害を受けにくい特長があった。とくにそのなかの厚様《あつよう》は表裏両面に文字が書けたので、粘葉装や列帖装に向いていた。仮名文字は線の美しさが命だから、墨の乗りがよい料紙への工夫には、たゆまぬ努力がはらわれたのだ。平安時代は、これに染め、ぼかし、散《ちら》し、墨流《すみなが》し、雲母引《きらび》き、切《き》り継《つぎ》などといったさまざまな技巧によって豪華な料紙を作りあげた。それらをうまく使いこなして贅を尽くした最高品が『西本願寺本三十六人集』である。

斐紙は時代による経年変化が少なく、料紙としての質を保ちながら文字の美しさを残す永久保存のできる紙である。ただ、原料の雁皮が少なく、紙漉《かみす》きの工程に手がかかるため高価だった。やや鶏卵色をしていたので室町時代以降は鳥《とり》の子《こ》というようになったが、ずっと高級紙の代名詞だった。

斐紙には厚様に対して薄様《うすよう》という紙もあって、透けるような薄さでありながら丈夫で印刷にも耐えた。これを染めて表紙の貼り合わせに用いたほか、江戸時代には特別にあつらえた特装本や、着物の袖に入れて持ち歩けるような特小本（袖珍本《しゅうちんぼん》）の料紙として用いられた。

装飾として江戸末期にいたるまで好まれたものとして雲母《うんも》（きら）がある。ガラス質の鉱物である雲母の微粉末を、膠《にかわ》に明礬《みょうばん》を混ぜた溶液や布海苔《ふのり》とともに紙や絹に塗るのを雲母引きといい、きららと光る豪華さを出すだけでなく、墨や絵の具のにじみが防げ、顔料が変色しにくく、文字を引き立たせるなどの効果があった。滑りがよいため巻物の裏打ちにも用いられた。

❖和本のお手本・宋元版

十世紀後半、中国では宋の時代に入った。印刷は唐代から始まったとされるが、実質的な書物の印刷はこの宋代からスタートすると考えてよい。これを宋版《そうはん》という。宋版はいろいろな意味で和本の原点のような存在である。木版による印刷物であること、紙を一枚ずつ製本する冊子の形の始まりであったことだけでなく、書体の美しさ、品格ある作りなど、どれをとってもお手本になるものだった。

宋代には正統な王朝史である正史として『史記《しき》』『漢書《かんじょ》』『三国志《さんごくし》』などの十七史《じゅうしちし》が定まったほか、南宋の朱熹《しゅき》によって朱子学（宋学）が確立し、文字の校訂方法が進歩し、その後古典として伝わっていく書物の基本的なテキスト（底本《そこほん》）を提供した。学問の基礎が確立した時代といえる。日本でも宋代の文献を最良のものとして積極的に取り入れた。現在も、当時中国から渡ってきた宋版が主要な文庫に保存されている。

本を美しく見せる書体の工夫も重ねられた。中国では印刷に用いる書体のことを匠体《しょうたい》といい、ここにもっとも腐心した。書聖と仰がれる王羲之《おうぎし》以来、中国の知識人にとって書は文化そのも

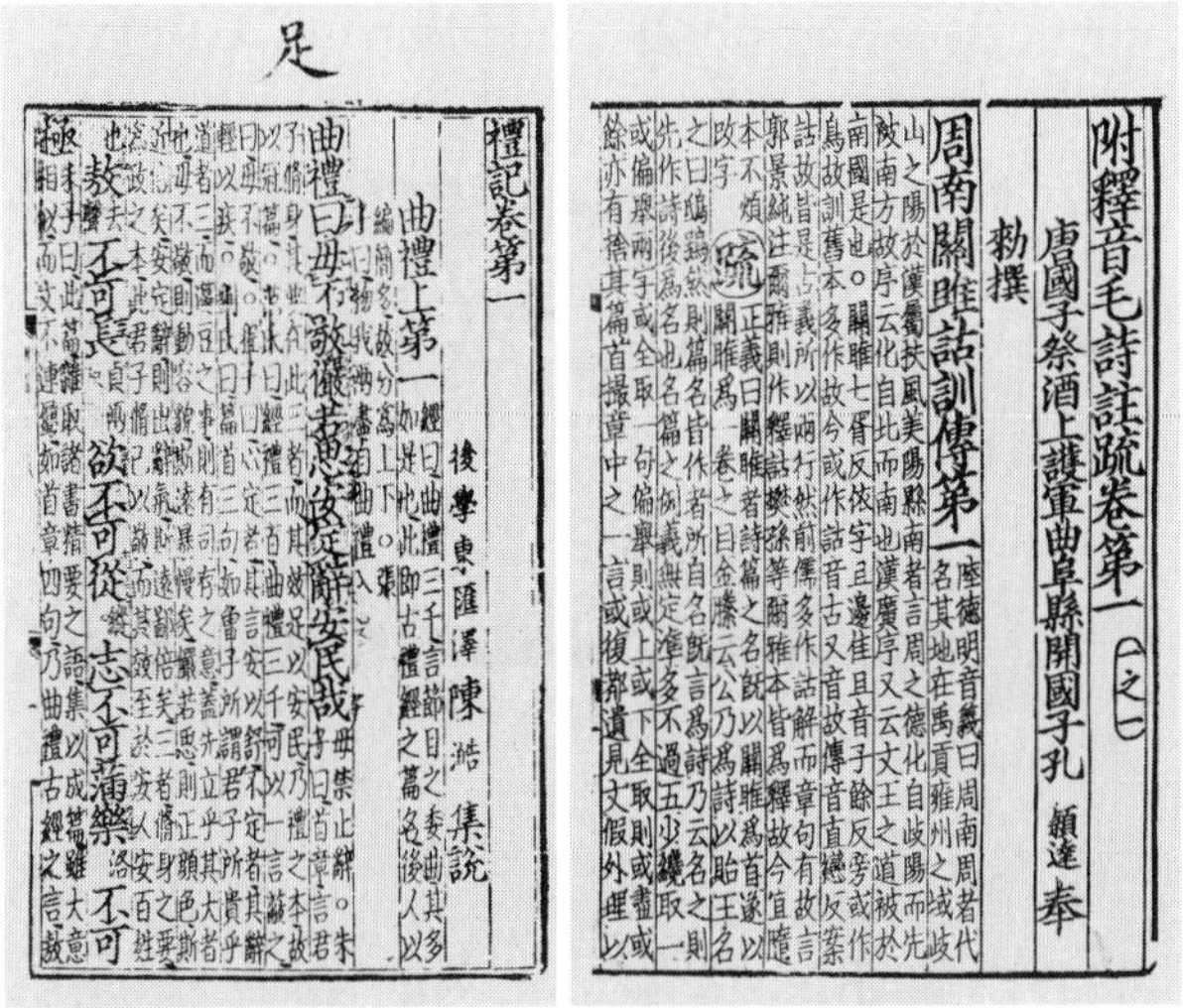
附釋音毛詩註疏卷第一（一之一）
唐國子祭酒上護軍曲阜縣開國子孔穎達奉
勑撰
周南關雎詁訓傳第一

禮記卷第一
後學東匯澤陳澔集説
曲禮上第一
曲禮曰毋不敬儼若思安定辭安民哉
敖不可長欲不可從志不可滿樂不可極

右は宋版『毛詩註疏』。左は元版『礼記』。ともに史跡足利学校蔵

のであった。宋の人びとには唐代の有名な書家、欧陽詢《おうようじゅん》や顔真卿《がんしんけい》風の楷書がもてはやされ、繊細で整然とした書体が好まれた。これらを宋匠体《そうしょうたい》といい、独特の品格が備わっていたので、日本でも仏書・漢籍・医書の分野では、この楷書を用いるのが伝統となった。

宋版の装訂は、印刷した紙を字面《じづら》が内側になるように谷折りにし、背中の奥の部分を一枚ずつ糊付けして製本をする。これは粘葉装と同じである。ただし、紙が薄いので印刷は片面だけだった。そのため本をめくると印刷面と裏白《うらじろ》が交互になってしまう。

続く元の時代も出版活動は盛んで元版《げんぱん》といっている。宋版とは逆に料紙の印刷

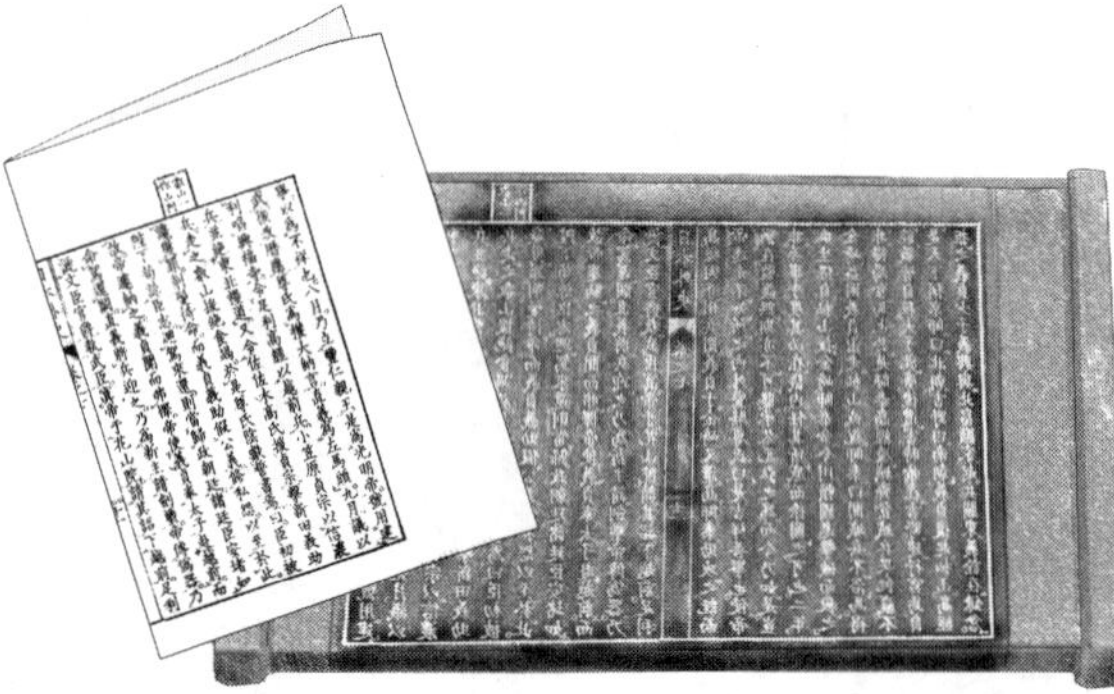

板木。一丁分を一枚の桜の木の表裏に彫る。両端がはしばみ

面が外になるように山折りにして背の部分に糊をつける方式になった。これだと裏の白い部分が直接見えなくなるが、いずれも糊を使用した接着面の弱さがあった。

明代の本を明版《みんぱん》というが、このとき糊を使わずに糸でかがる袋綴じが考案された。この綴じ糸のことを線といい、それで袋綴じ装訂のことを中国では線装本《せんそうぼん》という。この方法がもっとも丈夫で本を長持ちさせるため、以降清朝末まで続いた。日本にもすぐ導入され、これが袋綴じ和装本の基本形となった。

和本の印刷様式

和本や唐本の印刷様式のことを版式《はんしき》というが、これは宋版と元版（合わせて宋元版《そうげんばん》という）で形作られ、以降千年近い本の基本的な様式となる。そこには細かい決まりごとがたくさんあって、それが本作りの作法として長く伝えられた。

和本では頁（ページ）といわずに丁《ちょう》（中国では葉《よう》、書葉という）であらわし、紙一枚単位で数える。それぞれを折りたたんで製本するので、今の本でいえば二頁で一丁である。しいて頁に相当する表現をしたいときは半丁といい、見開き左側を表（略してオ）、右側を裏（ウ）という。具体的頁数を示すときは「第十二丁オ」、あるいはただ「十六ウ」などと書く。

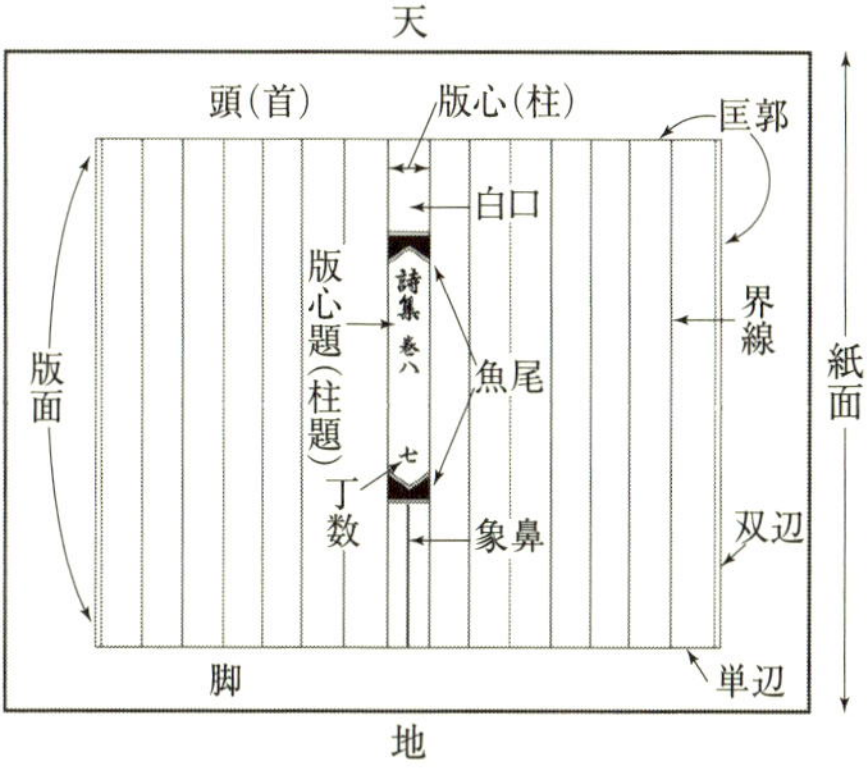

木版本は、この一丁分を一枚の板木に彫る。両端にはしばみという木を組みつけにして、板が反らないようにしておく。ゆがみが生じないように厚さは二、三センチくらいある。文字は裏返しに彫られ、それに墨を塗って和紙を置き、バレンで刷るのである。このように板木に彫って作る木版印刷の方式を整版《せいはん》といい、そのまま江戸版本にいたるまで続いた。

上の図は折り込む前の紙を広げた状態（紙面）に出てくるもろもろの要素を示した図である。

真ん中の部分を版心《はんしん》あるいは柱《はしら》といい、その中にある黒い亀甲のような模様を魚尾《ぎょび》という。魚の尾のような形をしているからだ。なんのためにあるかというと、紙を折るときの中心線を出すためである。また、製本のさい紙の位置を合わせるためにも使う。宋版のように谷折りにするときも、元版以降確立した山折りでもここを基準に折っていくのである。だから、わざと目立つように入れてある。

この魚尾の上か下あたりに題名が入る。スペースが小さいので書名を略して書く。これを版心題、あるいは柱題《はしらだい》という。その下に巻数を入れる。そして、その下に入る数字は丁数《ちょうすう》である。巻ごとに通しで数を入れていく。魚尾の上や下に、縦線を引いているものもある。これを象鼻《ぞうび》というが、これも紙を折るときの目安である。文字どおり象の鼻のように垂れているということか。

本文（版面《はんづら》）を囲む罫線を匡郭《きょうかく》といい、その上の欄外を頭とか首と書いてかしらという。ここに注釈などを入れるのを頭書《とうしょ》といい、別名鼇頭《ごうとう》という。鼇というのは中国伝説上の大亀のことである。神仙の住む山を背中に乗せて大海を漂うという故事からきている。江戸時代にもよく使われたことばである。こうして見ると、版本にはいろいろな動物が潜んでいるものだ。

❖本にも神様がいる

明代の出版活動も盛んで、とくに万暦《ばんれき》帝の在位（一五七二〜一六二〇）した明末にピークを迎える。当時刊行された本がかなり日本に入ってきており、江戸時代の前期（十七世紀）には多くの明版が和刻された。そのとき、本とともに入ってきたものがある。

江戸時代の版本のなかには見返しや、本屋が販売するときに包む袋に丸い印が捺されていることがある。直径五、六センチほどの朱印が多い。これは出版元の本屋が捺すもので、よく見

見返しに捺される魁星印（上）。下の二種はその図柄。手に斗を持っているが、故事を誤解している

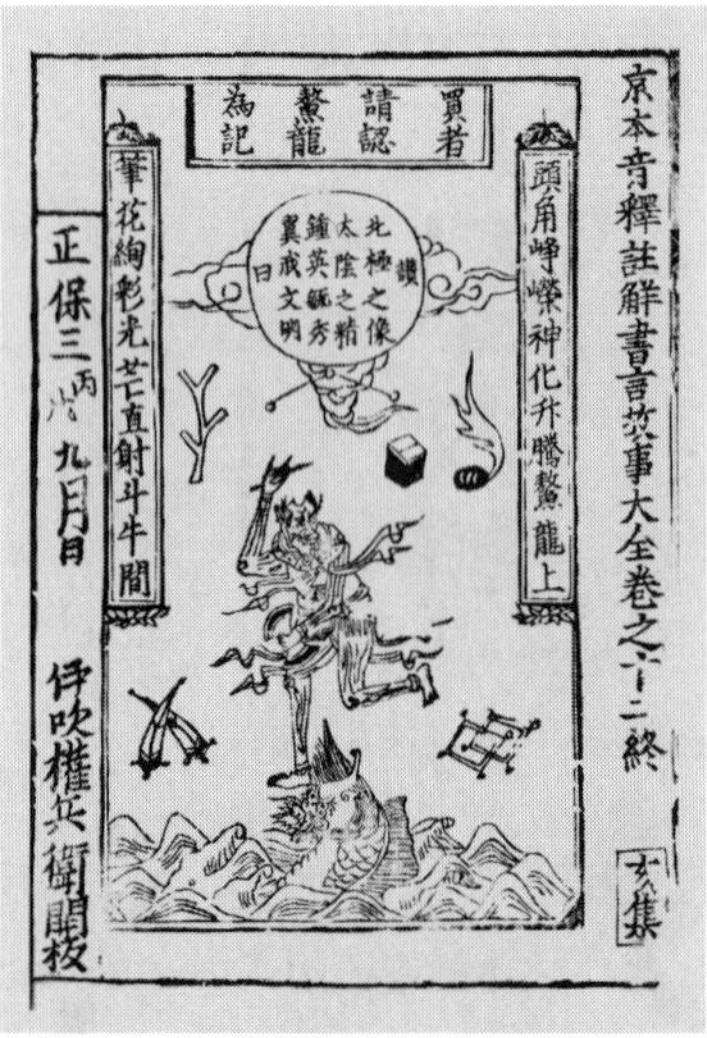

『書言故事大全』の巻末にあった魁星の図

ると鬼のような形相のものが描かれている。これを魁星印《かいせいいん》という。

　わたしが見たもので、もっとも古いのは寛永二十年（一六四三）の刊記がある『大魁四書集註《だいかいししよしつちゆう》』という本の巻末にあった。その直後の正保三年（一六四六）に出た『京本音釈註解書言故事大全《きようほんおんしやくちゆうかいしよげんこじたいぜん》』という漢籍の巻末にもある（上図）。この二書は明版の和刻本である。だから、この図は明代の中国にあったものなのだ。

これが見返しに捺す魁星印のもとになった。

　図の中央にいるのが魁星で、その下が亀の化け物のような鼇である。そのほかさまざまな物体が描かれていて、それぞれがなんらかのシンボルとなっている。そのなかから読み取るべき要点は、①鬼の走っている格好、②足蹴《あしげ》にしている升（斗《ます》）、③足元の動物・鼇、④頭上の三つ星、⑤右手に持っている筆である。

　図柄の①と②を組み合わせると「鬼」と「斗」という字の合成で「魁」の字になる。鬼が升を蹴っているように絵で文字を表現したのである。それが③の鼇の上、つまり鼇頭で走っている。

④の三つ星は三星文《さんせいもん》といって、年に一度七夕のときに逢瀬をする牽牛《けんぎゆう》織女《しよくじよ》のうちの織女をあらわしている。中国の民間暦によると七月七日が魁星の生誕日とされている。

魁は北斗七星の第一星のことでもある。ひしゃく形の先で、つねに真っ先になって夜空を回っている。そこから先頭を切って走るさきがけの語が生まれた。中国では北斗は文運を司る星と信じられ、科挙を受ける者は必ずこれに祈ったという。首尾よく科挙で一番となって合格した優秀な者を状元《じようげん》と呼び、また魁甲《かいこう》とか大魁ともいった。

科挙の合格者は皇帝に謁見するために登壇する。そのとき成績順に並んだ先頭は、宮殿の正面にある鼇の彫り物がある石の上に進んで止まる。この場所こそ鼇頭である。そこに立つことのできる者は「独占鼇頭《どくせんごうとう》」といって、成績一番の状元だけだった（杉原たく哉『中華図像遊覧』平成十二年、大修館書店）。⑤の筆は、名簿から科挙の合格者を選んで点を打つためのもので、魁星は外見こそ妖怪のようだが、状元を選ぶ神の化身なのである。

もうひとつ似た文字や学問の神として文昌《ぶんしよう》星というのもある。これは北斗七星の横にある六つの星が神になったもので、道教で文昌帝君《ていくん》といって中国各地に祀られていた。明代には本屋や文具店、紙店などの守護神であったという。しかし、この神の姿はヒゲを生やした人間の老人で、けっして鬼ではない。同じ文運を司る星の神だが、魁星と文昌星は別物である。

こうした故事が日本に入ってきて、はじめは『書言故事大全』のように明代の図柄がそのまま本に載せられていたが、少しずつ変化して、直径五センチほどの印を作り、見返しなどに捺すようになった。中には足蹴にすべき斗を手に持ったり、本章の扉の図（十七頁）のように三つ星が六つ星になっているうえ、下の鼇がただの雲になってしまうなど故事を誤解した図柄もあるが、江戸中期には漢籍ばかりでなく純然たる国書にも捺され、江戸後期になるほど盛んになった。そのまま明治初期の和本までこの風習は続いた。しかし、魁星印はすべての版本に捺されたわけではなかった。それを採用しない板元もあったし、草紙類にはあまり捺されない。また、初版本には捺すが、後の本には捺さないことがある。なぜそうなのか、まだわからないところがたくさんある。

ただ、本にかかわる人びとに鬼の姿をしていた魁星が「神」として信じられていたことは確かである。まじめな物之本《もののほん》に、なぜそのような印を捺すのだろうか。民俗学的には、妖怪と神は紙一重である。祀られた妖怪が神になり、祀られなくなった神が妖怪になるという（小松和彦『妖怪学新考』平成十二年、小学館ライブラリー）。昔から「本をまたいではいけない」「本を踏んではいけない」などといわれたものである。大工がその道具をまたいだりすることをやかましく禁ずるが、それと同じように本に神が宿っていると考えるからこそ、こうしたタブーがあったのだ。平安時代から書物は聖なるものであった。江戸時代には魁星が本に宿る神として信じられてきたのではないだろうか。それが明治の活版洋装本への変化にともなって消えてしまった。

魁星印のことは、井上和雄《いのうえかずお》『増補書物三見《しょもつさんけん》』（昭和五十三年、青裳堂書店）や中野三敏《なかのみつとし》『書誌学談義　江戸の板本』（平成七年、岩波書店）などで紹介されているが、まだ研究が不十分である。シンボルの意味、民俗学的な考察、使用法、図柄のバリエーションなど、もっと研究を深めていくとおもしろいテーマになると思う。

❖江戸版本の形を作った五山版

話を日本の中世に戻そう。日本における印刷の歴史は平安時代から細々と始まるが、本格的な登場は南北朝時代からである。

板木を彫って本を作ることを開板《かいはん》というが、中世の開板事業は寺社が担い、京都や鎌倉の臨済《りんざい》宗の五山《ござん》の寺々が刊行する五山版、高野山《こうやさん》の高野版、奈良の興福寺や春日《かすが》大社などの春日版などがあった。ただ、この時代は一部の学僧の間で読まれただけで、一般に市販したわけではなかった。

寺院が作る出版物には、一般に仏書といっている経典や教義のような内典《ないてん》と、それ以外の漢籍や医書などの外典《げてん》という区別があった。圧倒的に内典が多かったが、五山の開板事業で特筆されるべき第一は、外典が数多く含まれていたことだった。禅宗である臨済宗では、その学業にさいして漢文漢詩の知識が不可欠だった。そのため宋元版のいろいろな本が数多く輸入されて、よく読まれたので、おのずと仏典以外の書物も作られるようになったのだった。

川瀬《かわせ》一馬《かずま》『五山版の研究』（昭和四十五年、ABAJ）によれば、南北朝の早い時期から『古文《こぶん》尚書《しょうしょ》』（書経《しょきょう》の古いテキスト）、『論語集解《ろんごしっかい》』（論語の注釈書）、『古文真宝《こぶんしんぽう》』（古い名文を集めた本）をはじめ、『寒山詩集《かんざんししゅう》』（唐の寒山子らの詩）、『三体詩《さんたいし》』（三つの形式別にした唐代の漢詩集）、『杜工部《とこうぶ》詩《し》』（唐の杜甫の詩集）など八十種ほどの外典の刊行があったことが確認できる。中国の本をもとにして作ることを翻刻《ほんこく》といい、とくに忠実に再現する方法が覆刻《ふっこく》である。宋版をもとに覆刻したときは覆宋刊《ふくそうかん》などという。それには原本をそのまま板木に貼って彫る「かぶせ彫り」と、原本を下に敷いて筆写する「透き写し」という方法があった。これらを合わせて、日本で作ったものを和刻本という。

鎌倉時代後期・南北朝時代に活躍した日本人の禅僧・虎関師錬《こかんしれん》（一二七八〜一三四六）は、教学ばかりでなく日本の歴史や漢文などにもよく通じていた五山文学の祖といわれる名僧である。

今日でも利用される仏教史の『元亨釈書《げんこうしゃくしょ》』や、詩をつくるための韻の字書『聚分韻略《しゅうぶんいんりゃく》』の編集を行った。『元亨釈書』は永和三年（一三七七）になって出版され、『聚分韻略』も南北朝の初め頃に出版されたことが確認されている。これらは外典のなかでも日本人の著作が刊行された数少ない事例となった。

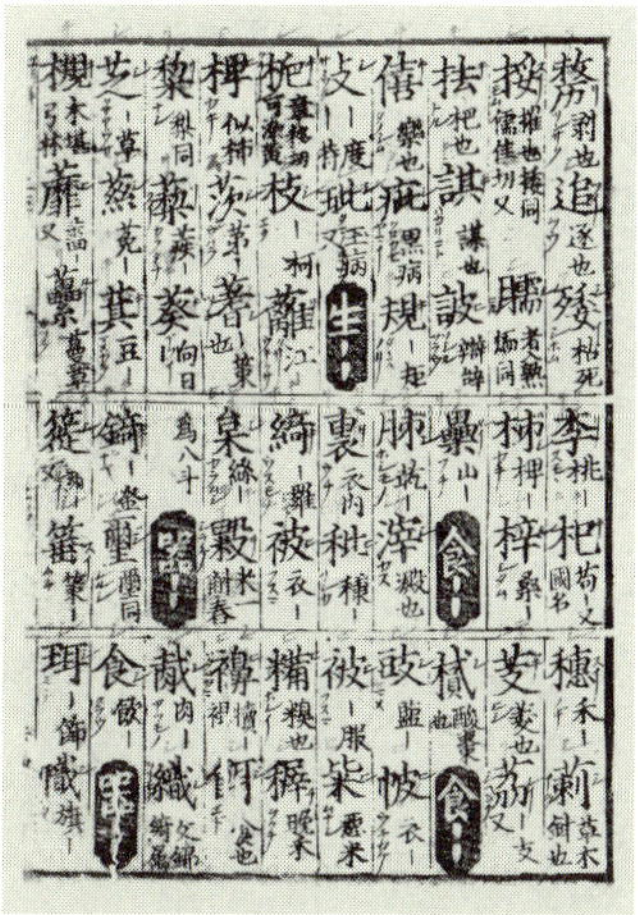

五山版の『聚分韻略』室町後期刊

とくに『聚分韻略』は好評で、漢字を検索しやすく改良して何度も重版された。中国では漢字に四声といってアクセントが四種類あり、また独特の韻があった。漢詩はこれらのアクセントや韻を巧みに組み合わせて作らなければならない。奈良時代の『懐風藻《かいふうそう》』以来、日本人は漢詩を作ることを好んできた。中世には五山文学で盛んに詩作が行われた。そのさいに日本語にないこうした声調を、どの字がどのアクセントで、どの韻のグループに属するかを教えてくれる『聚分韻略』のような字書はたいへん便利だった。その後室町時代には周防の大内氏をはじめ地方の大名などの手でも出版され、さらに書名を『三重韻《さんじゅういん》』と変えて江戸末期まで刊行され続けた息の長い本である。

確立した木版印刷技術

五山版が発達する過程で、日本におけるさまざまな本作りのノウハウが確立した。宋元版で培われた伝統的な様式が、本作りの作法として日本にも定着したのだ。とくに木版印刷技術は五山版で確立した。以来江戸時代まで、これが一般的な本の作りかたとなった。

南北朝時代には、板木を彫る刻工《こくこう》と呼ばれる職人が何人も中国から来ており、当時の本にその名が記されている。宋元版に劣らない精緻な本ができたのも、こうした技術の伝播があったからである。室町時代に入ると国内での職人の技術向上もめざましかった。また板木の材料となる丈夫な桜の木が豊富であったことは、多くの出版を可能にした条件のひとつだった。中国では板木に梓《あずさ》の木を用いていたので、それで出版することを今でも上梓《じょうし》というのである。

紙については、五山版は楮《こうぞ》（クワ科の落葉低木）の樹皮を主材料とした楮紙《ちょし》を採用した。楮は栽培が可能なので雁皮と違って大量に供給することができた。また繊維が太く丈夫で、腰のある紙を作ることができた。雁皮紙（斐紙《ひし》）はなめらかなよい紙だが、腰がないため一度折り目ができてしまうと復元力がない。楮紙はその点少々乱暴に扱ってももとに戻る強靭さがある。印刷書籍用紙としては、刷りやすいのも利点だった。そのため江戸時代末まで紙の主流となった。

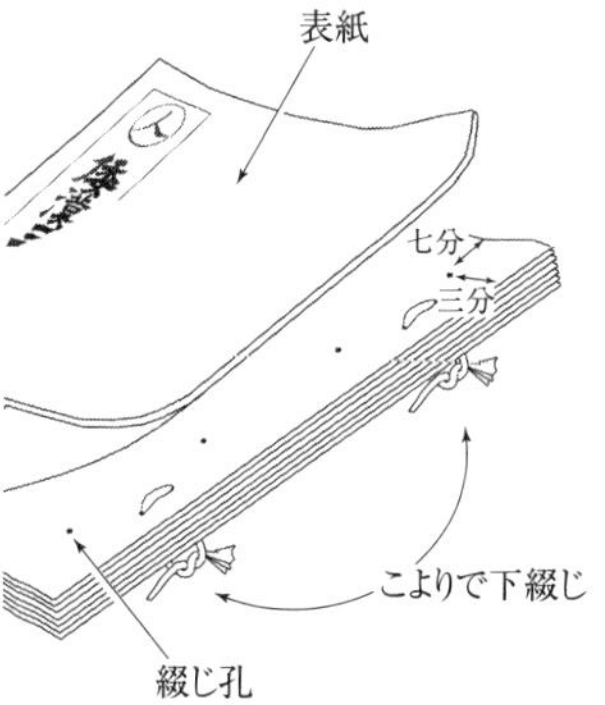

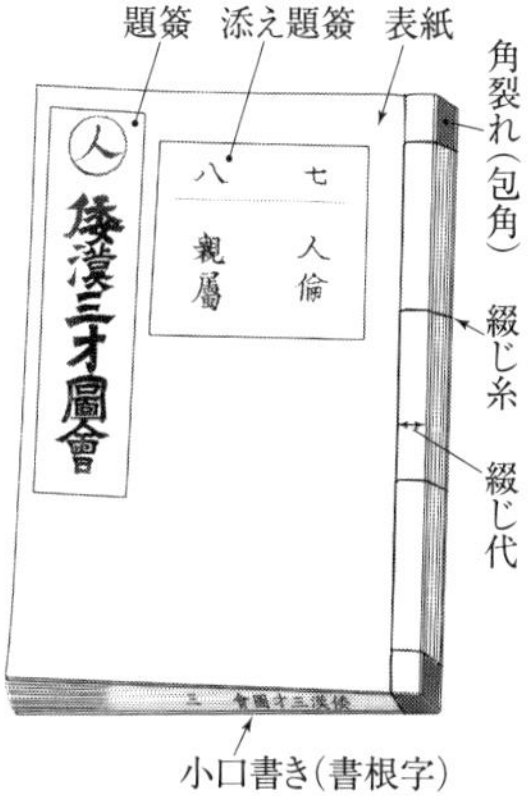

美濃国は古代から製紙技術に優れていたが、美濃の紙は五山版の印刷にも大いに使われ、中世以降も引き続き、楮紙の代名詞となった。上質な紙を大量に供給する生産力と技術があったのである。紙の大きさも美《み》濃《の》判《ばん》といって書物の判型の基準となった。

和本の製本方法

製本については、袋綴じが室町時代に明から伝わったが、これが明治の初めまで続く和装本の基本形となった。この方法をもう少し詳しく見てみると、次のようなものである。

まず印刷面が表になるように中央で折った料紙を順番に重ねていく。前述のように折り目である版心に頁をあらわす丁数が印刷されているので、一冊分の料紙を揃えて重ねるのを「丁合《ちょうあい》をとる」といい、現代でも製本時に使われる。集まった束をきつく締めて、それに上下各二箇所に孔をあけて、紙釘《かみくぎ》と呼ばれるこよりを通して結ぶ。この状態を下綴《したと》じとか中《なか》締《じ》めという。結び目は槌《つち》で叩いて盛りあがらないようにしておく。これだけでも丈夫で、本体の糸が切れてしまっても、製本はゆるまないものである。

仕上げは、下綴じの上に別紙の表紙を置き、それを綴じ糸で縫いながら綴じあげる。そのときの位置は右端からおおむね三分《ぶ》（九ミリ）くらい内側で、この三分くらいの幅の部分を綴《と》じ代《しろ》という。和本では四つ目綴じといって四箇所に目打《めうち》で綴じ孔をあけて縫う方法が多い。このときの孔の位置は、下綴じの紙釘と重ならないように天地からともに七分（二十一ミリ）ほどのところに二箇所まずあけ、残りを三等分して決める。

題名を入れた紙片を題簽《だいせん》というが、それを表紙の左上に薄めた糊で軽く貼る。歌書や俳諧のように中央に貼ることもあるが、八割がた左上である。その位置も端から一分（三ミリ）ないし一・五分（四・五ミリ）あたりと決まっている。題簽の幅は一寸から一寸三分（三、四センチ）、長さは本の天地寸法の三分の二程度が基本である。

こうして平安時代から続いた装訂への試行錯誤は、袋綴じの完成で確立したといえる。楮紙の普及とともに、これこそが見やすく、扱いやすく、作りやすく、そして保存しやすい究極の方法だったのである。

中世寺院の役割

五山版のように、中世には寺院が書物を広める重要な役割を果たしたが、そればかりでなく保存や教育にも大事な存在であった。神奈川県にある金沢文庫《かねさわぶんこ》は、北条実時《ほうじょうさねとき》とその子らの収集した蔵書をもとに十三世紀に創建されたとされるが、その管理は称名寺《しょうみょうじ》の僧の手で行われた。日本最初の学校として知られる栃木県の足利《あしかが》学校も、設立は足利氏や関東管領《かんれい》だった上杉憲実《うえすぎのりざね》などの武家によったが、教育には僧侶があたった。鎌倉・円覚《えんがく》寺の僧・快元《かいげん》という人が初代庠主《しょうしゅ》（校長）になっている。

『薔薇の名前』という映画をご存知のかたもおられるだろう。イタリアの記号論学者ウンベルト・エーコが著した、中世北イタリアのベネディクト会修道院で起きた不可解な殺人事件を描いた小説が原作である。本を扱うときの人の癖をトリックに、修道院が薬草を作る役割をもっていたことを利用した話だ。それに図書館のことや異端審問をからめるなど、時代と書物を重層的に描いた傑作である。

この映画のおもしろさは中世ヨーロッパの書物のありかたがよくわかることだった。舞台となった修道院は、ヨーロッパ中の貴重な書物の保管をする図書館でもあり、ギリシア時代からの古い書物も所蔵していた。同時にそれを後世のために写しとっておくという役割も担っていた。文字を専門に写す写字生のほかに、挿絵や装飾を描くルプリカトーレという専門学僧がいて、彼らが丹念に作りあげていく本は美しく優雅であった。

このように日本でもヨーロッパでも、かつては社寺や教会が書物の保存、流布に努めていたこと、その書物を美しく飾ったことに注目したい。それは書物そのものが「聖なるもの」という観念でとらえられていたからだろうとわたしは思っている。一種の治外法権でもあった宗教施設で、書物は守られたのである。奈良時代に書かれたまま、杳《よう》として行方が知れなかった『古事記《こじき》』であるが、尾張の真福寺《しんぷくじ》に南北朝時代に書写された本が残っていたのも、そのおかげだ。

『薔薇の名前』の映画では、もうひとつ、ラテン語と漢文の役割の共通性に思いいたった。ヨーロッパは多言語の国の集まりで、そのため各国間の共通語としてラテン語が用いられていた。聖職者には必須の語学であったから、ラテン語を使えば北欧の人と南欧の人とでも会話ができ、読み書きが通用した。文章もラテン語で書くのが正式で、日常のことばで書かれた本は中世ではきわめて少なかった。

漢文もアジア圏の共用語としての役割が大きかった。多民族国家だった中国では漢文がその役割を果たしていた。朝鮮やベトナムでは漢文が公式の文書に使用されたし、さらに日本を含め東南アジアから西域の国々まで共通の外交文に使われた。会話では通じないが、文字にすれば通じる。漢字が表意文字だからできた芸当だが、日本人もそのおかげで中国の文献を自在に読むことができた。

漢文を読むための工夫として平安時代までは、家ごとに独特の点法《てんぽう》が秘伝としてあったが、しだいに公開されて、今でも使用する句読点、レ点や一二《いちに》点などを用いた返り点と、送り仮名を入れる訓点《くんてん》の法が南北朝・室町時代にできあがり、五山の僧侶たちによって広められた。

まったく異なる言語である中国語の文にこのような訓点を施せば、さらに多くの人が読めるようになる。それができるには相当な漢文の実力が必要だから、その時点で、もう翻訳したのと同程度の作業が行われたことになるのである。読者もそれを頼りに中国の書物を解読した。この発明は日本文化史でもっと高く評価されるべきではないだろうか。川瀬一馬氏は「訓点本は……大陸の文化を我々の先祖が骨を折って学び取り理解しおおせた結果の産物」（『日本における書籍蒐蔵《しゅうぞう》の歴史』平成十一年、ぺりかん社）とし、つねづね国書に準じて扱うべきと述べておられる。

『国書総目録』はその凡例で、「外国書を翻訳したもの、または注釈を施したものは収めた。ただし、漢籍の場合、原文に句読訓点を施したに過ぎないものは収めない」とするけれども、これからは訓点をつけた作業を重んじ、もっと漢籍に光をあててよいと思う。

❖江戸初期、古活字版の意義

五山版には仮名の書物がない。漢詩を作るための『聚分韻略』が何度も刊行されたのに、和歌を作るための辞書も入門書もない。室町時代に盛んだった漢籍や仏典をわかりやすくカタカナで注釈したカナ抄《しょう》と呼ばれた本ですら出版されなかった。印刷するのは真名《まな》である漢字で、仮名は印刷に値しないと低く思われていたのだ。板木を彫るのに楷書のような直線的な形が彫りやすく、くずし字や仮名のように丸い書体は彫りにくいという技術的な問題もあったかもしれない。

それでも、仮名入りの国書は写本によって、しっかり伝えられていた。それが、十七世紀初頭にいたって、ようやく刊行されるようになった。

文禄・慶長から寛永期（一五九二～一六四四）に出版された本で、活字を用いた本を古活字版という。朝鮮・李朝では、当時、銅製の活字を用いた印刷術が発達していた。それが日本に伝わり、一部銅製で鋳造し、大部分は木製で彫った木活字を用いた書籍が刊行されたのである。これによって出版の気運が寺院から朝廷や武士の間に広がった。後陽成《ごようぜい》天皇などの勅命による刊行（勅版《ちょくはん》）や、豊臣秀頼《とよとみひでより》による秀頼版、徳川家康による伏見《ふしみ》版、駿河《するが》版などが知られている。寛永を過ぎると、いったん活字印刷の火は消えてもとの木版による印刷（整版）が主流になってしまうが、江戸時代後半になると再び木活字を使った印刷物が出てくる。これは近世木活字本といって江戸初期の古活字版と区別する。

古活字版の歴史的意義は、たんに江戸初期の出版物ということでも、この時代だけ活字印刷が行われた特殊性でもない。これまで外典扱いだった仏教以外の分野の書物がさまざま刊行されるようになったことにあった。それも漢籍や医書に加え、仮名入りの物語や国史の書物まで刊行されるようになったことである。これによって新たな顧客層が開拓された。

川瀬一馬『増補古活字版之研究』（昭和四十二年、ＡＢＡＪ）によれば、この時代に『徒然草』『平家物語』『太平記』などは、それぞれ二十種近くが刊行された。これらは学僧を対象とした本でなく、明らかに公家や上流の武家を読者対象としている。その新たな購読者のために、これまでの伝統的な漢字を主体とした仏書・漢籍の書式とは異なる新しい造本が考案された。仮名の入った本に対しては、むしろ平安時代から続く華麗で洗練された装訂・料紙に、活字印刷の新味を融合させた新しい本作りが工夫されたのである。

京都・嵯峨に住む豪商・角倉素庵《すみのくらそあん》と本阿弥光悦《ほんあみこうえつ》の出版した本を嵯峨本《さがぼん》というが、その代表となる出版物である『伊勢物語』は、活字の美しさに加えて木版の挿絵を入れ、いくつもの色の入った紙（色変り料紙という）に凝るなど記念碑的な本となった。慶長十三年（一六〇八）に出版されたが、最近の研究によればこの年だけで最低三回（四回と数える人もいる）増版した。異植字版といってそのたびに活字を組み直している。このあと慶長十四、十五年にも異植字版を出したのち、活字をやめて木版印刷（整版）で出版を続けた。それほど売れたのである。

古活字版の限界

このように、出版文化を勢いづかせるパワーが古活字版にはあった。五山版は応仁の乱を境に衰微していたし、戦国時代は出版そのものが下火だった。それが平和な時代になると、人びとの読書熱が噴出したのである。これらの本作りにかかわった人たちは新しい時代の到来を感じとったことだろう。

しかし、それでもまだ限界があった。嵯峨本『伊勢物語』のように、需要があっても活字では供給が追いつけなかったのである。再び中世以来の印刷法である一枚の板に彫る木版印刷で対応することになったのは、そうすれば増刷がいくらでもできたからだった。

たしかに活字は進んだ印刷術だった。しかし、それ以上進歩をとげなかったのは、いったん組に使った活字は、印刷後ばらして次の本のために再利用する方法だったので、再版するには効率がよくなかったからである。近代のように組んだ活字から印刷時に紙型《しけい》を作るというもう一段階先の技術があれば、再版時に改めて活字を組む必要がないので、そのまま進めただろうが、それは望むべからざることであった。

活字には効率の問題のほかに、細かい文字が使えない不便さもあった。たとえば漢籍の訓点を活字で入れることは至難の業であった。草書の仮名連綿体も、連続活字などが試みられたが、そもそも印刷には不向きである。また、活字の大きさが微妙に不揃いであったり、組んだ活字の向きが曲がったりしてしまうため、刷り面にどうしても文字の濃淡やゆがみなどが出てしまう欠点があった。匡郭などの罫線も古活字版では板を差し込んで組むのだが、どうしてもピタリとはまらない。そのため枠の角のところに隙間ができてしまう。

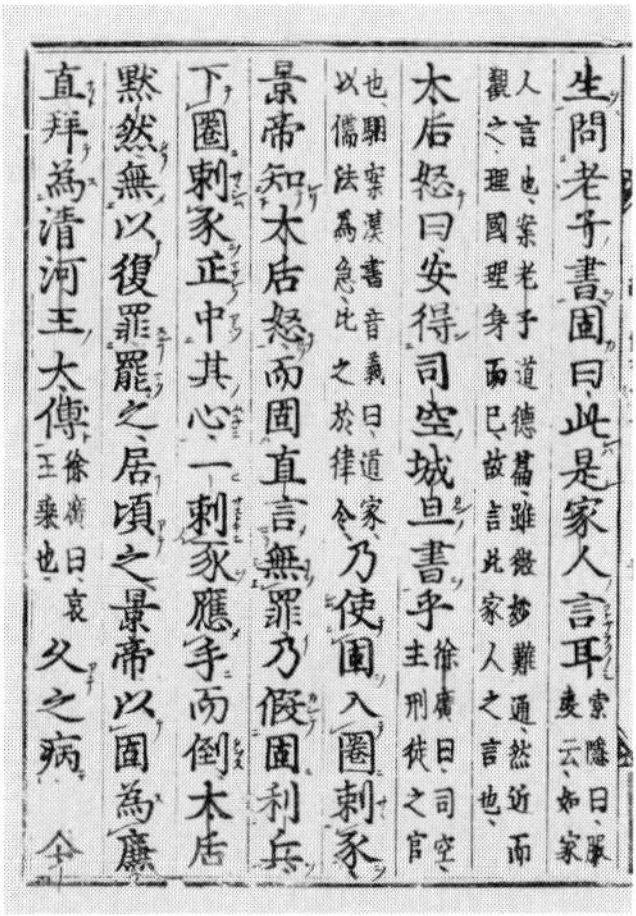
生問老子書固曰此是家人言耳索隱曰服虔云如家
人言也案老子道德篇雖微妙難通然近而觀之理國理身而已故言此家人之言也
太后怒曰安得司空城旦書乎徐廣曰司空主刑徒之官
也駰案漢書音義曰道家以儒法為急比之於律令乃使固入圈刺豕
景帝知太后怒而固直言無罪乃假固利兵
下圈刺豕正中其心一刺豕應手而倒太后
默然無以復罪罷之居頃之景帝以固為廉
直拜為清河王太傅徐廣曰哀王乘也久之病

古活字版の『史記』。活字版の弱点である文字の並びの不揃いや墨の濃淡が出てしまっている。匡郭も左上に隙間ができている。木版印刷ではここがぴったりとくっついているものである

今日、江戸初期の本を見るとき、活字版か木版印刷（整版）かを見分けるには、この印刷のちょっとした不揃いや文字の濃淡を見つける。匡郭の角に隙間があるかどうかも見るようにする。文字の間隔も古活字版は広い。上の図は古活字版の『史

記』である。訓点が見えるが、これは所蔵者があとから手書きで入れたもので、印刷では原漢文のまま（白文《はくぶん》）である。品格はあるのだが、活字版の欠点もわかる。

❖出版文化の起点・寛永期

活字版の弱点を補うための選択は、結局、もとの木版印刷に戻ることだった。歴史が転換するときには、その変化したことのほうについ目がいってしまう。しかし、変わったものは派手に見えるが、変わらなかったこともあることを忘れてはならないだろう。初期の巻子本や折本が冊子に変化しても、なお特定の分野で生き残ったのはその例である。同様に古活字版が盛んに作られるようになったときも、従来の木版技術は残っていた。

その職人をかかえて本作りのノウハウを維持してきたのは、それまで本を作ってきた禅宗や真言・天台宗でなく、別の宗派の寺院だった。江戸初期の出版活動で目立つのは、日蓮宗の要《よう》法《ぼう》寺や本能寺《ほんのう》、本圀寺《ほんこく》、浄土宗の誓願寺《せいがん》などの京都の諸寺院である。中世から近世への転換がこんなところにもあらわれていた。

さらに、そこから古活字版で広がった新たな顧客層を相手に商業出版が生まれた。これらの新興寺院で培われた技術が民間に伝えられるようになったのだ。たとえば本能寺は織田信長が襲われて焼けたのち、豊臣秀吉によって四条西洞院《にしのとういん》から寺町通御池下《てらまちどおりおいけした》に移され、そこで慶長（一五九六〜一六一五）の終わり頃から出版事業を始めた。『増補古活字版之研究』では「本能寺の如きは、近世初期に於ける寺院の開版事業と出版書肆《しょし》業の発達との密接なる関連を見る可き最好適例の一つである」と紹介されているが、こうした寺では板木を彫る、刷る、製本するなど各種の職人をかかえていた。新しい出版元はその門前に店をかまえ、技術を受け継ぎながら、寺では出しにくい外典の漢籍や物語などの国書を引き受けるようになったのである。

当時の発行年月順に書目を並べた太田正弘発行『寛永版目録』（平成十五年）で見ると、寛永五年（一六二八）を過ぎたあたりから、民間板元の出版物が一気に増加していく様子がよく理解できる。その増加ぶりは、この時代の民間板元から刊行された本が、今日でも古書市場によく出てくることからでもわかる。

古活字版は、安くても数十万円、物語などで美本なら数百万円するのがふつうだ。それより古い時代の五山版にいたっては、もっと高価で文化財の領域に入る。しかし、古活字版とほぼ同じ時期に出たというのに整版の寛永板なら、数万円でも買える本がある。汚れなどの欠点を承知なら数千円だってあり得る。四百年近く前の本が、今でも手近な存在として残っているのである。

『寛永版目録』のあとがきは、この寛永期に出た本の分野について述べている。それによれば、相変わらず仏書の数が一番多い。続いて漢籍・医書である。以下、和歌・連歌・俳諧が続く。読み書き手習いの教科書である往来物《おうらいもの》も作られた。しかし、何度も出版された本に限ってみると、それは辞書・往来物・謡本《うたいぼん》などの分野で、読者の需要が多様化している様子が理解できる。

また、漢籍ではようやく訓点入りの本が出るようになって、多くの人の需要にこたえるように変化していた。室町時代に確立した訓点は、五山版でも印刷されることはあまりなく、手にした人が自分で訓《よ》みや返り点などを手書きで書き入れていた。今日伝わる五山版の図版を見ると、ほとんどそうである。古活字版も同じことだった。

それが寛永の頃になると、訓点を入れて印刷した本が盛んに出版されるようになった。また、カタカナ入りの注釈本もそのまま印刷されるようになった。こうして、書物でそのまま学ぶことが可能になったおかげで、本の需要が押しあげられることになった。それで商業出版の地盤ができあがってきたのである。

訓点を入れて印刷できるようになった要因として木版を彫る技術の向上もあったが、もうひとつ林羅山《はやしらざん》の功績が大きい。羅山は徳川家康の信任を得てその博学を発揮した学者である。著作も多いが、多数の訓点を施す仕事もしてきた。それを羅山の別名をとって道春点《どうしゅんてん》といい、江戸時代に無数に作られた四書五経本のさきがけとなった。そのテキストに南宋の朱熹の集めた注（集註本《しっちゅうぼん》）を用いたことは、このあとの江戸二百六十年の漢学思想の方向性を決めることにもなった。

❖上方から発信、元禄の庶民文化

本書では総じて出版元を板元《はんもと》であらわすことにするが、実際に江戸時代に使われた本屋の呼びかたは多様で、ほかにも書肆《しょし》、書林、書店、書房、書楼《しょろう》、書堂、書舗《しょほ》、書賈《しょこ》、書商などがあり、本屋、書物屋ということもあった。その多くは、板元（版元）といういいかたを含めて今でも残っている。

板元にとって最大の財産は板木である。膨大で手間のかかる開板事業には大きな資本を投下している。したがって、利益を生み出すには、同じ板木を用いて何度も増刷する必要があった。増刷してようやく利益を出すというのは現在の出版界と通じるところがあるが、違うのは、板木をひんぱんに売買した点だ。これを板株《いたかぶ》といって、専門の取引市があったようだ。

桜などを材料にした板木は、摩滅も少なく、しかも丈夫である。火災にさえ気をつけていれば何年でももつ。一冊の本の板木は、板元を転売されながら百年、二百年単位で増刷されるのである。和本にとって百年はなんでもない歳月である。板木が使用に堪えるだけでなく、内容が時代とともに陳腐化しないこともそれができる条件であった。

江戸初期の板元は大半が京都にあった。読者層の拡大や民間板元の台頭があったものの、本の需要は圧倒的に京都が中心なので、板元は他の都市へ広がることがなかなかできなかった。

寛永期（一六二四〜四四）の京都ではおよそ百軒であった板元が、六十年後の元禄期（一六八八〜一七〇四）には二百に倍増した。その間、仮名草子《かなぞうし》といわれる書下ろしの読み物が流行し、鈴木正三《しょうさん》・浅井《あさい》了意《りょうい》といった作家を生み出した。しかし、それでもまだ読者層は上流階級の一部にすぎず、地域的広がりや大衆化にはいたっていない。その証拠に、今の市場に出る仮名草子は稀少の部類に入り、そのため高価である。

元禄期になってようやく大坂でも板元が二十軒ほどに増え、新しいタイプの本屋があらわれるようになった。その原動力となったのは、井原西鶴《いはらさいかく》に始まる浮世草子《うきよぞうし》、近松門左衛門《ちかまつもんざえもん》らの浄瑠璃本《じょうるりぼん》、そして俳諧の普及である。

とりわけ西鶴のヒットは大きく、大坂商人の底力が経済だけでなく文化の面にも波及したことを示していた。以来、現世的な好色物や町人物を題材とした小説というべき浮世草子が人気となって、大坂出版界を活気づけたのだった。西鶴本は、今日、どれをとっても高価である。

『好色一代男《こうしょくいちだいおとこ》』は何度も再板・重板されているが、そのなかで初版に近く保存がいいもの、あるいは菱川師宣《ひしかわもろのぶ》の挿絵を入れて江戸の板元が重板した「江戸版」などというと確実に一千万円を超え、二千万円でも驚かない。

出版プロデューサーの草分け

この西鶴の向こうを張って江島其磧《えじまきせき》作の浮世草子を多数出版したのは、京都の八文字屋《はちもんじや》八左衛門《はちざえもん》（号自笑《じしょう》）である。八文字屋は芸能ニュースとでもいうべき歌舞伎の「役者評判記《やくしゃひょうばんき》」で当てたのち、横長に印刷製本した本を作り、その斬新なアイディアが大いに受けた。この横本は八文字屋本の代名詞ともなった。この八文字屋自笑は、日本における出版プロデューサーの草分けともいえる有能な人物である。

また同じく京都・柳枝軒《りゅうしけん》の茨木多左衛門《いばらきたざえもん》は、貝原益軒《かいばらえきけん》の著作を出版し、ベストセラーになった。この頃、本は千部売れれば「千部ぶるまい」と称して祝ったというが、数字に関する故事を集めた『和漢名数』など、二千部は売っただろうという（今田洋三『江戸の本屋さん』昭和五十二年、日本放送出版協会、のち平凡社ライブラリー）。

さらに上方で大人気を博した人形浄瑠璃の台本作者は、近松門左衛門が第一人者だった。近松の描く義理と人情の世界は、江戸時代文学の基調のひとつとなった。この浄瑠璃の正本は、京都の山本九兵衛《やまもとくへえ》と、その大坂店《だな》の山本九右衛門などが一手に引き受ける独占出版だった。ただし、偽板《ぎはん》（海賊版）がかなり出回っている。

和歌・連歌は上流階級のたしなみだったが、芭蕉が吹き込んだ新風によって俳諧が庶民にも楽しめる文学になった。元禄期の俳諧書はほとんど上方で刊行された。以来、江戸時代の俳諧人口はおびただしいものとなり、無数の句集が出ている。

このほか「重宝記《ちょうほうき》」と呼ぶ日常生活用の百科事典ともいうべき、便利で実用的なジャンルの本が開発されて人気を博した。つまり重宝する本である。これも大坂らしい発想だった。

これらがきっかけとなって大坂は出版から書籍販売にいたる一大拠点になった。のちに心斎橋《しんさいばし》筋には、本屋が四、五十軒並んだ今の東京・神田神保町のような書店街ができたという。元禄文化は上方から発信されたことが書籍の面からも実証できるのであった。

❖物之本と草紙

江戸での出版文化は出遅れた。貞享四年（一六八七）の江戸の案内記『江戸鹿子《えどかのこ》』に二十五軒の本屋が載っていたが、実態はまだ大半が上方書肆の出店（江戸店《だな》といった）であった。開板は京・大坂で行い、できた本を江戸に持ってきて売る、いわば江戸営業所といったものである。上方から下ってくるので「下《くだ》り本《ぼん》」といわれていた。

上里春生《こうざとはるお》『江戸書籍商史』（昭和四十年、名著刊行会）で調べると、この二十五軒よりは多くの本屋が江戸にあったと思われるが、江戸でオリジナルの開板を行うだけの実力をもったところはまだ少なかったのである。

書物のことを「本」というのは古いことでなく、確実なのは江戸時代からである。戦国時代にポルトガル人宣教師が作った『日葡《にっぽ》辞書』によると、Fon（本）は本来のものという意味で、写本または原本・正本を指していた。別に Monono fon（物之本）という項目があって、それがいわゆる書物のことだった。同時に Sŏxi（双紙《そうし》）という語もあり、「やさしいことばで書かれた歌や物語の書物」となっていた（土井忠生ほか『邦訳日葡辞書』昭和五十五年、岩波書店）。仏書・漢籍など教養書は物之本といい、娯楽性の高いものは草紙《そうし》あるいは双紙（合わせて草双紙《くさぞうし》ともいう）と呼ばれていたのである。草というのは現代でも草競馬・草野球というように本物でない素人のといったような意味で使う語で、本と草紙の違いはそこからきている。

この区別は江戸時代にも及び、最初に述べたように本屋は書物屋と浄瑠璃本屋の二系統に大きく分かれていた。物之本屋が書物問屋に、草紙《そうし》屋が浄瑠璃本屋（のちに江戸では地本《じほん》問屋）になって江戸末期まで続いたのである。

十七世紀末までは、物之本屋のほうが圧倒的に多かった。『江戸鹿子』の二十五軒のうち草紙屋は浄瑠璃本屋といわれていて五軒確認できるだけだった。そのなかで奮闘したのが松会《まつえ》と鱗形屋《うろこがたや》である。江戸における草紙屋の開祖だった。松会は、武士階級を相手に仏書・漢籍や日本の歴史書なども出した比較的硬派の板元で、当時の大名や幕府役人の人名録である『武鑑《ぶかん》』の製作を担ったことで出版の地歩を築いた。

鱗形屋は浄瑠璃本や評判記などを手がけたほか、草双紙の初期版ともいえる赤本《あかほん》・黒本《くろほん》を出したことで有名だ。赤本・黒本は五丁だてで（今の本なら十頁しかない）、一般的な物之本の半分の大きさ（中本《ちゆうぼん》）で売り出され、表紙の色が赤や黒だったのでこの名がついた。お伽話や武者物を題材にした絵入りの粗末な本である。はじめ六文程度で売り出された。草紙屋ではコストを極力きりつめていたので、丁合や糸綴じなどの製本は店の小僧や女房・娘たちの仕事だった。紙の高騰などがあった十九世紀初頭の文化頃には十二文になったが、それでも大衆的な食べ物の代名詞である二八《にはち》蕎麦が十六文だったことを考えると安い値段である。

ほとんどが読み切りで捨てられてしまったので、今日、残存しているものが非常に少ない。もともとの表紙が残っていて保存状態のよい本で百万円以上、初期の延宝（一六七三〜八一）頃の赤本などが出たら、もう一桁大きいかもしれない。それくらい市場に出てこない。昭和三十年代の漫画本が高いのも、大半が捨てられてしまったからだ。

江戸の出版活動

この二店に刺激されて、ようやく江戸での出版活動に火がついた。赤本・黒本は、安永（一七七二～八一）頃に表紙の色が萌黄《もえぎ》色になったので青本に、さらに黄表紙《きびょうし》というようになって、文化年間（一八〇四～一八）まで続いた。板元も鱗形屋以外の江戸の草紙屋の手に移っていく。

草双紙には、この黄表紙のほかに、吉原などの遊里を題材にした洒落本《しゃれぼん》があらわれた。また五丁一冊という薄い作りだったのを五丁三冊、五冊と内容を増やした大作（合巻《ごうかん》）に変わった。別に恋愛小説の人情本《にんじょうぼん》、軽口や落語のもとになった咄本《はなしぼん》、卑近な日常をおもしろく描いた滑稽《こっけい》本《ぼん》など多方面のジャンルが生み出された。これらの本の大きさは中本や、ひとまわり小さい小《こ》本《ほん》が多く、今日でいえばB6判か文庫判の大きさである。

これに対して、因果応報、道徳教訓を題材とした小説に挿絵を入れた読本《よみほん》というジャンルもできた。これは物之本屋が出す通俗読み物で、美濃判《みのばん》とはサイズの系列が違う半紙判《はんしばん》で作られた。この紙を半分にした判型を半紙本といい、今日のA5判である。俳諧書はこの半紙本が多く、その影響もあって狂歌本もその大きさだった。本のサイズがジャンルを象徴するようになってきたのは、それだけ出版文化の熟成が進んだことを示していよう。

❖本の大きさでジャンルがわかる

ここで、本の大きさである判型を知っておこう。書誌学ではこれを書型《しょけい》という。今日でも学術専門書はA5判や菊判、文芸や実用物はB6判や四六判《しろくばん》、さらに手軽な文庫判というように、大きさが本のジャンルを象徴するのと同じで、江戸時代の本も書型から本の種類をおしはかることができる。

和本ではおもに大・中・小・半で判型を表現した。そして、料紙には美濃判と半紙判の二系列があった。現在でもA判とB判があるようにである。美濃判の紙は昔の尺貫法でいうなら、天地（縦）九寸×左右（横）一尺三寸であった。一寸は約三センチだから、二十七×三十九センチということになる。いっぽう半紙判はもとのサイズが天地八寸、左右一尺一寸（二十四×三十三センチ）ということになっており、美濃判紙より一割強小さい。

大本《おおぼん》　これは美濃判紙を半分に折った寸法である。仕上がりの寸法は縦横二十七×十八センチくらいである。現在のB5判に匹敵する。別名、美濃本ともいう。あるいは、ただ「大《だい》」と表

和本の書型。左から特大本、大本、半紙本と現在の新書判、中本、小本、特小本

示することもある。実寸は少し幅があって、手元にある本で計ったところ、もっとも大きい本は縦二十八センチ、横十九・六センチあり、逆に最小は縦二十五・五センチ、横十七・七センチで、二センチほどの違いがあった。おおむね江戸初期では大きく、幕末になるにしたがって小さくなる傾向にある。あるいは産地の違いもあるかもしれない。物之本は圧倒的にこの判である。

中本《ちゅうぼん》　大本の半分の大きさである。これを「半」といわないから注意が必要だ。縦が十八から十九センチで、横が十二から十三センチ程度。小さいのでこれが小本とか小型本と思ってしまうが、中本という。略して「中」と表記することもある。草双紙のほとんどはこの大きさで、現代のB6判と大きさも共通する。

特小本《とくしょうぼん》　中本をさらに半分にした大きさである。特小本というのは書誌学での名称で、これを着物の袖に入れて持ち歩けるという意味の袖珍本《しゅうちんぼん》といっていいと思う。

半紙本《はんしぼん》　半紙判を半分に折りたたんだ大きさである。縦が二十二から二十三センチ、横が十五から十六センチ程度。戦前までよく使われた菊判や現代のA5判に近い。略して「半」と表記する。物之本でも通俗的なもの、あるいは絵本などはこの大きさである。

小本《こほん》　半紙本半分のサイズ。縦十五から十六センチ、横十一センチ余りで、現代の文庫本とほぼ同じである。略するときは「小」と表記する。洒落本はこの大きさで作られた。コンニャクがほぼ同じ大きさだったらしく、別名蒟蒻本《こんにゃくぼん》という。

特大本《とくだいぼん》　大本よりも大きいのをいい、極大本とか大美濃本といういいかたもする。大名家などに納める特製の献上本《けんじょうぼん》にこの形がある。なかの版面（印刷面）は大本と同じ大きさで、大きな良質の紙で仕立てる。今のA4判くらいである。

豆本《まめほん》　小本の半分という小さな本もあった。それ以上小さい本もある。ここまでくると趣味の世界である。明治期にコレクターの手で集められたが、関東大震災で焼失してしまい全貌がわからなくなっているという。しかし市場にはたまに出る。明治初期の銅版印刷の本を含めて、収集するのもおもしろいと思う。

横本《よこほん》　横長《よこなが》の装訂の本をいう。中本に相当するなら横中本、小本に該当するのを横小本ともいう。紙を三分の一で切る三《み》つ切り本、四分の一の四《よ》つ切り本というものもあって、これらは横にかなり細長い形となる。「道中案内」など懐に入れて持ち歩く懐中本《かいちゅうぼん》にこの判型が多い。

枡形本《ますがたぼん》　ほぼ正方形の本をいい、室町時代以前の古写本によく見られたが、江戸期のふつうの版本ではめったに見ない。芭蕉の『奥の細道』の版本がこれにあたり、例外的な存在だ。

縦長本《たてながほん》　変型判として、ふつうの大本や半紙本の左右を短くした縦長の本である。和刻本の漢籍や漢詩集に多く、中国清朝の本をわざとまねた趣味的な装訂で清朝仕立ともいっている。天地はそのままで左右だけを断裁する方法である。横本の三つ切り本、四つ切り本と同じ比率でさらに縦長の本もある。

なお、唐本では、中国での紙の基本サイズが異なるので、この大中半小といった分類は通用しない。中国の貴重書目録では本の紙の大きさより、版面（匡郭）の何行何字を示すほうを優先している。

一部の図書館では、本の外形寸法をセンチで表記する例がある。しかし、本を大中半小といった用語でサイズをいうのはたんに大きさを示すだけでなく、ジャンルなどもあらわす指標となるので、和本の場合はこれを採用したほうがよいと思う。

❖江戸時代をどう区分するか

和本には発行された年代がどこにも記載されていない、いわゆる無刊記本《むかんきぼん》というのが少なくない。序文などで推定できる本はまだよいが、江戸時代以前の古典を本にしたときは、いつの発行なのかヒントすらないことがある。ときどき蔵書目録などで「江戸刊」としか出ていない本がこれである。江戸時代は二百六十年もあり、その初めと終わりとでは大きな違いである。したがって、もう少し刊行時を絞り込む表記が欲しいところだ。

実際の本の相貌は、時期とともに変化をとげており、和本を見なれるとその違いがわかるようになる。十七世紀前半の本と幕末の本とでは、明らかに相貌が異なるのである。

書物の歴史に限らず、近世史や近世文学、思想史、文化史など広い分野で、江戸前期とか中期、後期といった語が使われるが、いつからいつまでが前期なのか、中期とはいつのことか、明確でないことがまま見受けられる。そこで中野三敏氏は『江戸文化評判記』（平成四年、中公新書）で江戸時代を人の一生になぞらえ、享保の改革に入る以前を人格形成期とし、同改革後の成熟期を経て、寛政の改革後を老衰期とする三区分を提唱している。これで前中後に分けるのである。書物の歴史だけでなく、近世文学史、文化史全般にあてはまる考えとして、わたしもこれを支持したいと思う。

したがって、本書で江戸前期というときは、慶長から正徳頃までのおよそ百年余（一五九六〜一七一六）、江戸中期は享保から寛政末年までの九十年弱（一七一六〜一八〇一）、さらに享和を経て文化・文政以降の七十年弱（一八〇一〜一八六八）を江戸後期ということにする。

別に江戸時代初期と末期という使いかたもする。ただし、前中後に加えて江戸時代を五つに分けるという考えではない。あくまでも三分である。その前期のうち十七世紀前半の慶長から寛永までの約五十年についてのみ、とくに江戸初期とする。また、後期のうち外国船がしきりに来航するようになった嘉永以降慶応末年までの二十年を江戸末期（あるいは幕末）と表現する。

もし、具体的な年代のわからない本でも、江戸中期刊とか、後期刊というくらいの区別はつくようにしておきたい。中期には中期の、後期には後期の本作りというものがあり、それは外見だけでなく、背後にある文化そのものの相違でもあるからだ。

ただし、もし、その本の時期が寛文・延宝（一六六一〜八一）頃とか、元禄・宝永（一六八八〜一七一一）といったレベルまで絞れるなら、そのように表現するほうが望ましいことはいうまでもない。また、江戸前期と中期の境界を貞享と元禄の間（一六八八年前後）に、中期と後期を天明と寛政の間（一七八九年前後）におく考えもあることを付記しておく（林望《はやしのぞむ》ほか編『ケンブリッジ大学所蔵和漢古書総合目録』一九九一年、ケンブリッジ大学)。

❖三都体制の整った江戸中期

従来、十七世紀末から十八世紀初頭の元禄・宝永期を漠然と江戸中期文化と考えるふしもあったが、ほんとうに江戸時代が江戸時代らしくなるのは、八代将軍・吉宗の治世である享保期(一七一六〜三六)以降で、中期はそこからをいうべきである。

和本の世界に大きな変化があったのは、名奉行で知られる大岡越前守《おおおかえちぜんのかみ》が強力に進めた出版に関する条目によってである。享保七年(一七二二)十一月の町触《まちぶれ》に、

一　何書物ニよらす、此以後新板之物、作者幷板元之実名、奥書ニ為致可申候事

とあり、新たに開板するときは、作者と板元の実名を奥書に入れること、という一項が入った。前条には、みだりに異説を取り混ぜた本を出すな、つまり幕府を批判する本を出してはいけないという項目や好色本は好ましからずといった記述があるので、どうしても出版統制に目がい

きがちだが、むしろ海賊版を締め出し、出版権を確立したともいえる画期的な措置だった。逆をいえば、それまではかって に作った偽板が横行し、苦労したオリジナルの努力が報いられない側面があった。それが原因の争いも少なからず起きていて、出版活動の足を引っ張っていた面があったのである。

出版条目に合わせて書店側も、同業組合というべき書物屋《しよもつや》仲間《なかま》を結成した。享保六年の江戸書物屋仲間は四十七軒であった。これは自分たちの利害を守りながら、奉行所に対して自己規制をするものであった。同じような動きは江戸だけでなく、京都や大坂にもあった。

同時に本の後ろ見返しのところに奥付《おくづけ》を入れるようになった。そこに刊行年と板元名などを入れることで、一種の権利の主張をした。それまでも巻末に刊行年や発行元を入れる刊記《かんき》の慣習があったが、これは今日にいたるまで続いている。

このあと、江戸開府百五十年にあたるのが宝暦年間（一七五一〜六四）で、田沼意次《たぬまおきつぐ》が権勢を誇っていた。賄賂政治ですっかり悪役にされているが、じつはこの時期に江戸の出版点数が、京・大坂を抜いて第一位になった。江戸期の出版点数を調べた今田洋三『江戸の本屋さん』によれば、享保のときはまだ京・大坂が優勢だったが、しだいに江戸が増え、宝暦期に一番になる。さらに四十年後の寛政期（一七八九〜一八〇一）になると京・大坂を合わせた上方出版全体よりも江戸出版物が多くなった。

これに合わせるように小川彦九郎など京都の有力板元の江戸店が廃業するようになり、代わって須原屋茂兵衛、小林新兵衛《こばやししんべえ》などの江戸育ちの書肆が大きく伸びてきた。この背景には、江戸が百五十年かけて、ようやく日本の中心地らしい都市機能をもつようになったことがあった。「大江戸」とか「江戸っ子」というのは、この頃ようやく聞かれるようになったことばである。野暮に対するいきもこれと同時期に出てきた概念で、黄表紙・洒落本を貫いていた精神である。ただ、これは江戸が一人勝ちしたということではない。真の意味で三都《さんと》体制が確立したというべきである。上方で作った本を江戸に運んで消費するだけでなく、江戸で作った本を京や大坂でも売る相互の販売網ができたことに意義があった。

有能な板元の広がり

須原屋茂兵衛（千鐘房《せんしょうぼう》）は、江戸中期から後期にかけて江戸一番の本屋となったが、それは一軒だけで大きくなったのではなく、この茂兵衛を総本家としてその奉公人だった者が次つぎと暖簾《のれん》分けして独立し、同じ須原屋を屋号として広がったからである。井上隆明『改訂増補近世書林板元総覧』（平成十年、青裳堂書店）によれば、須原屋を屋号にする店は総計六十軒を数える。重複や実態のわからない店もあるので、もう少し小さい数かもしれないが、このネットワークによって、幅広い物流が可能になったことが大きい。そこから有能な店が次つぎ生まれた。

そのなかの須原屋市兵衛《いちべえ》（申椒堂《しんしょうどう》）が切り拓いたのが蘭学だった。なんといっても安永三年（一七七四）の初版で杉田《すぎた》玄白《げんぱく》らの訳した『解体新書《かいたいしんしょ》』の意味するところは大きい。これが日本における西洋医学書の出発点となったのである。蘭学の興隆は、江戸出版活動の厚みを増したといえるだろう。しかし、天明六年（一七八六）に発行された林子平《はやししへい》の『三国通覧図説《さんごくつうらんずせつ》』が、寛政四年（一七九二）に「風聞だけで異国が襲撃してくるという奇怪な説」として絶版を命じられ、重過料に処せられたことから、市兵衛は没落を余儀なくさせられた。

そのほか荻生徂徠《おぎゅうそらい》の弟子たちの出版を一手に引き受けたのが小林新兵衛で、別名須原屋新兵衛、嵩山房《すうざんぼう》で、やはり須原屋の一統である。

一方、独創的な企画力をもった人物があらわれたことも、江戸の出版文化を押し上げた。須原屋市兵衛が処分された頃、山東京伝《さんとうきょうでん》の洒落本でやはり身上《しんしょう》の半分を没収されるという刑を受けた蔦屋《つたや》重三郎《じゅうざぶろう》である。彼は天明・寛政の頃、鱗形屋が零落していくのと入れ違いに、まず遊里・吉原《よしわら》のタウン情報誌というべき『吉原細見《さいけん》』で当てて頭角をあらわし、その勢いで北尾《きたお》重《しげ》政《まさ》など当時勢力のあった絵師を取り込んで黄表紙を出した。それが成功すると新人の発掘に力を入れ、彼のもとで育った人には、山東京伝のほか大田《おおた》南畝《なんぽ》・曲亭《きょくてい》（滝沢《たきざわ》）馬琴《ばきん》・十返舎一九《じっぺんしゃいっく》らの戯作者や、喜多川歌麿《きたがわうたまろ》・東洲斎写楽《とうしゅうさいしゃらく》などの浮世絵師がいる。かつて浮世草子でならした京都の八文字屋自笑以来の名出版プロデューサーといえるだろう。

❖多彩な書物文化の時代

骨董趣味だけで和本を見ると、江戸後期というと「なんだ、新しい」といわれてしまうが、和本の通なら江戸後期こそおもしろいという。平安の雅《みやび》、宋元版の格式、そんな伝統をしっかり残しながら、常道どおり生真面目に本を作るだけでなく、内容の硬派な本にも遊びが出てくる。それがいいきというものである。それを感じとることができれば和本の楽しみは倍増する。そういう意味で江戸後期こそ和本の花が満開の見頃だったのである。ただ、それは散りゆく前兆でもあったが……。

その多彩さを象徴する人物がいる。高井蘭山《たかいらんざん》という人で、宝暦十二年（一七六二）に生まれ、天保九年（一八三八）に亡くなった。名は伴寛《ともひろ》という。編著・校訂・翻訳などを合わせた作品は百点以上に及んでいるというのに、江戸・芝に住んでいた幕府の与力らしいということ以外、詳しい生涯がわかっていない。雑学者というべきか、この人がかかわった本の分野はじつに幅広く多岐にわたっている。その分野ごとに代表的なものを二、三点ずつあげると、次のようである。

漢籍や漢詩をわかりやすく訳した『千字《せんじ》文俚諺抄《もんりげんしょう》』『和《わ》漢朗詠国字抄《かんろうえいこくじしょう》』

絵本風の読み物『絵本孝経《えほんこうきょう》』『唐詩《とうし》選画《せんえ》本《ほん》』『新編水滸《すいこ》画《が》伝《でん》』（以上いずれも挿絵は葛飾北斎ら）

当時の教科書・往来物やその解説本『江戸《えど》往来示蒙抄《おうらいじもうしょう》』『消息往来《しょうそくおうらい》』『児《じ》読古状揃証註《どくこじょうぞろえしょうちゅう》』

名所案内をもとにした往来物『江嶋詣《えのしまもうで》』『鎌倉詣《かまくらもうで》』『誕生寺詣《たんじょうじもうで》』

今のハウツウ物にあたる『農家重宝記《のうかちょうほうき》』『名《な》乗字引《のりじびき》』『女重宝記《おんなちょうほうき》』

字引・辞典『三音四声《さんおんしせい》字《じ》貫《かん》』『音訓国字格《おんくんかなづかい》』

暦や物知り『七十二候童蒙辨《しちじゅうにこうどうもうべん》』『年中時候辨《ねんじゅうじこうべん》』『須弥《しゅみ》山図《せんず》解《かい》』

商業『米銭相場《べいせんそうば》早見《はやみ》』『経済《けいざい》をしへ草《ぐさ》』『商売往来講釈《しょうばいおうらいこうしゃく》』

養生『食事戒《しょくじかい》』『淫事養生解《いんじようじょうかい》』

自作の読本《よみほん》『絵《え》本三国妖婦《ほんさんごくようふ》伝《でん》』『星月夜《ほしづきよ》顕晦録《けんかいろく》』『孝子嫩物語《こうしふたばものがたり》』

地図『天保改正御《お》江戸《えど》大絵《おおえ》図《ず》』など

総合実用書『江戸《えど》大節用海内蔵《だいせつようかいだいぐら》』（共編）

このほか書誌・俳諧・異国情報・医学・兵法・音楽・飢饉の救済書などの分野もある。

こうして見ると、一家に一冊便利な実用百科、家庭の医学、手紙の書きかた、旅行ガイドブック、地図、気楽な読み物、教科書・参考書、劇画、ビジネス……現代の書店風景とさして変わらないではないか。この人の多才さが、そのまま江戸後期の出版界をありのままに映し出している。高井蘭山という人は、寛政期（一七八九～一八〇一）の蔦屋重三郎が板元として自ら有能なプロデューサーであったのと少し違い、板元側の「こういうものがあればなあ」という欲求にうまくこたえることのできた編集請負人だったといえる。『新編水滸画伝』などは曲亭馬琴が中途で投げ出したあとを引き受けて完成させたので、当時の板元にすれば有能でありがたい便利屋さんだったのだ。

国学・町人学者

硬い本の分野でも江戸後期には、これまでの漢学一辺倒から幅広い学問分野の書籍が刊行されるようになった。さらに商業出版ばかりでなく、多様な刊行形態が広がった。幕府や各藩の公的な刊行物が増加したこと、地方出版が広がったこと、自費で出版する私家版が多数出てきたことなどが、その特色としてあげられる。

なかでも仏教や儒教の影響を受けないわが国固有の思想を説く国学が勃興したことが、ひいては明治維新への道を開く大きな影響力をもつようになった。とりわけ伊勢の本居宣長《もとおりのりなが》（一七三〇～一八〇一）によってその研究は高いレベルに達した。宣長は『古事記』に古代精神のよりどころを見つけ、徹底した考究を加えて、全四十四巻四十八冊に及ぶ『古事記伝』を書いた。

一人が書いた論考としては近世日本最大の著作のひとつである。国学の興隆は国語の文法、考証的な国史研究などの多方面にわたり、近代以降の実証的な学問への架け橋になった。この背景には塙保己一《はなわほきいち》（一七四六〜一八二一）が創立した和学講談所《わがくこうだんしょ》での文献研究が進んだことも見逃せない。塙保己一は、近世初期以前の国書・古記録を集め、校訂を加えて集大成した全五百三十巻に及ぶ膨大な叢書『群書類従《ぐんしょるいじゅう》』を完成させた。これは現在にいたっても日本史研究の基本図書である。

塙保己一をはじめ、実測地図で知られる伊能忠敬《いのうただたか》（一七四五〜一八一八）が農民出身であることはよく知られているが、武家中心の江戸時代にあって、それ以外の階層からの出身者が自由な立場で活躍するようになったことも江戸後期という時代の特色をつくり出したといえよう。

官版・地方出版

幕府の公的出版物を官版《かんぱん》、各藩のそれを藩版《はんぱん》といった。家康の駿河版、吉宗の指導的な出版など、たびたび幕府の命で公的な出版はされてきたが、そう多い点数ではなかった。寛政の改革以後、江戸・湯島《ゆしま》に官立大学というべき昌平坂学問所《しょうへいざかがくもんじょ》が置かれ、そこで刊行した本を基本的に官版というようになった。およそ二百種近くが作られたが、ほとんどが漢籍の翻刻で、校訂はしっかりしていたが訓点がつかない白文である。題簽《だいせん》上部に「官板」の文字が入り、刊記に年号だけが入るそっけない装訂である。弘化三年（一八四六）に板木を保管していた倉庫が焼けて、かなりの部分を失ってしまった。焼け残った分はのちに民間に下げ渡されて昌平叢書という名で刊行された。

清朝が八万巻からなる『四庫全書《しこぜんしょ》』などの大叢書を皇帝の勅撰で作らせたのに比べると、幕府の仕事が二百点程度の官版だけとはお寒い感じがする。しかしその分、日本では民間の書肆ががんばっていたので、全体では層の厚い出版文化を開花させた。民衆の文化という観点で見れば、そのほうがずっとよかったと思うべきだろう。中国では民衆本のジャンルはあまり育たなかった。明末に通俗小説である『三国志演義《さんごくしえんぎ》』『水滸伝《すいこでん》』や『西遊記《さいゆうき》』などが出て広がりを予感させたが、清朝になって発展がとまってしまう。北京の古書街・琉璃廠《リウリチャン》を何度か歩いたことがあるが、清朝時代の大衆本はほとんど見ることができない。

民間でも江戸後期は販売書店が全国すみずみまで広がった。それが基盤となって京・大坂・江戸の三都以外の出版が盛んになった。名古屋の書肆も増えて四都ともいえる繁栄をみせたが、それ以外の地方出版も田舎版《いなかばん》といって多少作りが粗雑であるが、自力で開板する能力をつけたところが出てきたのだ。五十万点を所収する『国書総目録』でも、これらの地方出版物は、まだきちんと採集しきってはいない。研究途上の分野である。

盛んだった自費出版

出版をするには大きな費用がかかるので、採算が合わなければ書肆も尻込みする。そこで江戸時代でも費用を自分で負担して開板する自費出版がよく行われた。刊記や奥付のない本はまずそれと考えてよい。江戸後期に盛行したこのような出版物を私家版あるいは私刊本という。祝儀不祝儀にさいして知人などに配る本や、俳諧などの作品集もそうである。俳諧人口は全国くまなく広がり、相当量の句集ができたが、かりに板元の名が入っていても、事実上著者が費用を出すことも行われたそうだ。

そもそも本居宣長のライフワーク『古事記伝』からして、はじめは自力で開板したのだった。すぐに資金不足となって頓挫しそうになったのを、尾張藩家老・横井千秋《よこいちあき》が強引に口添えをして、名古屋の書肆・永楽堂《えいらくどう》と風月堂《ふうげつどう》にしぶしぶ引き受けさせて刊行したのだ。全四十八冊すべてが完成したのは、宣長没後二十年経ってからである。

塙保己一の『群書類従』も壮大な自費出版物だった。彼の塾・和学講談所は幕府公認の機関であったが、出版資金としてはわずかの援助しかなかった。そのため『群書類従』刊行の資金一万両は保己一が大坂の豪商・鴻池《こうのいけ》などから借り入れて調達したのだった。

江戸初期に華々しく始まった活字印刷も寛永期（一六二四〜四四）にあっというまに衰え、大半の出版物がふつうの木版刷りである整版に戻ったことはすでに述べたが、江戸後期になって、

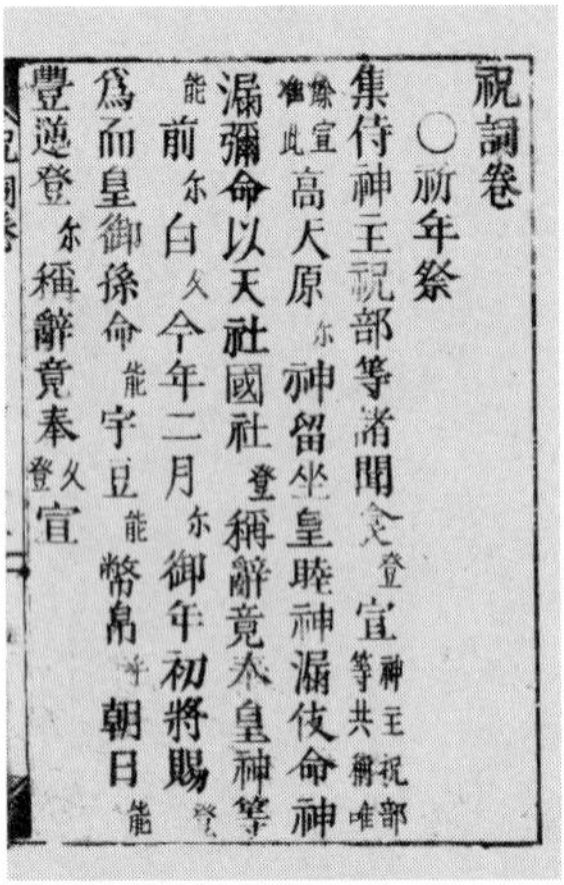
祝詞巻
○祈年祭
集侍神主祝部等諸聞食登宣 神主祝部等共称唯
余宣准此 高天原尓神留坐皇睦神漏伎命神
漏彌命以天社國社登稱辭竟奉皇神等
能前尓白久今年二月尓御年初將賜登
為而皇御孫命能宇豆能幣帛乎朝日能
豊逆登尓稱辭竟奉久宣

近世木活字本の例。『祝詞巻』。印刷は粗末だが、影響力はあった

再び木活字《もくかつじ》を使って印刷することが盛んになった。近世木活字本あるいは近世活字版という。『近世活字版目録』（多治比郁夫・中野三敏編、平成二年、青裳堂書店）によれば、今日千四百種近い本が確認されている。活字本は比較的安価にできるので、書肆による発行より、自費出版物が圧倒的に多かった。私刊本の場合、活字版なら奉行所の規制の対象外だったから自由な出版ができた。一度発禁処分を受けた林子平の著作を活字で作ったのも、この間隙を縫ったものだ。近世活字版は粗末な印刷のものが多いが、影響力は大きく、思想的に明治維新の原動力となった本が少なからずあった。

出版の繁栄を支えた識字率の高さ

江戸後期を読者の側から見ると、高い識字率が出版文化を支えていたといえる。

幕末にやってきたペリーは、下田や函館のような地方都市でも書物が店頭で売られ、多くの人民が読みかたを教えられていて、見聞を得ることに熱心であることにびっくりしている（土屋喬雄ほか訳『ペルリ提督日本遠征記㈣』昭和三十年、岩波文庫)。
　この人民に読みかたを教えたのが寺子屋である。手習いの師匠といった存在だ。各種資料によると一八三〇年代の天保期から一気に増え、幕末にピークを迎えた。明治五年(一八七二)の東京府内にはその名残で家塾が千二百もあったといい、公立学校が整備されるまで私立学校の役目を果たした。そのおかげで、武士ばかりでなく町民・農民の識字率がきわめて高くなり、それが書物の販売量と比例していたのだ。
　明治七、八年当時日本に滞在した亡命ロシア人メーチニコフが書いた『回想の明治維新』(渡辺雅司訳、昭和六十二年、岩波文庫)にこんな記述がある。

　人足《にんそく》……別当《べっとう》(馬喰《ばくろう》のこと)……召使《めしつかい》、さらにどんな店でも茶店でも見かける娘たち——彼らがみんな、例外なく何冊もの手垢《てあか》にまみれた本を持っており、暇《ひま》さえあればそれをむさぼり読んでいた。彼らは仕事中はそうした本を着物の袖やふところ、下帯《したおび》つまり日本人が未開人よろしく腰に巻いている木綿の手ぬぐいの折り目にしまっている。

　人足や茶店の娘にいたるまで暇さえあれば本をむさぼり読んでいた、というのである。今日から考えても驚くべき光景だが、現実に読み書きの能力が広く普及していた証拠である。

その手習いの教材としては、『今川状《いまがわじょう》』『御成敗式目《ごせいばいしきもく》』『庭訓往来《ていきんおうらい》』などが室町時代から定番だった。『今川状』は、南北朝時代の武将今川了俊《いまがわりょうしゅん》が弟仲秋《なかあき》に書き与えた人生訓、『御成敗式目』は鎌倉時代の武家の基本法典、『庭訓往来』は一年十二箇月の往復書簡の実例を通してことばや書きかたを覚えるものである。これらは往来物といって、江戸時代には「〇〇往来」といった無数の入門書が作られた。たとえば『商売往来』などは、実際の商習慣用語や商品名が覚えられるように作られた商業科の教科書だった。

幕府としては御触書《おふれがき》などが読めて上意が下達されればよいので、ある程度は読み書きを奨励していたが、それ以上庶民教育を広める努力をしたわけではない。しかし、実情は民間の活力で人びとは文字を覚え、競って本を読むようになっていたのである。

女性の識字率の高さも特筆されることで、『女今川《おんないまがわ》』『女実語教《きょう》』『女用文章《じょようぶんしょう》』などという女性向けの往来物がよく出版されたし、恋愛物の人情本は女性に人気があった。これは市井の哀れな恋物語を題材にしたので泣本《なきほん》とも呼ばれ、いわば江戸版ハーレクイン・ロマンスである。

その背景には貸本屋《かしほんや》の役割も大きく、かなりの数の店があった。町に本屋のない地方では、もっぱら貸本屋から本を借りて読んだようである。また江戸時代の挿絵などを見ると遊女たちに本を貸して歩く行商の姿がよく出てくるが、じつは遊郭というのは貸本屋の上得意だったらしい（長友千代治《ながともちよじ》『近世貸本屋の研究』昭和五十七年、東京堂出版）。

このように日常・非日常のあらゆる場面で書物が広がっていった様子は想像以上である。日本人の本好きはこの時代にできたといえるだろう。

❖明治の初めも和本の世界

江戸時代は慶応四年（一八六八）九月に終わるが、年号が明治と改められ新政府ができたといっても、人びとの生活はしばらくそれまでと変わらない状態が続いた。本の世界もまだ和紙に木版印刷、袋綴じ和装本の時代が続く。この時期『法蘭西志《フランス》』『世界商売往来《せかいしょうばいおうらい》』『物理階梯《ぶつりかいてい》』などといった西欧知識の積極的な取得を目的とした本がいっきょに増えたが、装訂は江戸時代の本とまったく同じである。

わたしの店で過去に扱ってきた和本およそ一万点を発行年代別に統計をとってみたら、明治初年から二十年間に出版された本の割合が全体の二割近い数字を占めていた。正確な数字はともかく、このことはこの期間がむしろ和本の歴史のなかで出版点数のピークとなっていたことを示している。この時期は前の時代から後の時代へと「知」を受け渡す重要な役割をもったが、同時に急激な文明開化、西欧化にとまどった時代でもあった。だからこそ書物に対する渇望も

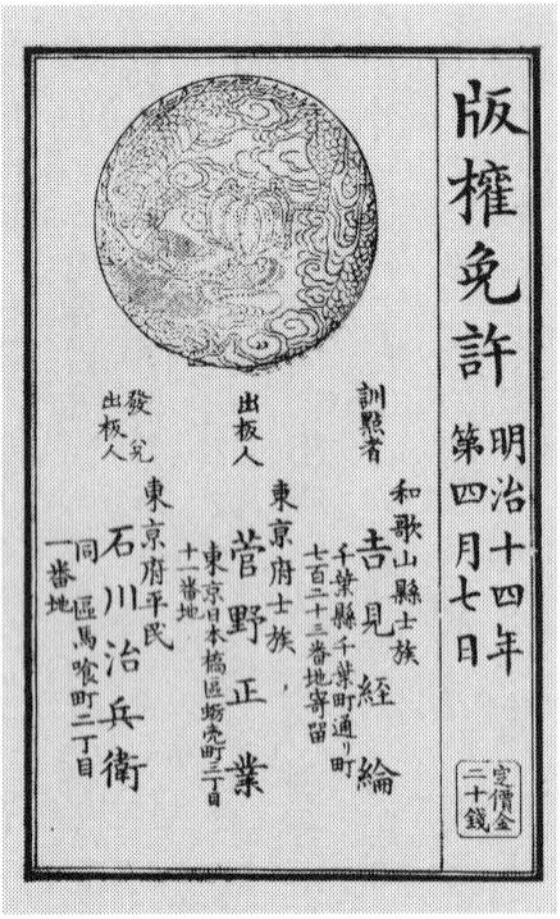

東京でなく東京となっている奥付

大きかったのだろう。

上の図は明治十四年（一八八一）に出たある本の奥付の部分である。「出板人　東京府士族　菅野正業」とある。その横には「発兌《はつだ》出板人　東京府平民　石川治兵衛」となっている。発兌とは発行のことである。東京府でなく東京府となっていることに注意してほしい。京に横一本書き足している。読み方もとうけいといったらしい。気をつけて見ると、このように表記した本をときどき見かける。旧江戸と新東京のはざまの明治前期二十年ほどの間よく使われた文字だそうだ。たんなる東の京ではないぞと、人びとの心の中で起きた葛藤がこの表記にあらわれたのだという（小木新造『東京時代』昭和五十五年、日本放送出版協会）。

明治の初めがまだ江戸の続きだった例をあげてみよう。儒者の伝記として今日でもよく読まれる『先哲叢談《せんてつそうだん》』は、はじめ原念斎《はらねんさい》が文化十三年（一八一六）に刊行し、東条琴台《とうじょうきんだい》がそれに続いて『先哲叢談後篇』を文政十三年（一八三〇）に出版した。さらに琴台は『先哲叢談続篇』を完成させた。これに『序目年表』一冊を加えると全十五冊になって大揃《おおぞろ》いとなるが、最後の続篇が刊行されたのは明治十七年になってからで、じつに六十年がかりで完成したのである。続篇も装訂はそっくり同じ茶色の表紙の和装で、木版和紙刷りである。これを江戸時代の本と明治の本、あるいは近世の本と近代の本というふうに区別しようとしたら、かえっておかしい。

　日本でも古くからよく読まれた司馬遷《しばせん》の『史記』は、明代に校訂された『史記評林《しきひょうりん》』という書名で長く出版されてきた。その嚆矢《こうし》は寛永十三年（一六三六）に京都の八尾《やお》助左衛門尉《すけざえもんのじょう》が出版した「八尾板」とされるが、上総にあった小さな鶴牧《つるまき》藩で出版した「鶴牧板」はもっとも校訂のすぐれた内容と評価されてきた。この鶴牧板『増訂史記評林』が出たのは明治二年である。明治になっても藩は出版活動を続けていたのだ。

　江戸時代のうちに精神形成した人がまだ社会の中枢にいた時期から、新政府のもとで新たな教育を受けた人がそれに代わって社会の中心となるのは明治二十年頃である。それ以降は、さすがに一気に脱江戸が進んでいく。中が活版で外は和装本という形はまだしばらく続くが、木版で和装という本は激減するといってもよい。江戸時代から続いていた板元は、ここで大半が姿を消してしまい、あらたに活版印刷による出版を手がけたのは、なんの伝統もない新会社だった。明治初期からの製本職人だった上田《うえだ》徳三郎《とくさぶろう》氏は、そのときのことを次のように述べている。

和本と洋本の職人はドウいふものか犬猫のやうに仲の悪かつたもので、和本の方では洋本屋を車力《しやりき》との、しり、洋本屋は和本屋をオバケなどとくさして、よく喧嘩をしたものであります。（恩地《おんち》孝四郎《こうしろう》編『製本之輯』昭和十六年、アオイ書房）

歴史は洋本の圧勝となるのだが、和本作りの職人は潔しとせず、新会社の印刷工・製本工にはならなかった。こうして和本は書籍販売ばかりか生産の舞台からも姿を消してしまうのである。わたしが、和本の定義を「有史以来明治初めまで」としたのは、この末期を見届けるまで和本研究を断絶させてはいけないということでもあるのだ。

❖和本の流通は古本屋の手に

出版の表舞台から姿を消した和本だが、明治・大正期は知識人の素養としての需要は続いていた。森鷗外《もりおうがい》や夏目漱石《なつめそうせき》の蔵書が今日そのまま保存されているが、いずれもそのなかにかなりの和本・唐本が含まれている。永井荷風《ながいかふう》の日記『断腸亭日乗《だんちょうていにちじょう》』を読むと、「『五山堂詩話《ござんどうしわ》』を読む」「竹田屋の丁稚《でっち》、安永天明の武鑑二、三部を持来《もちきた》れり」「燈下『徂徠集《そらいしゅう》』を読み畢《おわ》りぬ」

などと出てきて、江戸の書物をよく読んでいたことがわかる。つまり、和本は古本屋の領域となって流通を続けていたのである。

江戸時代の本屋は、出版から小売までこなしたばかりでなく、古本屋でもあったが、その伝統をそのまま明治以降も維持した店は非常に少ない。そのまま現在まで続いている東京での唯一ともいえる存在は浅倉屋《あさくらや》である。この店は貞享年間（一六八四〜八八）の創業で、現在の当主は十二代目、今十三代目も和本の勉強を開始している。別名（堂号）を文淵閣《ぶんえんかく》（江戸時代までは文淵堂）といい、代々通称名に久兵衛《きゅうべえ》を用いていた。京都ではさすがに伝統の町だけあって、現在も二軒が和本専門の古書店として続いている。寺町通りにある竹苞《ちくほう》書楼は江戸時代には銭屋《ぜにや》惣四郎《そうしろう》といい、寛延四年（一七五一）書林仲間に加入した記録がある。同じ寺町にある藤井《ふじい》文政堂《ぶんせいどう》も文字どおり文政年間（一八一八〜三〇）の創業で、山城屋佐兵衛《やましろやさへえ》といった。

出版社として残っているのは、東京の吉川弘文館《よしかわこうぶんかん》で、安政四年（一八五七）には近江屋《おうみや》半七《はんしち》といっていた。謡曲専門店わんやは江戸末期に椀屋伊兵衛《わんやいへえ》として始まっている。京都にある仏書の平楽寺《へいらくじ》書店は十七世紀初めの慶長期からの名門中の名門・村上《むらかみ》平楽寺のことである。法蔵《ほうぞう》館《かん》は江戸時代丁子屋《ちょうじや》といっていた。

しかし、これらはむしろ例外的な存在である。明治十六年（一八八三）に「古物商取締条例」が制定されて、お上の力で新刊と古本の売買が分離させられた。これだけがきっかけではないが、このあと既存の和本板元が次つぎと消えていく。まだ旺盛な和本の需要にこたえたのは、こうした伝統の書店でなく、新たな古本屋だった。

　この時期創業した松山堂《しょうざんどう》は店に和本・唐本を並べ隆盛をきわめていた。そこから独立した山《やま》本《もと》書店・松雲堂《しょううんどう》書店は今も当時からの伝統を守って健在である。唐本の輸入も盛んになり、松山堂のほかに文求堂《ぶんきゅうどう》も熱心だった。今日市場に出てくる唐本はほとんどがこの時期のものだろう。しかし、松山堂と文求堂がその後店をたたんでしまったのは残念なことである。

　先に述べた浅倉屋からも文行堂《ぶんこうどう》が独立するなど、和本専門の古本屋が増えていく。このほか東京で明治期に創業して現在も和本を扱う店としては、本郷の琳琅閣《りんろうかく》・井上《いのうえ》書店・南陽堂《なんようどう》書房、神田の一誠堂《いっせいどう》書店・大屋《おおや》書房などがある。明治二十年代には東京・神保町周辺に和本・洋本さまざまな本屋が集まり、今日の書店街の基礎が形成された。さらにこうした新興の和本専門古書店によって、明治四十五年には書林定市会《しょりんじょういちかい》という名の市場が発足した。これが現在の東京古典会の前身である。これで今にいたる和本の広域的な流通が可能になったといえる。

第二章 実習・和本の基礎知識——本作りの作法を知る〈中級編〉

海賊版禁止の警告文「不許翻刻千里必究」

❖和本をこよなく愛した人

江戸時代の和本の原型は室町時代初期にさかのぼり、しかもそこにいたるまで、さらに数百年の試行錯誤があったことを第一章で記した。この長い歴史が伝えたのは「読みやすく、扱いやすく、作りやすく、そして保存しやすい」本を作るということだった。

貝原益軒《かいばらえきけん》が著した、児童の成長に応じた教育理論書『和俗童子訓《わぞくどうじくん》』には、「およそ書を読むには、必《かならず》まづ手を洗ひ、心に慎《つゝし》み、容《かたち》（姿勢）を正しくし、几案《きあん》（机）のほこりを払ひ、書冊《しよさつ》を正しく几上におき、跪《ひざまづ》きて（座って）読むべし」とあって、本は手に持って読むのでなく、机上に載せて読むものであるといっている。実際、和本の挿絵などを見ると、本は机や畳の上にじかに置いて開いている図ばかりである。これが江戸時代の読書風景だった。

そのために、和本はどの頁（丁）でもきれいに開くようになっている。和本を机に置いて、軽く表紙から目次、本文とめくってみると、それぞれ百八十度開いてぴたりと止まる。その状態で手を添えることなく、ゆっくりと読むことができる。現代の本でそれをやってみても、勢いよく跳ねて閉じてしまう。ぎゅっと押さえつけて、くせをつけるしかない。ごくごく上等な製本でないと、和本と同じようなしなやかさが出ないのである。

和本のよさは、このようにどこを開いても机上でゆっくり本が読めるしなやかさにある。これが造本上からみた「読みやすい」ということである。それに和紙の手ざわりのよさや、しっとりとした木版印刷の味わいがともなって、全体から心地よい雰囲気がにじみ出てくる。そのせいで長い間和装本の形が変わらずに続いてきたのだろうと思う。

現代ではいろいろな複製本が出ているが、たとえ精巧にできたレプリカといえども、どうしても冷たさが残ってしまう。確かに内容は同じだから研究や学習の材料としてはいいが、本そのものから出てくるほんのりとした感じはまったくない。たとえば、葛飾北斎《かつしかほくさい》の画風が好きな人はぜひオリジナルを直接手にとって見るべきである。和紙ににじんだ木版の精緻さのなかに、北斎らしい迫力が見えてくるはずである。江戸時代の絵の具の色は現代と違うので、微妙な色遣いも実物で確かめられる。いくら技術が高くなったとはいえ、現代のオフセット印刷ではその興趣が十分には出ないのである。

同時に和本は軽い。それでいて華奢ではない。やわそうにみえて強いのである。だから落としても大丈夫。楮《こうぞ》を原料とした紙は腰が強いので折れてももとに戻る復元力がある。少々乱暴に扱っても壊れないのである。これが「扱いやすい」ということでもある。江戸時代二百六十年間に発行された本の大半が、ずっと袋綴じの装訂で楮を原料とした和紙に木版刷りという形態であったのは、けっして進歩がなかったのではなく、これが「作りやすい」ことと相まって、完成されたひとつの姿だったからである。

それに平安時代の歌集をはじめ、和本は長期間経過しても化学的に劣化しないことが実証済みである。きちんと保存されていれば、紙はもとより墨もほとんど経年変化しない。いつまでもそのまま読める。唯一弱点は表紙だが、これは容易につけ替えをすることができる。むしろそうして繰り返し繕《つくろ》って伝えられてきた。これが「保存しやすい」ということにつながる。洋紙は酸性紙のことが一時問題になったが、本によっては百年しかもたないこともある。中国の版本によく使われる竹紙《ちくし》のなかには、さわっただけでぼろぼろになるものもある。いずれも酸化劣化するためだが、その点和紙は安心して長期保存が可能なのだ。

昔気質の和本屋

和本のしっとりとした品格を初めて実感させてくれたのは、わたしの先代が慈しむように和本をさばくときの姿だった。本に対する愛情が身のこなしにまであふれていた。「ああ、和本というのはなんと美しいのだろう」と思ったものである。その感覚がわたしをこの世界に導いたといってもよい。

わたしの岳父にあたる先代は、田中十蔵《たなかじゆうぞう》といって、小僧からたたきあげた昔風の本屋だった。

明治四十年（一九〇七）に東京・神楽坂で生まれた生粋の江戸っ子である。風貌も落語家の古今亭志ん生に似ていて、口調までそっくりに江戸っ子言葉を話していた。風呂敷をふるしきといい、お茶が熱すぎて湯気がたっていると「こんなけぶの出た茶が飲めるか」と怒り出したりする。せっかちなので冷めるまで待てないのだ。山の手育ちのわたしには、むしろほほえましい光景として映ったのだった。

　小学校を出てすぐ奉公に出た。はじめは浅草の下駄屋の小僧になったが、ここは数日でいやになって戻ってきてしまったそうだ。そのまま辛抱していたら、不器用で変り身の早さなどという芸当のない人だったから、時代の流れとともに商売は衰えてしまっただろうと思う。

　結局、神田にある山本書店に奉公することになった。今の先々代・山本常太郎《じょうたろう》という人が、漢籍や国漢《こっかん》を専門に扱っていた硬い本屋である。洋装本も置いたが、この時代はまだ和本・唐《とう》本《ほん》が中心の品揃えだった。ここは水が合ったのだろう。十蔵は文字どおり修業の年月をおくった。この国漢といういいかたは、最近はあまりしないが、国は国語国文だけでなく国史も含み、漢は漢文だが、今の中国哲学、中国文学、東洋史、東洋美術、書道を含むあんがい広い分野のことをいう。

　昭和十年（一九三五）に田中十蔵が独立して誠心堂書店を開いたときも、この国漢を専門とする店となった。戦後は、すっかり流行らなくなった分野だが、頑固な人だから、新しいこともせずこれを守り通したのだった。ずっと「国漢・歴史・和本専門」と書かれた看板を店先に出していたが、今でもこの精神は受け継いでいるつもりだ。これに書道の分野を厚くし、民俗学や文化人類学などを加えた程度で、さして変わらない分野で、今三代目まできた。現代版「物之《もののの》本屋《ほんや》」だ。不器用で商才がないことまで受け継いでおり、相変わらず地味な古本屋のままである。

先代が修業にはげんだ大正期の知識人は、その専門以外にも文人としての素養を身につけていた。その素養のもとが国漢の和本・唐本であった。当時は、古本屋が「こんな本が入りました」といって本を置いていき、後日清算するというのんきな商売だったらしく、永井荷風《ながいかふう》の『断腸亭日乗《だんちょうていにちじょう》』には、「昭和四年八月廿五日。……この日神田の古書商山本亀田鵬斎《かめだぼうさい》の『酒仏《しゅぶつ》妙楽経《みょうらくきょう》』を持参す。珍本にて価弐拾円なりといふ」などと出てくる。

これは『仏説摩訶《ぶっせつまか》酒仏妙楽経』のことで、江戸後期の漢詩人で酒好きの亀田鵬斎が戯れに作ったお経のパロディである。形も経典風折本《おりほん》にし、内容は酒飲みの楽しみをうたった狂文だ。これを神田の山本書店が持参したという。確かに珍本で現在もめったに出てこない。一冊一円の文学全集を「円本《えんぽん》」と称して大々的に売り出したことが話題になった当時の二十円は安くない。今も四十万円以上する。

十蔵はよく店番の閑《ひま》なときに、この永井荷風や幸田露伴《こうだろはん》の思い出話をしてくれた。『断腸亭日乗』昭和四年八月の記事は十蔵がもう山本書店の番頭になった歳頃だが、小僧の時分からこの二人のところには、江戸の漢詩文集を届けによくいったそうだ。お宅に伺うと、「ま、あがっていけ」と声をかけてくれる。この本はこういうことが書いてある、この本はここがよい、などと小僧にもわかりやすく教えてくれた。それが、のちに大いに役立ったという。十蔵は小学校しか出ていなかったが、業界では物知りとして通っていた。それはこのような体験と、現在とは比べものにならないくらい多くの和本と接する機会があったからだった。

戦後はずっと東京古典会の市で、中座《なかざ》を務めていた。昭和三十年代までの和本の市は、椀《わん》ぶせといって特殊なセリが行われていた。漆塗りのお椀を各自が持っていて、欲しい本が出たら椀の内側に墨で値段を書いて、それを進行役のところに放り投げる。進行役はそれらをすばやく見比べてもっとも高い値をつけた店に落とす（落札する）という方法である。この進行役を中座といった。本に詳しくないとできない仕事だったそうで、ずいぶん長いこと続けていたらしい。

椀ぶせが廃止されて、今日では数十人ほどが座れる広い会場に机を並べ、その上を順繰りに和本を渡していきながら入札していく「回し入札」という方法がとられている。集まった本をその日の市場に出せるように準備することを仕分けというが、経験と知識が求められる仕事である。回し入札の時代になっても、先代はその仕分けを休まず続けていた。わたしが知っているのはこの頃からで、早朝から懸命に働いていた姿がなつかしい。和本をこよなく愛した本屋だった。

❈和本を調べるための考えかた

これからは実際にその和本を見る実践編である。表紙がどうなっているのか、書名や著者名はどう書かれているのか、どういう構成になっているのか、いつの本なのか、といったことを実例で紹介することにする。

現代の本は、奥付を見れば、ほとんどのデータがとれる。しかし、和本は奥付を見ても不得要領なことが多く、そもそも奥付が完備している本のほうが少ない。だからその本を知ろうと思ったら、全体を見なければならない。そこには題名の表記方法、著者名のあらわしかた、刊行年代の書きかたをはじめ、表紙、本文の構成方法など細部にいたるまで独特の作法というものがある。和本を理解するためには、こうした基本的な知識が必要である。

和本を理解するためには、他の事象を探るのと同じように5W1Hで考えることが必要だ。すなわちこの本は「何を」「誰が」「いつ」「どこで」「なぜ（なんのために）」「どのように」作ったのかを調べることである。それらを引き出すために、わたしは次の三つのカテゴリーで考えている。

基本情報　書名と著者名、成立年代（刊行年代とは違う）、分類などがまずその本の基本情報である。5W1Hでいえば「何を」や「誰が」にあたる。しかし、ひとつ書名を採るという作業だけでもなかなかやっかいなもので、そう簡単ではない。表紙についている題簽《だいせん》に記された題名を外題《げだい》というが、それと本文の始まりに書かれる題名（内題《ないだい》という）が異なることが少なくなく、それをどう考えるのか難しい問題である。また、現代とは編著者の表記法などが違い、本に出ていることをそのまま受け取っても誰のことかさっぱりわからないことがある。これらをきちんと把握するのが基本情報である。

位置情報　手元にある本が、いつ初版が出て、最後出版されなくなるまでの間の、どの段階のものかを調べるのが位置情報である。和本の場合は同じ書名の本でも、ひとつとして同じものがない。一回に板元《はんもと》から出す本は、おそらく数十部という程度なので（百部を超えたら多いほうだろう）、今日残存しているものは、ほとんどの場合刷られた時期が微妙に違う別の本である。

同じ板木で何度も増刷するので、最初の頃は印刷もきれいで見やすいが、あとになると文字や絵がかすれるなど品質が落ちてしまう。だからできるだけ、最初の板木で刷った本が珍重される。そういう彫りたての本を初刷本《しょずり》といい、ずっとあとになって刷った本を後刷本《あとずり》という。初刷本というのはすっきりとした文字や挿絵の線、墨の濃さなど印刷のよさがよく出ていて、全体を品格よくしているものである。和本の世界では、この初刷・後刷は大事な見所である。

ところが困ったことに、和本にはその刊行年代がいちいち書かれているわけではないので、現代の本のように奥付をそのまま見ればそれでこと足れりというわけにはいかない。書誌学ではこの変遷を詳しく調べるのだが、調査のついた本というのはまだ少数である。そこで、出版元の名前や刷りの状況、表紙や装訂など時期を想定可能なその他のヒントにもとづいて、できるだけ正しい刊行年代を割り出す必要があるのである。「誰が」「いつ」「どこで」「どのように」作ったのかという問いが、この位置情報にある。

個別情報　その本固有の特徴を記しておくのが個別情報である。保存状態のよしあし、その本のもとの持ち主や来歴も大事である。以前の持ち主がいろいろと書き入れをした場合もある。もし、その書き入れが名家のものなら、それだけで価値はぐっと高くなるというものだ。いいことばかりではない。虫食い被害がある、表紙が傷んでいる、しみがあるといった欠点もある。同じ本だが、甲の本は刷りがよく美本である、乙の本は保存に問題がある、しかし、著名な江戸時代の学者の書き入れがある、となったら甲乙はまったく別の本だ。こういう個々の本特有の事項が個別情報である。

以上三つのカテゴリーすべてを調べることができれば、その本のアイデンティティを知るということになる。どのような価値があるのかを知る基本的な情報となる。

❖参考文献『国書総目録』

和本を知るための参考文献は大切で、いくら経験を積んでも、それなしに正しい書誌情報は得られないものである。わたしの仕事場にも、いつでも使える参考図書を置いている。店の奥の一角に机があって、その周りに本棚を備え、売り物ではない自店用の参考文献を用意しておくのである。狭いので、たくさんは置けない。必要にして十分な本を選んでいる。

そのおもな文献については巻末に紹介しておくので、ここでは基本文献である『国書総目録《こくしょそうもくろく》』の利用法を中心に述べておこう。同書は慶応三年（一八六七）までに日本人が編著した書籍およそ五十万点を辞典形式で収めた総合目録である。和刻の仏書《ぶっしょ》、医書、漢籍を除いて、ほとんどの書籍は網羅されているといってよい。書名・著者名・成立年などのほか、それぞれの本の所蔵者が載っていて、書誌の基本情報と本の所蔵先がわかるようになっている。

本巻八冊、著者別索引一巻の合計九冊構成で、昭和三十八年（一九六三）から岩波書店で刊行された。本来なら国家レベルで実行すべき大事業を一民間出版社の力で行ったのだからその功績は大きい。収められた五十万点のもとになったのは、戦前から昭和三十五年までに採集した全国五百余りの公私立図書館、大学図書館を中心として全国にある文庫の所蔵リスト百七十万枚のカードである。著者索引は六万人にのぼる。平成元年（一九八九）から三年には補訂版が出ている。

昭和三十五年以降に採集された増補分は『古典籍総合目録』（国文学研究資料館編、平成二年、岩波書店）が引き受けて刊行されている。この編集をてがけた大学共同利用機関法人である国文学研究資料館は、引き続き情報の整備を進めており、現在のところ古典籍（和本）研究の中心となっている。また同館は、運営するインターネットサイトで、『古典籍総合目録』のほぼ全内容が検索できるデータベースを一般に公開している。さらに『国書総目録』の書誌情報だけを取り出した「国書基本データベース」も公開していて誰でも利用できる。

著作者に関しては『国書総目録』に採録された人名で事績のわかる人物を集めた『国書人名辞典』索引とも全五巻（平成五〜十一年、岩波書店）が役に立つ。

これらの文献は、和本を研究する人や、わたしたちのような古書業者にとっても欠くべからざる辞典で、どれほど恩恵に浴したかいい尽くせないほどである。手元に和本があったら、書名か著者名をもとに『国書総目録』の該当ページを開く。その本の書名・編著者名のほかに、書名の読み・分類・別称・成立年代・刊行年代、明治以降活版に翻刻されている場合はその所収書名などまで載っている。版本《はんぽん》ばかりでなく写本《しゃほん》もあり、その書写年代別の所蔵リストがつく。これで基本的な知識を得ることができる。

『国書総目録』の問題点

しかし、問題がないわけではないので、そのことを念頭に置いて利用すべきである。第一の問題は、出版年代のとりかたで、もとの図書館カードの内容そのままの場合が多いので、実際の刊行年が正しく反映されているとは限らないことである。和本は奥付と実際の刊行年とが異なることが少なくなく、その違いがこれではよくわからない。もし板元名の記載があれば、実際の刊行年を想定する有力なデータになるのだが、それがないのである。将来はぜひここを充実してほしいものである。この問題は重要なので、本書の第三章で詳しく述べる。

第二に本の大きさ（書型）がまったく出ていないことである。大本《おおぼん》なのか小本《こほん》なのかわからない。書型で本のジャンルがわかることはすでに述べたとおりである。その記述があれば調査にたいへん助かるのだ。

第三は慶応三年（一八六七）をもって収載をカットしてしまったことだ。和本にとって慶応三年は、前章で述べたとおりたんなる通過点である。「明治〇年刊あり」といった記述は出てくるが、正確な書誌情報がとれない。

　また、ここに載っていないからといって珍本・稀本だと思ってはいけない。未載の本はあんがいあって、まだ調査不十分なのだ。大学などの研究機関の蔵書カードが中心であるため、「物之本」が主体で「草紙《そうし》」の類に弱点があった。もちろん春本《しゅんぽん》などはほとんど載っていない。また江戸後期に多数作られた私家版が拾いきれていない。まだまだ和本は研究途上である。今後、新たな成果を取り入れて、よりよい辞典のできることが望まれる。

❖どれがほんとうの書名か

　和本を知るために三つの情報で考えることを提唱したが、その第一の基本情報を得るための実例として、ひとつの漢詩集を紹介する。漢詩集は江戸時代に盛んに出版され、とくに江戸の後期からは爆発的といっていいほどに広がったジャンルである。俳諧が市井の一般人にも広く普及したのと同様、江戸前期までは儒者のたしなみ程度であった詩作が、しだいに多くの文人にとって高度な精神的営みとなったのである。

　日本では平安時代以来、白楽天《はくらくてん》や杜甫《とほ》に代表される唐代の詩が好まれてきた。江戸の前期までは各種の『三体詩《さんたいし》』がよく読まれ、江戸中期になると荻生徂徠《おぎゅうそらい》の提唱で『唐詩選《とうしせん》』が典雅で格調の高い詩としてもてはやされた。

そうした詩風を一変させた人物に山本北山《やまもとほくざん》という人がいた。北山は宝暦二年（一七五二）に生まれ、文化九年（一八一二）に亡くなるまで江戸で活躍した詩人・漢学者である。『唐詩選』を偽唐詩《ぎとうし》として斥《しりぞ》け、写実的で叙述的な宋詩《そうし》こそ範にすべきであると説いた。平易な字句を用い、現実的で日本的な情緒を詠うべきだという考えである。この人の影響は大きく、江戸後期の漢詩隆盛の基礎をつくったといえる。

同時代人で、やはり江戸で活躍した亀田鵬斎（一七五二〜一八二六）も北山の考えを支持し、物事にとらわれない天真爛漫な生きかたをそのまま詩にした。一生官に仕えることなく市井で暮らし、朱子学以外の儒学を禁じた「寛政異学の禁」に反発して塾を閉じるなど反骨の士だった。この人も多くの詩人に影響を与えたが、ほかにも全国各地にこうした詩人が輩出し、その勢いは明治・大正期まで続いた。

江戸時代には、こうした漢詩や漢文を集めた詩文集がよく出版された。なかには自費出版、遺稿集などもあり、その数はおびただしいものがあった。

『柳湾詩鈔』の様相

これから紹介するのは、その詩文集の代表的な本である。

左の図は、その表紙の写真である。実物は亀甲《きっこう》の模様で型押《かたお》しをした紺色の厚紙でできている。書型は半紙本を縦長にした変型である。天地二十三センチ×左右十三・五センチと、ほぼ今のA5判と同じだが新書判と同じ割合で左右を断裁している。少々趣味的な作りである。

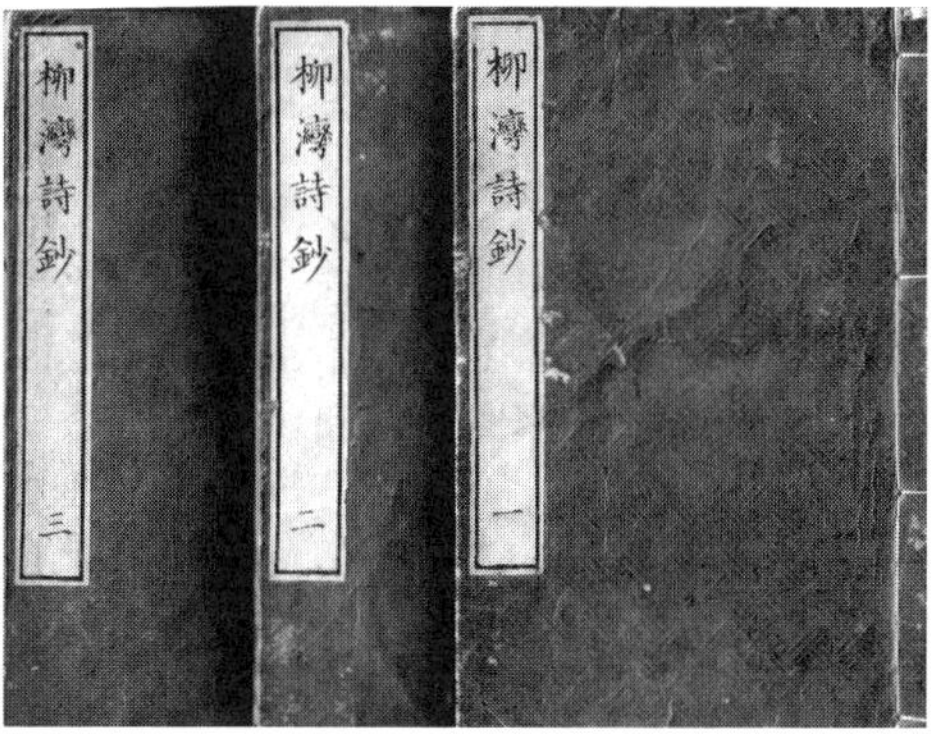

『柳湾詩鈔』となっている三冊本の表紙

題簽に『柳湾詩鈔《りゅうわんししょう》』とある。全三冊の漢詩集である。巻数を示す「一」から「三」の数字もそれぞれに入っている。鈔は抄と同じで、書き写すことのほか、抄出というように抜き出すことに使われる。したがって詩鈔は、漢詩の選集といった意味で、柳湾という人の漢詩を集めた本ということになる。

この表紙に貼ってある題簽に書かれた「柳湾詩鈔」が正式な書名であると思いがちだが、これは外題といっていくつかある題名のひとつにすぎない。

表紙をめくると、その裏、つまり見返しのところにも右上の図のように書名などが印刷されている。ここにも「柳湾詩鈔」と出てくる。これを見返し題という。さらに「館枢卿《たちすうけい》先生著」という著者表示、それと第一章で紹介した「東京」という東京の特殊な書きかたと「万笈閣《まんきゅうかく》」という板元名もある。この見返しのところに書名などを入れるのが主流となるのは江戸中期からで、後期になればなるほど増加する。江戸前期まで見返しには何も印刷されない真っ白な紙を入れるのがふつうで、それを遊《あそ》び紙《がみ》といっていた。

江戸後期には紙袋で覆って売り出すようになってくるが、その外袋にも書名が入る。たいていは見返しと同じ版であることが多い。ただし、この袋はなかなか残らない。袋つきのまま今日まで保存されているのはほんの一部で、市場にもめったに出ないものである。

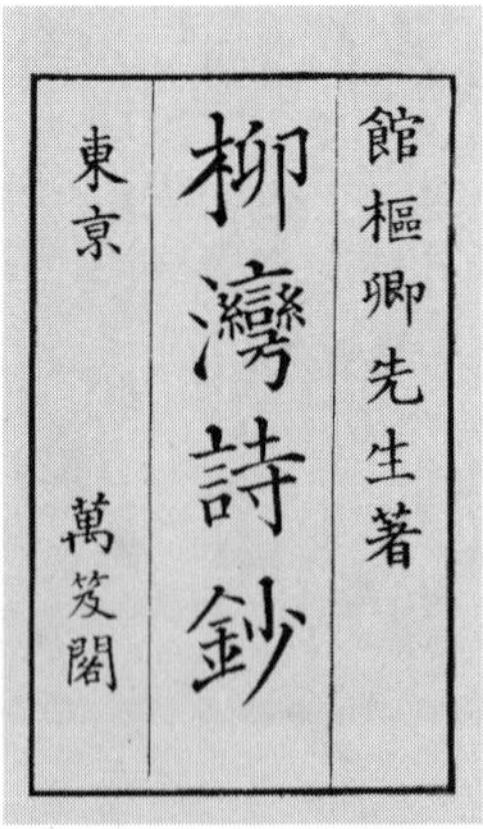

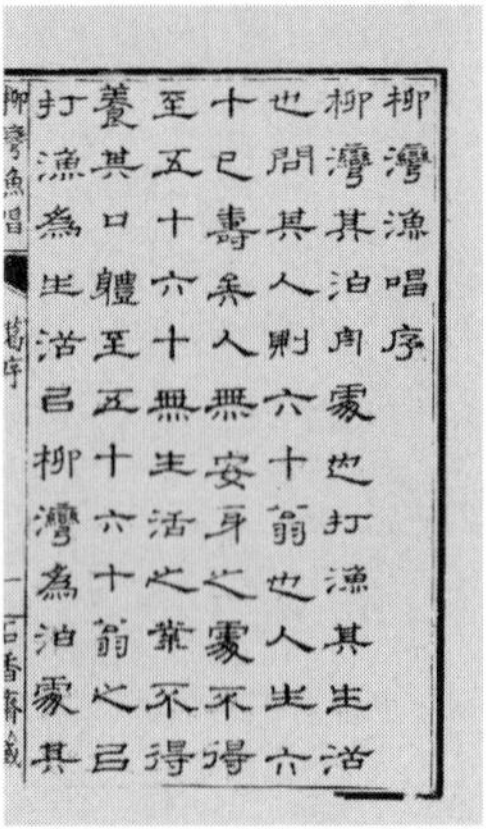

『柳湾詩鈔』の見返し（上）と第一丁（下）。版心が見える

序文の入りかた

次に序文がある本なら、そこにも書名が入るのがふつうだ。前頁の下図は、表紙をめくった最初のページ（第二丁）にある序文である。ここに「柳湾漁唱序《ぎよしよう》」とある。これを序題という。この図の左隅には、上から「柳湾漁唱」「葛序」「二」「石香斎蔵《せきこうさいぞう》」と出ている。第一章で述べたようにここを版心《はんしん》といい、書名（版心題または柱題《はしらだい》）・巻次・丁数などを略記するのが慣例である。ここでは「柳湾漁唱」が版心題である。次の「葛序」とあるのは、葛西因是《かさいいんぜ》という人の序であることを略記したもので、それはこの序文の末尾でわかる。さらにその下にある「石香斎」というのは、この作者の別号だが、「蔵」というのは、その人が板木をもっているという意味である。

このあと数人の序文が続く。菊池五山《きくちござん》、亀田鵬斎、大窪詩仏《おおくぼしぶつ》、松崎慊堂《まつざきこうどう》などの名も見える。葛西因是も含めて、著者と交流があった当時第一級のそうそうたる漢学者・詩人である。江戸時代の人は、いろいろな分野で活躍する人物を相撲の番付風に順位をつけて遊んだものだが、文化十四年（一八一七）大田南畝《おおたなんぽ》らが行司役で作った『文人墨客大見立《ぶんじんぼつきやくおおみたて》』では亀田鵬斎が東の正大関で、大窪詩仏が東の関脇、菊池五山が西の関脇、葛西因是は前頭三枚目である。

ほんらい序とは人に贈る文章のことである。だから本に載せるものとは限らない。しかし和本では、序といえば今の推薦文のようなもので、これを本の先頭に載せるのが習慣だった。そのとき、文を寄せるだけでなく揮毫《きごう》もした。つまり、序文を自筆で書いたものを贈ったのである。そうでないときは、書家に頼んで書いてもらう。この『柳湾詩鈔』では大窪詩仏が自筆で、亀田鵬斎のものは大野《おおの》敬《けい》という人が書いている。その原文どおりに彫って刷るので、本の序文には、いろいろな書体が混ざるのである。本文は楷書でも序文は行書であったりする。このように他人がくれた序を他序といい、作者自身が書いたものを自序という。自序が今でいえばまえがきにあたる。

序文の次に、本によっては目次（目録）が入る。ここに題があれば目録題という。このあと凡例、引用書目などが入る本もある。これらを合わせて首目《しゅもく》という。

大事な巻頭部分

『柳湾詩鈔』では、首目のあとに舟に乗って遊ぶ著者を描いた挿絵が一葉入って、ようやく本文の始まりである巻頭《かんとう》の部分にたどりつく。ここまで紙数にして十四丁もあった。次頁の図がその巻頭である。ここにも「柳湾漁唱」と書名が出ている。これを内題《ないだい》という。

次の行に「越後　館機《たちき》枢卿《すうけい》氏　著」と著者名が記され、さらに「薩摩　三雲《みくも》」氏ら三名が「同輯《どうしゅう》」となっており、編集者の名が出ている。そのあとにようやく「春初雑題《しゅんしょざつだい》三首」となって本文が始まる。

もし、写真で本を紹介するとしたら、まずこの巻頭を撮る。何枚も使って紹介する場合はともかく、もし一枚だけでというならここを見せるのが原則である。頁全体がわかるように、文字のある版面《はんづら》だけでなく周囲の余白も含めて撮る。書名などがわかるだけでなく、本文の版式や書体、刷りのよしあしなど、表紙の写真より多くの情報が含まれているからだ。

薄い楮紙《ちょし》の和本をそのまま写真に撮ると、どうしても裏写りしてしまう。それを嫌うなら、袋綴じの間に白い紙を挟んで（入紙《にゅうし》という）撮ればよいと思うが、わたしはむしろ、あえてそのまま撮るようにしている。そのほうが、現実の本の姿が表現できるからである。絵入本などのときは挿絵のおもしろそうな箇所を撮るが、その場合は絵をはっきり見せるために入紙して撮ることもある。本によっては、その絵の具合によって初刷か後刷か区別できることがあるので、その微妙なところを見せるためである。

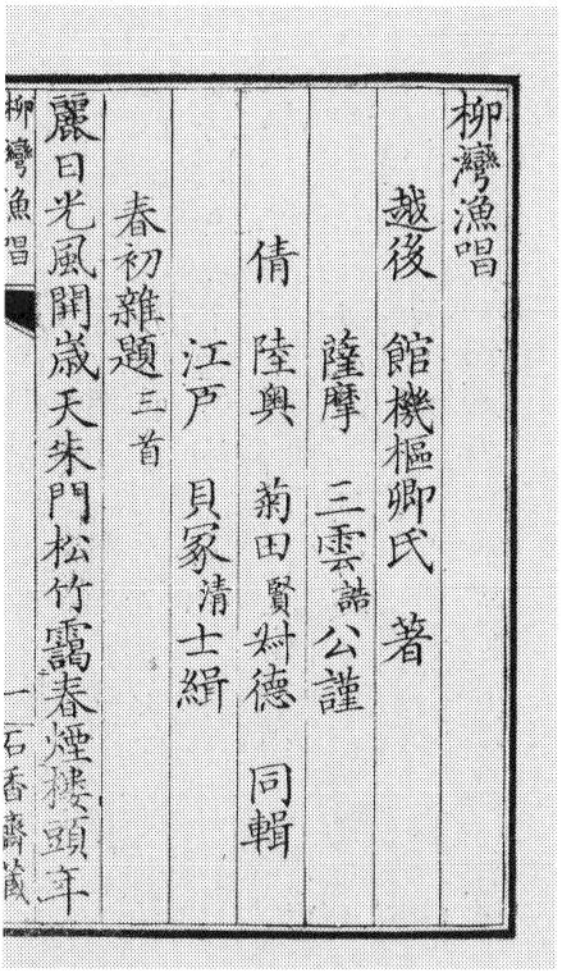
柳灣漁唱
越後　館機樞卿氏　著
薩摩　三雲諧公謹
信　陸奥　菊田賢対徳　同輯
江戸　貝冢清士絅
春初雜題　三首
麗日光風開歳天朱門松竹靄春烟樓頭年
柳灣漁唱　一　石香齋蔵

『柳湾詩鈔』の巻頭。ここにあるのが内題である。「柳湾漁唱」となっている

二枚目は、奥付（刊記《かんき》）のあるところを撮る。外見の写真は、表紙がもとの

題簽など発行当時の原装を保っているとか、格別によい装訂のとき以外はそれほど意味がない。

もとに戻って、また『柳湾詩鈔』を見てみる。書名は各巻末にも入っている。これを尾題《びだい》という。最後に今でいうあとがきにあたる跋《ばつ》とか跋文がある。この本では三巻目の末尾に巻菱湖《まきりようこ》が書いている。この人は柳湾と同郷の越後出身で、書家として当時高い人気があった。当然、自筆の跋文を寄せている。ここにも題名が入れば、跋題ということになる。

本の先頭に載せる序文は、著者から見て目上の人で、もし同輩、後輩が書くなら後序として巻末に置くのが和本のしきたりである。出版までの経緯や、重板のさいの意義などが書かれていることがあり、ここを読むと参考になるものである。『柳湾詩鈔』の場合、数人の序があったが、巻菱湖だけ同郷の後輩ということで跋にまわったのだろう。こうして、版本にはいったい何箇所に題名が載るだろう。本書では、題簽（外題）、見返し題、複数の序題、版心題、巻頭（内題）、尾題と六箇所以上もあった。

❖書名は内題を採用する

現代の書籍は、カバーや箱に書かれた表題も、表紙、とくに背にある題名も、本を開いた最初の扉に出てくる題も奥付も、すべて同じだ。しかし、和本は今述べたようにところどころにある題名が必ずしも一致しないことが多いのである。そのため、どれがほんとうの書名なのか、たいへん迷うことになる。「柳湾詩鈔」と題簽や見返しにあったこの本も、巻頭の内題や序題、尾題と共通して「柳湾漁唱」となっていた。この違いをどう考えればいいのだろうか。

この本の見返しや巻頭にあった著者表記の「館枢卿」や「館機枢卿」というのは、館柳湾《たちりゆうわん》（一七六二～一八四四）のことである。館が姓、機が名、枢卿というのは字《あざな》で、柳湾が号である。石香斎という号も使った。江戸時代の文人は、いろいろな名前の表記があって複雑であるが、一般的に漢詩や儒学をする人は、号で呼ぶのが通例である。

館柳湾については、徳田武《とくだたけし》の『野村篁園《のむらこうえん》　館柳湾』（「江戸詩人選集」第七巻、平成二年、岩波書店）や鈴木瑞枝《すずきみずえ》『館柳湾』（「日本漢詩人選集」第十三巻、平成十一年、研文出版）に詳しい。それによると、生まれは越後・新潟で、家業は廻船問屋だった。それが信濃川河口にあったので、柳の植わった入り江という意味で柳湾という雅号をつけたのだろうといわれている。早くも十三歳のとき、志して江戸に出て亀田鵬斎の門下に入った。

そこで漢学を学んだのち、小出照方《こいでてるみち》という旗本の家臣となった。そのもとで生涯、実直な官吏として過ごし、晩年には江戸・目白台に隠棲してひたすら書と詩を愛する生活をおくった。この温厚さを思わせる柳湾と、仕官を好まず奔放に生きた師匠の鵬斎とでは性格的に相反するようだが、実際は終生睦み合う仲であったという。また序文を寄せた松崎慊堂とも親友だった。そうして柳湾が還暦を迎えた文政四年（一八二一）、それまで書きためた詩のなかからおよそ百二十首を選んで一冊のアンソロジー（詞華集《しかしゅう》）を刊行した。

初刷本『柳湾漁唱』

もうひとつの本が手元にある。次頁の図の題簽が『柳湾漁唱』となっている本である。表紙は型押しのない無地の薄青色をしている。書型は半紙縦長本。序文の順番が違うだけで『柳湾詩鈔』と内容はまったく同じ本である。ただ、本文料紙に厚手の上等な紙を用いていて、裏写りのない読みやすい仕上がりである。その分やや本全体が厚い。文字のかすれがなく、いかにも刷りたてという品のある本である。

奥付はないが、下の図はこの本の見返しで、そこに「文政四年辛巳新鐫　柳湾漁唱　石香斎蔵」と刷られている。この記述の見かたは次章で詳しく述べるが、「新鐫《しんせん》」（「鐫」は俗字）というのは新たに木版を彫ったという意味で、石香斎は柳湾の別号だから、「石香斎蔵」はその板木を自分で所有しているということである。『詩鈔』に入っていた板元名がないので、以上のことからこの本は、書肆《しょし》を通さずに自費で作って配ったのだとわかる。じつはこれが『柳湾漁唱』の初刷本である。文政四年に編まれたアンソロジーとはこれである。

つづいて十年後の天保二年（一八三一）に古稀の祝いとして第二集が、天保十二年の傘寿《さんじゅ》のさいには第三集が作られた。皆同じような装訂である。とくに第三集は「詩家へ二三百部も配り候」（鈴木瑞枝前掲書）と手紙に書いているほどで、やはり書肆の手で開板したのでなく自費で作製し、親しい人に配ったのである。

このような配り本を、わたしたち古本屋は「饅頭本《まんじゅうぼん》」と呼んでいる。葬式や還暦など祝儀不祝儀にさいして昔は饅頭を配った。その饅頭代わりに詩集、俳諧や伝記を本にして配ったので、そういう名がついた。明治・大正期にも遺稿集の形で漢詩集や俳句集などがよく作られた。その大半は、古書としての価値は低い。しかし、江戸時代のそれは資料的な意味もあるので、おろそかにはできない。この配り本にした『柳湾漁唱』は初刷本でもあり、むしろ価値が高いの

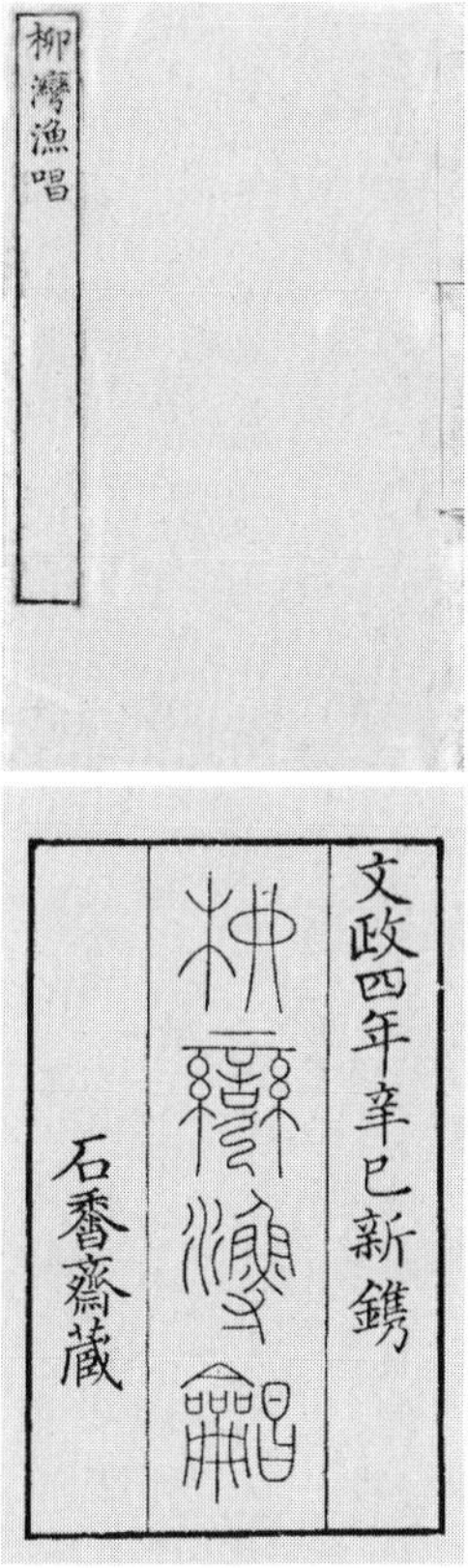

外題（上）も見返し（下）も「柳湾漁唱」となっている初刷本

である。

この本が一般の書肆から発売されるようになったのは、柳湾没後のことである。第三集完成後まもなく柳湾は長寿を全うするが、その後全三冊をセットにして、再刷して出版するようになった。その後刷本の見返しには「万笈堂発兌」とある。つまり館家は万笈堂という本屋に、板木《はんぎ》を渡したか預けてじっさいの発売をまかせたのである。

万笈堂というのは、柳湾の本をもっぱら出版した英《はなぶさ》平吉郎《へいきちろう》・英屋大助《はなぶさやだいすけ》の店の別名である。この名を幕末には椀屋《わんや》喜兵衛《きへえ》・椀屋伊《い》三郎《さぶろう》に譲ったらしく、別名は万笈閣となる。その名で明治初期に『柳湾詩鈔』が発行された。

永井荷風の好んだ漢詩集

ではなぜこの明治本だけ外題が「柳湾詩鈔」となっているのだろうか。当時詩壇は山本北山以来、宋元の詩をもてはやす傾向にあったが、柳湾は唐代後期（晩唐）の詩を好んだ。その時代の詩人に鄭谷《ていこく》という人がおり、「江行《こうこう》」という詩に、

殷勤聴漁唱　漸次入呉音　　殷勤《いんぎん》に漁唱《ぎょしょう》を聴《き》く　漸次《ぜんじ》、呉音《ごおん》入《い》る

という一句がある。揚子江《ようすこう》を行く漁師の唄をねんごろに聴くと、しばし呉の地方のことばが入っているのに気づく、といったことだろうか。

この漁唱が小さい頃信濃川河口で聞いた漁師の歌声と、還暦を迎えた自分の詩境をよくあらわしているので、書名に選んだのだろう。この本の松崎慊堂の序に「柳湾は君の桑梓《そうし》（故郷のこと）なり。漁唱は君の童子《どうじ》なりし時に慣れ聞きて喜ぶところなり」とある。

しかし、詩集に「漁唱」という名づけかたは一般的でなく、当時でも聞きなれない表現だったらしい。あるいは売れ行きがパッとしなかったのか、セット販売をした板元が一般的な漢詩のアンソロジーに使う「詩鈔」に変えてしまったというのが真相ではないだろうか。事実、柳湾は明治以降忘れられた詩人だった。柳湾の作品が活字化されることもなかったし、江戸期の漢詩を集めた詩集にも載ることがなかった。

ようやく再評価したのは、永井荷風だった。漢詩人だった父・永井禾原《かげん》の血を引いた荷風は、柳湾の晩年の『柳湾漁唱三集』のなかの目白台閑居《めじろだいかんきょ》の詩を称揚している。大正十五年（一九二六）の随筆『葷斎漫筆《くんさいまんぴつ》』によると、フランス近代の田園を詠じた抒情詩に匹敵する「淡雅清洒」の詩であると絶賛している。

以上の考察からいえば、この詩集につける正式な書名はあくまでも内題の『柳湾漁唱』である。ただ、題簽が詩鈔となっている本についてのみ、別に「外題・柳湾詩鈔」と付記しておくべきなのである。

外題と内題でこのように書名の異なる本は案外あるもので、次のような例がある。貝原益軒の著作に『京城勝覧《けいじょうしょうらん》』という本がある。これは内題からとったものだが、この本の題簽、つまり外題は「京都めぐり」となっている。京の地誌であることを示す、わかりやすい名前をつけたわけだが、これは板元側の事情であろう。正式の書名は「京城勝覧」のほうである。

鎌倉時代の基本史料である『吾妻鏡《あずまかがみ》』は、江戸時代の版本の外題では「東鑑《あずまかがみ》」となっている。読みかたは同じだが、巻頭書名は「新刊吾妻鏡」となっていることからも、内題のほうがふさわしいといえる。この「新刊」の部分は、書名そのものでなく本の副次的な称呼で角書《つのがき》という。

曲亭馬琴《きょくていばきん》の有名な長編小説『南総里見八犬伝《なんそうさとみはっけんでん》』の題簽はただ「里見八犬伝」とあるだけで、売り出すときにくるんだ外袋には「八犬伝」としかない。当時から人気があり、これだけで十分伝わったのだろう。正式な書名はもちろん内題にある「南総里見八犬伝」である。

口伝がふつうで簡単には文字にしなかった宮大工の秘法も、江戸中期になるとしだいに公開されるようになった。そういった大工術を集めた『匠家秘伝《しょうかひでん》』という本の外題は「匠家極秘伝」となっており、いかにも板元の売らんかなの姿勢がにじみ出ている。こうして見ると、外題というのは著者の考えというより、板元の商業的な事情でつけられたものが多いようである。

❈表紙の題名を採用したほうがよいとき

　逆に、内題ではよくわからず、外題を採用したほうがよい例もじつはたくさんある。ここでは『遊仙窟《ゆうせんくつ》』を取りあげてみる。『遊仙窟』というのは中国唐代にできたちょっと艶《なまめ》かしい小説である。旅の途中、神仙の洞窟に迷い込んだところ、そこの女性たちに歓待を受けて、すっかり逗留することになったという話だ。日本へは古くから伝わったが、中国では散逸してしまったため、たいへん貴重になったものである。

　この本の最初の刊本は、江戸初期に出た。次頁図の右は慶安五年（一六五二）の刊記がある本（A）の巻頭で、訓点は施されているが、原文だけである。そのため漢籍の伝奇《でんき》小説あるいは異聞《いぶん》という項目に分類され、『国書総目録』には載っていない。

　もうひとつ江戸時代に出たのは図左で、外題が『鼇頭図画《ごうとうずが》遊仙窟鈔』となっている本（B）である。元禄三年（一六九〇）に最初の本が出た。「鼇頭図画」というのは角書で、本文の枠外である鼇頭に一指《いっし》という人物による日本語の注釈が入り、本文に挿絵がついているということを示している。Aの慶安板は大本一冊だが、Bは五巻構成で半紙本全五冊になる。日本人の注

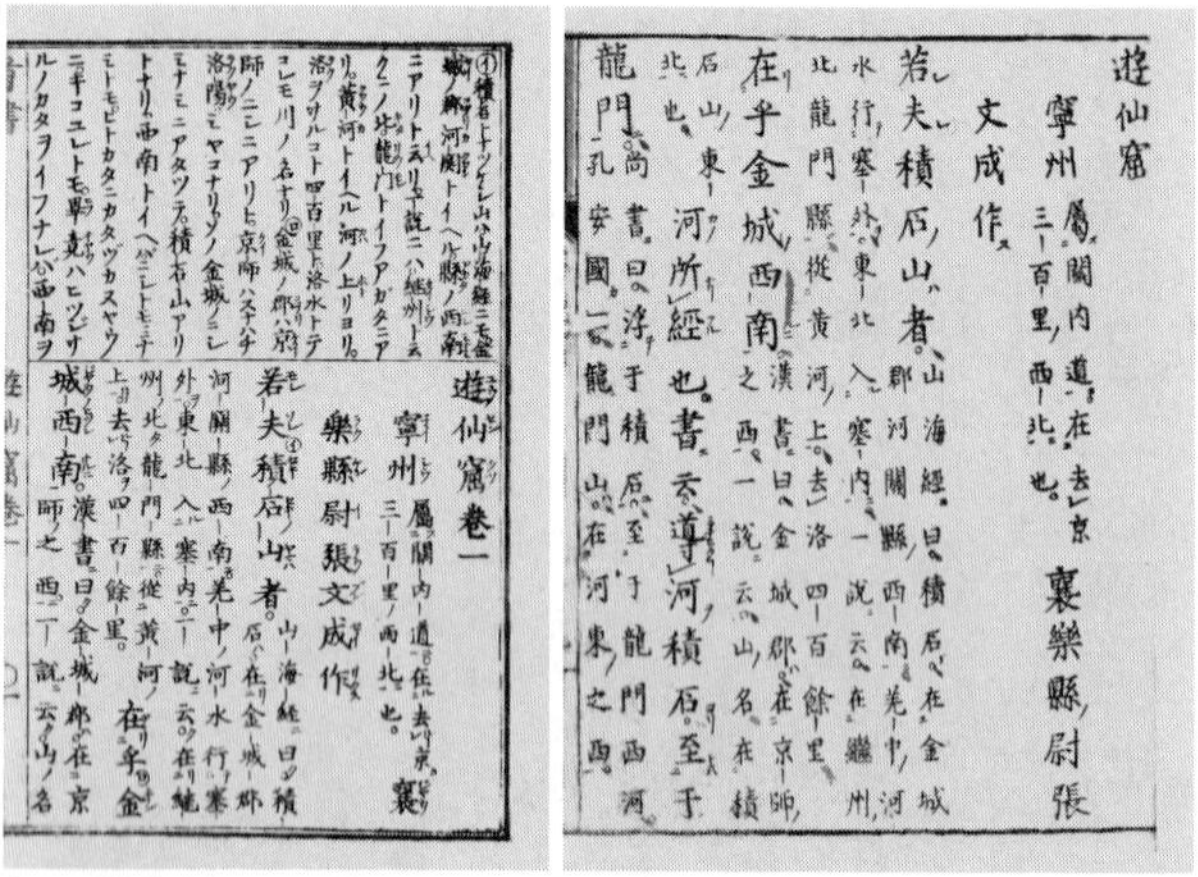

右が『遊仙窟』の慶安板（A）。左はそのカナ注釈入りである『遊仙窟鈔』の巻頭（B）。どちらもただ「遊仙窟」である。内題だけでは区別できない

釈が入った漢籍は国書として扱われるので、『国書総目録』にはBだけが載っている。

図を見ればわかるように、Bは印刷面の三分の一ほどのところに線を引いて、その上にカナで注釈が入っている。しかし巻頭の内題はどちらも「遊仙窟」としか載っていない。題簽がなくなった本であれば、内題に頼るしかないが、それではこの二つの本を混同してしまう。だから、正式書名としてAは『遊仙窟』のままでよいが、Bは外題のうち角書を抜いた部分を採用して『遊仙窟鈔』としなければならない。あくまでも別の本だからである。

大事な歴史的通称名

豊臣秀吉の事績を書きとめた『太閤記』は、

小瀬《おぜ》甫庵《ほあん》によって寛永二年（一六二五）に成立した。その後、十七世紀中頃の正保から万治にかけていくつか版本ができている。全二十冊の外題はすべて「太閤記」だが、巻第一の内題は左下図のように「豊臣記」となっている。のちに『絵本太閤記』『真書《しんしょ》太閤記』などが出て江戸中期には「太閤記」が定着していた。

歴史的に実際に呼ばれていた書名を通称名という。「太閤記」というのはまさにそれで、外題にはこの通称名がよく用いられていた。それが広く現在も認められている場合は、内題にこだわらずにむしろこの通称名を採用するほうがよいのではないかと思う。

さらに、はっきり外題を主たる書名にするほうがよいと思うものに改題本《かいだいぼん》がある。改題した

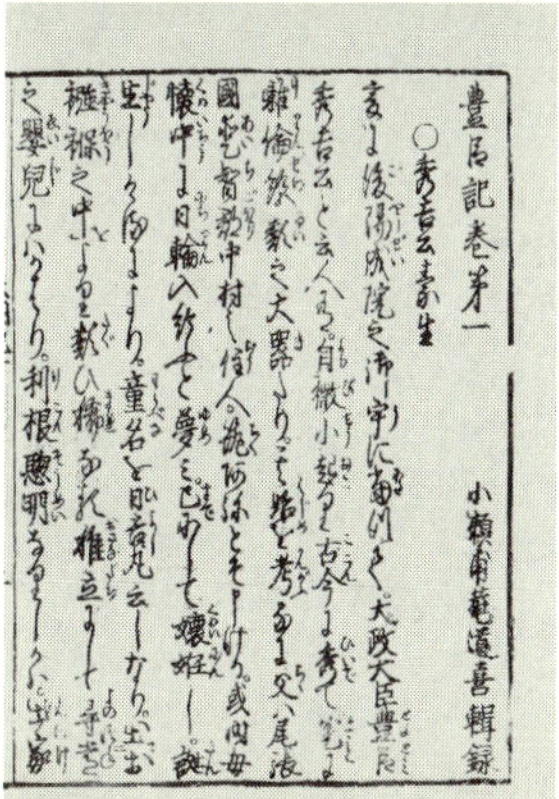
豊臣記巻第一　　小瀬甫庵道喜輯録

小瀬甫庵『太閤記』の江戸前期刊本の表紙（上）と「豊臣記」となっている巻第一の巻頭（下）

ことで、その本の初版（あるいは初刷）か再板（後刷）かがわかるので、むしろ外題が大事である。井原西鶴の『本朝二十不孝《ほんちようにじゆうふこう》』は、不孝はよろしくないと発売を自粛したが、ちゃっかり題名を変えて『新因果物語《しんいんがものがたり》』として再板した。「本朝二十不孝」の題簽の上に「絵入新因果物語」という新しい題名を貼りつけている（天理図書館編『西鶴』昭和四十年）。こういう場合は、外題を採って双方を混同しないようにする。どちらもたいへん少ない本で、軽く数百万円する。

日本で最初の洋風画家でもあり、西洋科学にも進取的だった司馬江漢《しばこうかん》が長崎遊歴のさいの絵入旅行記を書いたが、その初版は寛政六年（一七九四）に『西遊旅譚《さいゆうりよだん》』として出版された。のち享和三年（一八〇三）に再板した本は題簽が『画図西遊譚《えずさいゆうだん》』と変わった。内題は「西遊旅譚」のままで、外題だけ変えたのだ。この場合も外題を採ったほうがよい。

江戸後期の文人画の大成者で、渡辺崋山《わたなべかざん》などの師でもある谷文晁《たにぶんちよう》が日本各地の名山奇峰を描いた図会集『名山図譜《めいざんずふ》』は、文化元年（一八〇四）の初版で、同二年・三年と出た。のち、文化九年に『日本名山図会』と改題して大量に売るようになった。『名山図譜』の初版本は、当時まだ珍しかった三椏《みつまた》を原料にした和唐紙《わとうし》を使って刷ってあり、それは上品な本である。それに比べて『日本名山図会』はふつうの楮紙《ちよし》を使っており、書品もずっと落ちるのは仕方がない。しかし、それは初刷本と比較しての話で、文晁の絵を鑑賞するのには、現代の印刷本で見るよりはるかに質感があることはいうまでもない。これも明確に区別するために外題をとる。

いずれもたんに、あとさきがわかるためだけでない。古書の場合、その価格が桁違いに違ってくるのでおろそかにできないのだ。題名の異称がある例はまだたくさんあるが、すでに江戸時代によく調べた人がいて、中村富平《なかむらとみへい》という京都の書店主が宝永年中（一七〇四〜一一）に出した『辨疑書目録《べんぎしよもくろく》』（長澤規矩也・阿部隆一編『日本書目大成』三巻所収、昭和五十四年、汲古書院）に集められている。

❖内題外題論争

長澤規矩也《ながさわきくや》氏といえば、日本の書誌学・図書館学（合わせて図書学）では川瀬《かわせ》一馬《かずま》氏と双璧をなす人である。五山版・古活字版といった近世初期までの典籍については川瀬氏が第一人者だが、漢籍や江戸版本全般についての長澤氏の薀蓄《うんちく》は群を抜いていた。図書学では、和唐本の正式の書名は、巻頭にある内題で採るというのが、定説になっていた。長澤氏はその提唱者でもある。

しかし最近では、むしろ外題を採るべきだという意見も強くなってきている。内題・外題でなく『国書総目録』の表記を標準にしようという折衷案もあるようだ。長澤氏が、頑として書名はかならず内題を採るべしと主張する根拠は、巻頭は編著者が自らつけた書名だということである。外題や見返しは板元側が商品としてつけた名称であることが多いのである。もし、巻頭の書名がないときは序題や跋題などから、それもなければ見返しを、そこにもなければ表紙の題簽（外題）で採るのが順序だともいう。

和本が伝えられる過程で、まず傷むのが表紙で、そこに貼り込まれた題簽は真っ先になくなってしまうことが多い。そのため後世の所有者が書名を手書きで入れた書き題簽（あるいは替題簽）や表紙に直接書いた打付書《うちつけがき》というのもあるが、それがもとの題簽と表記が同じである確証はないので採用するわけにいかない。そういうこともあって、巻頭書名である内題で統一的に表記すれば誤りがないことになる。これが、内題派の主張だ。

しかし、先にあげた事例でもわかるとおり、外題を主書名としたほうがよいこともある。むしろ外題こそ、その本のほんとうの顔ではないかと考える人もいる。「編著者が自分の考えている正式な書名を外題に、本の顔となる表紙に書かずに、内側に書くはずがないからである。外題を正式な書名として認知したい」（廣庭基介・長友千代治『日本書誌学を学ぶ人のために』平成十年、世界思想社）というのである。

俳諧書には内題のない本が多い。天理図書館の『綿屋文庫《わたやぶんこ》連歌俳諧書目録』（昭和二十九・六十一年）の凡例には、はっきり「書名は原題簽原外題による」と書いてある。それを欠く場合は、内題や文中よりの推定で行うという。草双紙《くさぞうし》をはじめ大衆文芸書には、そもそも内題が載っていない。たとえば黄表紙などは、もし題簽がなくなっていたら書名がわからなくなってしまう。唯一の頼りは省略して書かれている版心題（柱題）である。たとえば版心に「江戸砂子」とあったら、これは山東京伝《さんとうきょうでん》の『江戸《えど》砂子《すなご》娘《むすめの》敵討《かたきうち》』だとわかるように『黄表紙外題索引』という本を明治時代、朝倉無声《あさくらむせい》がわざわざ作ったほどである（昭和三十九年増補復刊、大屋書房）。

統一書名という考えかた

こうなると内題を採るか、外題を採るか、どちらとも決せないところである。そこで、国文学研究資料館では、図書カードに「統一書名」と名づけた項目を作り、『国書総目録』の「本項目」にある作品名を典拠として採用することにしている。

この統一書名とする考えかたの長所は、同一の本を一箇所に集められることである。「春はあけぼの……」で始まる『枕草子』は、古活字版以来、江戸時代の版本の題簽は「清少納言《せいしょうなごん》」あるいは「清少納言枕草子」となっている本が多かった。「枕草子」となっている本もあることはあるが、それは内容がまったく違う春本艶本のことだったりするから要注意である。

この場合、八冊ある『国書総目録』で「せ」の項目にも「ま」の項目にもあったら不便だ。「清少納言」の項目では「→枕草子」と参照項目を示して、本項目である「枕草子」にすべて載っていればいいことである。ただし、たとえば慶安二年（一六四九）刊は外題が「清少納言」であるといった情報は示すべきであろう。

文献研究にとっても、このような共通した指標が必要だ。統一書名という考えは、その点現実的な解決策だといえる。しかし、『国書総目録』には漢籍が載らないから、和本全体を見るためには内題外題論争はこれで解決とはいかない。漢籍類は、やはり内題をとるほうがふさわしいことが多いからだ。もともと中国では、日本のような民間書肆が題名を変えて売らんかなの外題をつけるということはあまりなかった。外題で書名をとる習慣そのものがないのだ。和刻本の漢籍もそれにならっている。異なる伝統のもとで育まれてきた本を同列に扱わなくてもよいと思う。

❖角書という書名の一部

和本の題簽を見ると、ほんらいの書名の上に小さめの字を二行割にして書き加えた部分が出てくる。これを角書《つのがき》とか冠称《かんしょう》といい、広い意味で書名の一部である。この点現代の本も同じである。

多くは、改訂・増補・再校・新撰・増注といった版や刷りに関する副次的な内容で、書名の一部ではあるが、書名そのものではないので、書誌学では『(鼇頭図画)遊仙窟鈔』のように( )で囲むのが約束事である。二行の分かち書き(組み文字)にして『鼇頭図画遊仙窟鈔』としてもよいし、『鼇頭図画遊仙窟鈔』などと小さめの字にすることで角書であることを示してもよい。ここには、(○○先生)というように人名を入れるもの、原本の種類で(宋本《そうほん》)(古本《こほん》)と入れるもの、(図画)とか(絵本)とあるものなど種類は多い。俳諧などは『(俳諧)○○』となる本が多く、俳諧を角書にするのか書名にするのか迷うことになるが、『国書総目録』では書名に入れており、そのため「俳諧」のところは、えんえんと三十頁以上を費やしている。

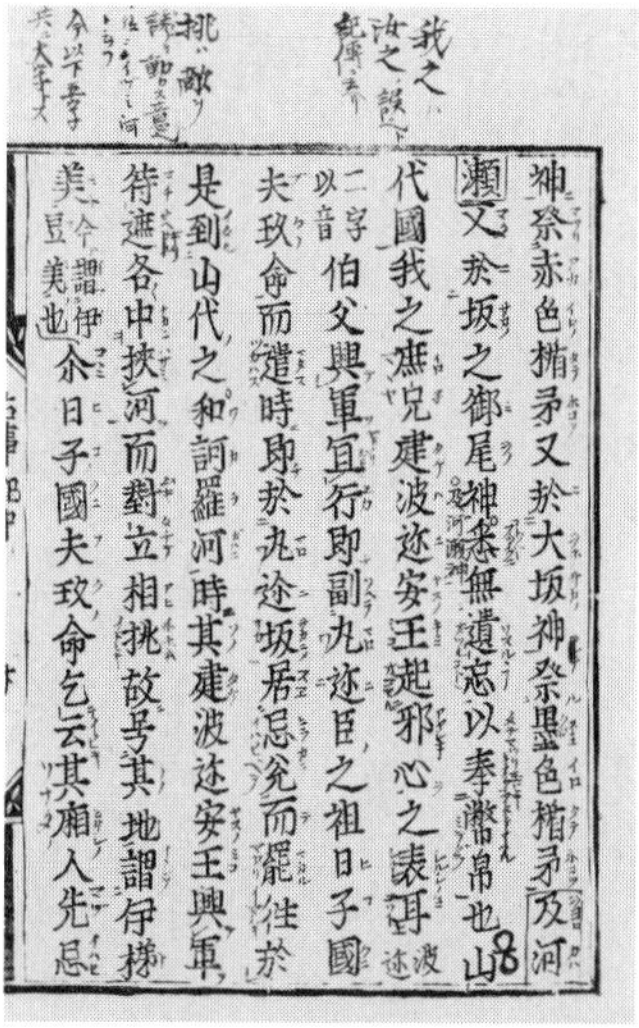

『古事記』の寛永二十一年板。じつはここで約四百五十字も脱字がある

　といってこれを軽視してはいけない。角書の記述が重要であることの例をあげておこう。『古事記』は、十七世紀初頭の慶長年間に古活字版で初めて印刷された。つづいて、寛永二十一年(一六四四)にふつうの木版で刊行され

たものがしばらく流通の中心となった。しかし、この本は校訂が不十分で、本文中四百五十字も抜けているところがあったり（前頁の図参照）、訓《よ》みがほとんど入っていないなど不備であった。これに最初に注を入れたのが出口延佳《でぐちのぶよし》校の貞享四年（一六八七）の跋がある『鼇頭古事記』である。

次が本居宣長《もとおりのりなが》による享和三年（一八〇三）の『訂正古訓古事記』で、賀茂真淵《かものまぶち》から宣長にいたる研究成果が盛られている。その後、田中頼庸《たなかよりつね》による明治二十年（一八八七）の和装本『校訂古事記』という流れになる。これらによって文字の校訂作業が進んで、とくに難解な訓みがわかるようになってきたので、テキストの信頼性が上がった。研究材料として安心して使用できるようになったのである。これらを区別するのは、角書によるのであり、でないとみな『古事記』になってしまう。

角書が増えすぎた本

改訂や増注を繰り返しているうちに角書が増えすぎて、どこまでが角書でどこから書名にするか困る本がある。

六世紀の梁《りよう》代に成立した『玉篇《ぎよくへん》』（ごくへん、いとも）は、中国南北朝時代の音韻や書体がわかる貴重な文字の辞典である。原本の一部が日本にだけ残り、中国では散逸してしまった。それをもとに宋代に字数を増やした本ができて、これがのちに『大広益会玉篇《だいこうえきかい》』という角書をつけた書名になって広まった。大広益会とは「大いに広く益するように文字を集めた」というような意味で、何度も増訂を繰り返した字書の集大成といったふれ込みで名づけたものらしい。しかし、内容は宋代の韻になってしまっているので、時代とともに大きく変化する音韻を調べるという点では六世紀の『玉篇』とは別物である。

貴重な古い原本があるにもかかわらず、日本で版本として作られたのはこの大広益会本のほうだった。慶長九年（一六〇四）に古活字版でまず開板された。その後の慶安二年（一六四九）刊では「大広益会」が角書の扱いでなく書名の一部となって『大広益会玉篇』となっている。さらに元禄期（一六八八〜一七〇四）になると、日本で内容を増やして『増補大広益会玉篇』というのができた。また別に毛利《もうり》貞斎《ていさい》が編集し、元禄五年に出した本は『増続《ぞうぞく》大広益会玉篇大全《たいぜん》』となった。増続とは続々と増やしたという意味で、ほんらいなら角書であらわす性格の表記だが、

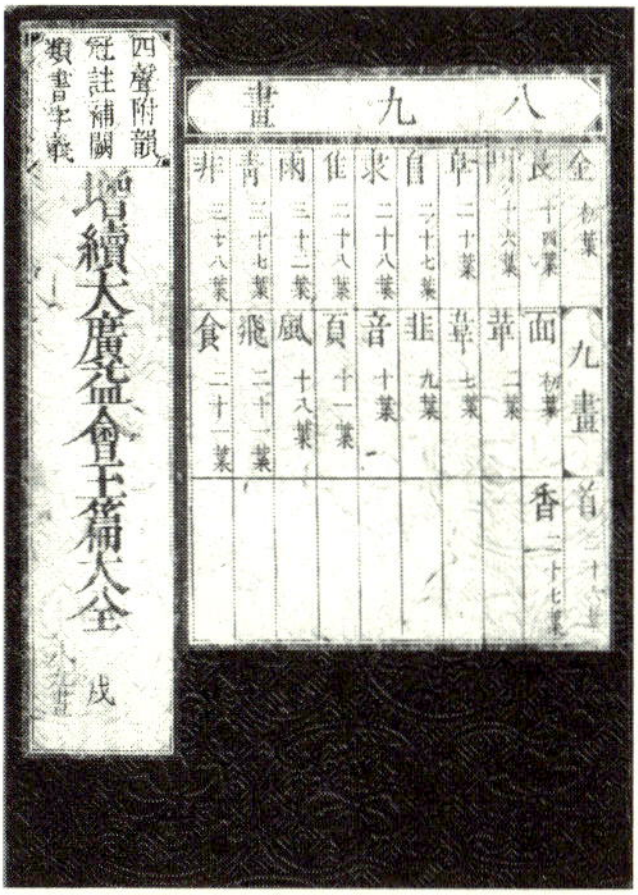

この本のおおもとは「玉篇」のみである。時代とともに書名が長くなり、そのうえ非常に長い角書までつく

『国書総目録』ではこれ全体を正式書名としている。「玉篇」という、たった二文字のもとの本が十文字の書名になってしまったのだ。

江戸末期には、さらに新しい角書を増やして前頁の図のように『四《し》声《せい》附《ふ》韻《いん》冠《かん》註《ちゅう》補《ほ》闕《けつ》類《るい》書《しょ》字《じ》義《ぎ》増続大広益会玉篇大全』となっている本もある。漢字のアクセントである四声に音韻をつけ加え、類書（内容別の事典）によって字義を補ったということだろう。ずいぶん長いタイトルである。毛利貞斎の本が、もっとも定評のある漢和辞典の役割を果たした。そのため、これにあれこれ工夫をこらした各種の本が出版され、明治末まで続いた（関場武『近世辞書論攷』平成六年、慶應義塾大学）。板元としては角書をキャッチフレーズにして、せいいっぱい独自色を出すように努めて競争したのだろう。

❖著者表記の決まり

『柳湾漁唱』の事例では、著者の館柳湾について「越後　館機枢卿」などと表記され、字《あざな》が枢卿で、正式の名は機であった。柳湾という号で知られた人だから、そう表記してほしいところだが、本にはどこにも号では出てこない。著者の表記には、江戸時代までの人の名称法を知っておかないと理解できないところがある。たとえば、館柳湾には別に石香斎という号もあった。そして別に通称は雄次郎《ゆうじろう》と呼ばれていた。一人で複数の名称をもっていて、それが使い分けられていたのである。

武士には、はじめ幼名があり、元服して名乗りができる。柳湾の機がそれで、実名にあたる。ところが、日本では古くから実名を敬避する風習があって、実際に本名を使う機会はあまりなく、日常は雄次郎のような通称名で呼ばれたのである。当時の文書には館雄次郎と出てくる。文人や学者は、さらに字をつけた。これは中国の伝統を受けたもので、目上の人は目下に対して本名を呼ぶが、目下が目上の人を呼ぶときは字でいう、という関係になる。この構図は、今でも上司が部下を呼ぶときは「〇〇君」と姓をいうが、部下は上司を「課長」「部長」といった役職で呼んで、実名をいわないのと似ている。

さらに号をつける。号は五つも六つも使い分ける人もある。年齢によって変えていくこともある。現在では江戸期の学者や文人のことを、このなかの代表的な号で呼ぶようにしている。たとえば葛飾北斎は、いったいいくつの号をつけてきたか。勝川春朗《かつかわしゅんろう》で始まり、戴斗《たいと》、為一《いいつ》、画狂人《がきょうじん》、卍老人《まんじ》など、よく知られたものだけでもこれだけあり、このほかこまごまとみたら三十以上ある。「北斎」はそのうち四十代のときに使った号である。

郷貫・姓・名・字

和本、とりわけ漢籍では、複数ある名を第三者にわかるように記述するルールがあった。上から郷貫《きようかん》・号・姓・名・字《あざな》の順に記すのである。ただし号は省略して、郷貫・姓・名・字とすることが多い。郷貫とは本貫《ほんがん》ともいい本籍のことで、出身地ということである。『柳湾漁唱』の巻頭にあった「越後　館機枢卿氏　著」は、出身地の越後が郷貫として記載され、館機枢卿が姓・名・字の順に並び、この流儀にかなっている（百十五頁の図参照）。

同じく巻頭に「同輯」となっている三人についても見てみよう。これは柳湾の詩を集め編集した者たちである。「薩摩　三雲詰公謹」は、出身地が薩摩で姓が三雲《みくも》、名は詰《きつ》、字《あざな》が公謹《こうきん》となる。「陸奥　菊田賢対徳」は、陸奥《むつ》の人、名は賢《けん》、字は対徳《たいとく》となる。さらに江戸の貝塚清《かいづかきよし》、字は士絹《ししゆう》を加えた三人は、いずれも柳湾の娘婿または息子の許婚《いいなずけ》の実家の者である。だから上に「倩《むこ》」とある。この三人は江戸にいたのだが、あくまでも出身地を書く。江戸は諸国の吹き溜まりというが、ほんとうに全国各地から人が集まっていたことがよくわかる。

共著のときや、このように校訂者・編集等に三人以上の名が並んでいるとき、すべてを書くと冗長になってしまうので誰か一人を代表させたいという場合は中央の人を採ることになっている。ここでは「菊田対徳他輯」となる。巻菱湖の跋にもこの三人が編集に携わっていたことを対徳・公謹・士絹の順で書いている。こういう場合、何人並んでいても中央の人が一、周辺に向かって右二、左三……の順となる。ただし、これは漢籍の場合で、国書では先頭の人を代表させる。

　左の図は『三体詩』の巻頭である。この本は唐代のすぐれた漢詩を選んで三巻にまとめたもので、七言絶句《しちごんぜつく》、五《ご》言律詩《ごんりつし》、七言律詩という三種類の詩の体裁で構成されているので、さんていしと読むのが正しいが、現在はさんたいしで通っている。この著者表記では、どれが姓で名なのやらさっぱり見当がつかない。しかし、郷貫・姓・名・字《あざな》と並ぶ原則を知っていると、理解できるようになる。

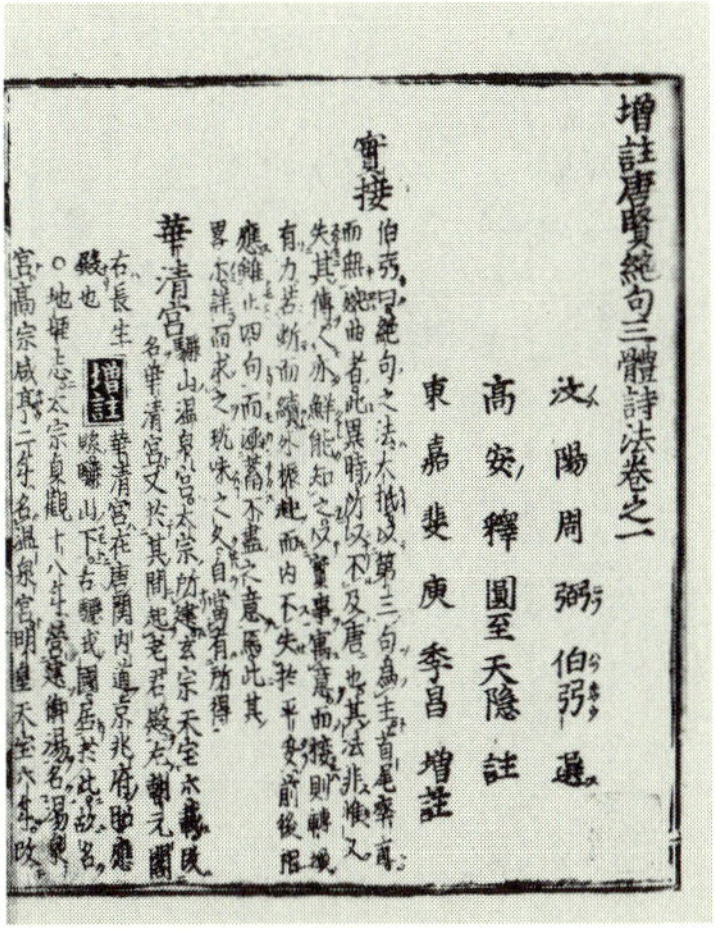
増註唐賢絶句三體詩法巻之一
汶陽　周　弼　伯弜　選
高安　釋　圓至　天隠　註
東嘉　裴　庾　季昌　増註
實接

『三体詩』巻頭の著者表記

　選者は郷貫が山東省汶陽《ぶんよう》県の出身で、周が姓、弼《ひつ》が名、伯弜《はくきょう》が字である。註を入れたのが江西省高安《こうあん》県の僧侶（釈）で、号は円至《えんし》、また天隠《てんいん》という。僧侶の場合は俗名を記さないので特殊な書きかたとなる。増註したのは東嘉《とうか》の人で姓は裴《はい》（図には斐と見える）、名は庾《ゆ》、字は季昌《きしょう》となるわけである。これら本に記述されていたままでは煩雑すぎるので、図書カードには姓と名だけにして「周弼選・釈円至註・裴庾増註」などと記載される。

狂詩も作法どおり

大田南畝の狂詩本《きょうしぼん》『寝《ね》惚《ぼけ》先生《せんせい》文集《ぶんしゅう》初《しょ》編《へん》』の巻頭の著者表記を見ると、以上の法則をパロディにして、

毛唐　陳奮翰子角　著
阿房　安本丹親玉　輯
蒙麓　滕偏木安傑　校

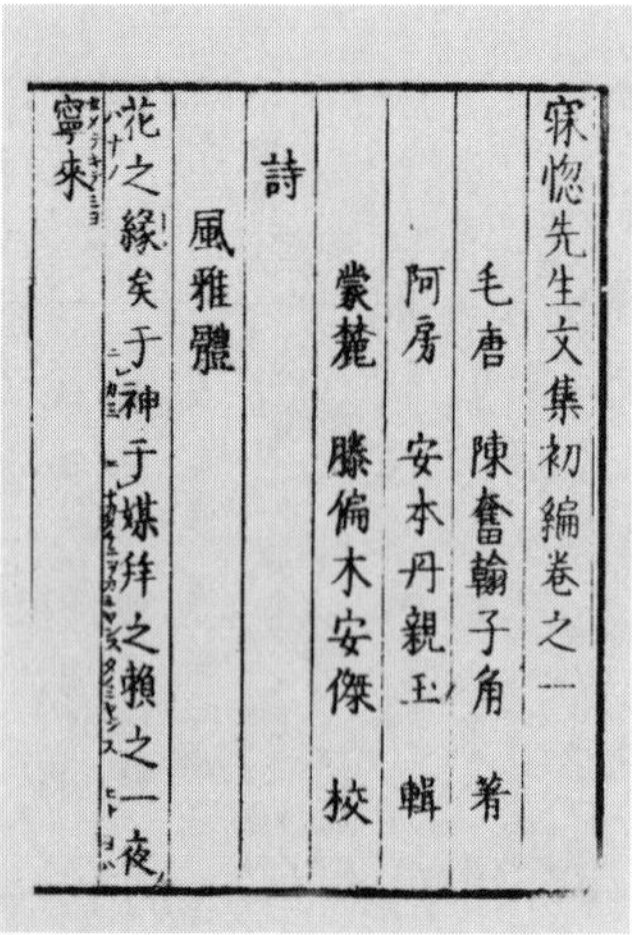
寐惚先生文集初編巻之一
毛唐　陳奮翰子角　著
阿房　安本丹親玉　輯
蒙麓　滕偏木安傑　校
詩
風雅體
花之縁矣于神于媒拝之頼之一夜寧來

大田南畝の狂詩本『寝惚先生文集初編』の巻頭。人名表記の決まりをパロディにしている

となっている。どう読むかはお試しいただきたい。著者表記の原則を知っていると、そのおもしろさがよくわかる。

この本は徂徠学派の一人、服部南郭《はっとりなんかく》の文章を集めた『南郭先生文集初編』をもじったものである。南畝はこのほかにも、『唐詩選』に注釈を入れた千葉《ち ば》芸閣《うんかく》の『唐詩選掌故《しょうこ》』をパロディにした『通詩《つうし》選笑知《せんしょうち》』などいくつかの狂詩を書いている。

当時、和歌の形式を用いて平俗なことばで滑稽かつ卑俗に詠う狂歌が流行っていた。南畝も

四方赤良《よものあから》の名で『万載狂歌集《まんざいきょうかしゅう》』などを著している。同様に漢詩文を通俗的に滑稽化したのを狂詩といい、江戸中期から明治初期にかけて多くの作品が作られた。南畝は蜀山人《しょくさんじん》の号で戯作者というイメージが強いが、ほんとうは優秀な漢学者であり、漢詩文にも秀でていた。その能力を発揮して狂詩を作ったのである。『通詩選笑知』などを見ると『唐詩選』のなかの詩や注までいちいち茶化しているのだが、もとの本を見ながら鑑賞するとそのおかしさがよくわかる。

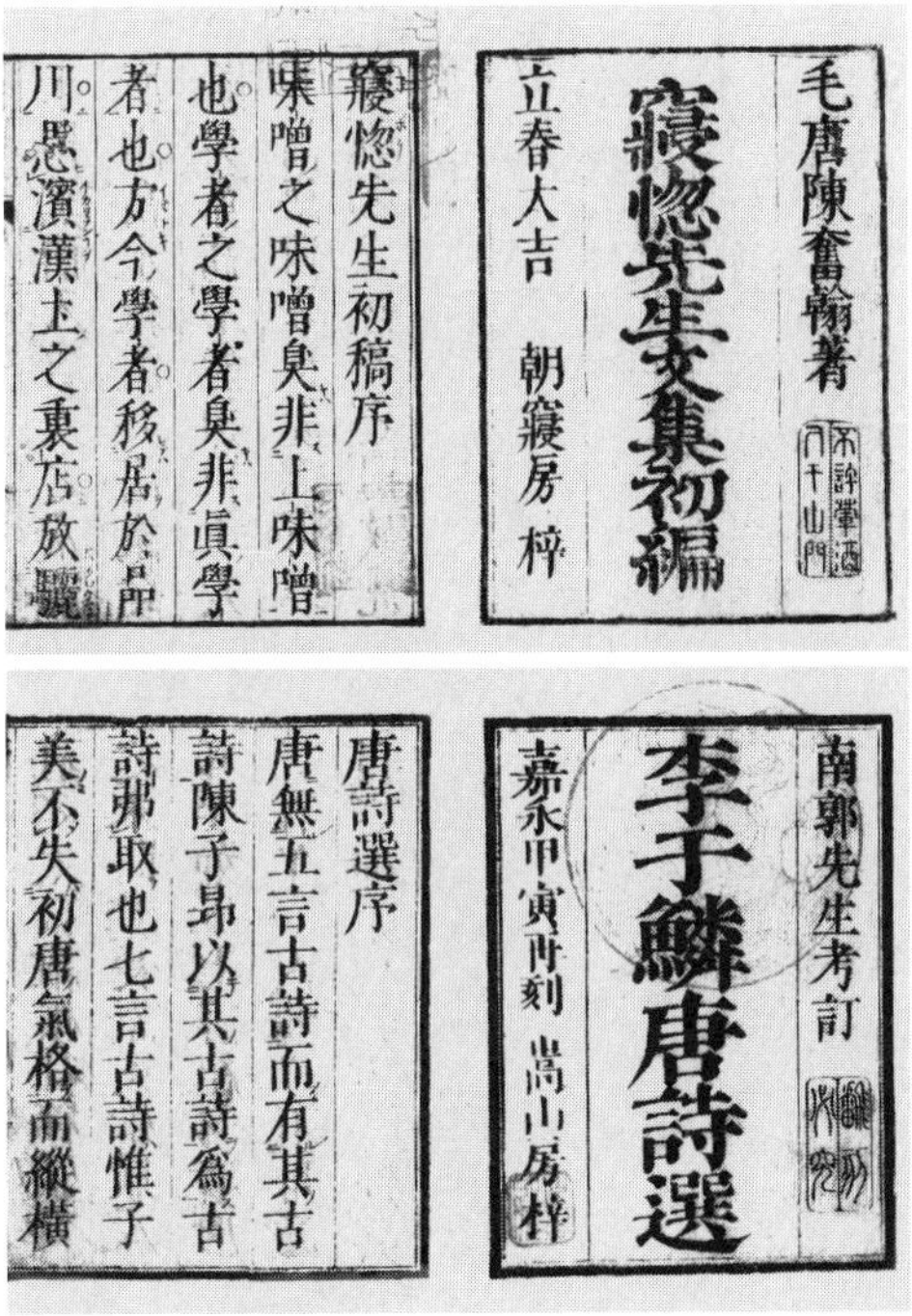

『寝惚先生文集初編』の見返しと序（上）。下がもとになった一般的な小本の『唐詩選』。書体まで似せている

これらは中身だけでなく本の装訂までもじっており、『寝惚先生文集初編』の見返しは、

当時一般的だった小本『唐詩選』とすっかり同じように構成してあり、そこに「毛唐陳奮翰著」とし、発行元の嵩山房《すうざんぼう》のところを「朝寝房」としている。さらに書肆がよく入れる海賊版禁止の注意書き「不許翻刻《ほんこく》　千里必究《せんりひっきゅう》」（九十五頁扉の図参照）というところを「不許葷酒《くんしゅ》入于山門《さんもん》」にしているところなど笑ってしまう。

この「翻刻を許さず」というのは現在の本の奥付でも見かける「禁無断複製」などと同じである。あとにくる「千里必究」は、海賊版を作ったら千里の先でもきっと見つけ出すぞということだろう。なかなかきついことばが版本には載っているものだが、狂詩はそんなところまで茶化して遊んでいる。

❖本名が出てこない著者欄

次頁の図は、ある本の巻頭である。この本の内題は「度考」となっている。著者は「東都物茂卿著」とある。東都とは江戸のこと、物が姓、茂卿が名前の部分である。つまり江戸の物茂卿という人の著作ということになる。しかし、こんな人は人名辞典に出てこない。

また内題だけを頼りに『国書総目録』を引いても「度考」では出てこない。そういう書名の本ではないからである。

書名は『度量衡考《どりょうこうこう》』が正しい。全三巻、二冊で構成されている。一冊目に「度考」とあり、二冊目に「量考」と「衡考」が入っている。合わせて「度量衡考」という本なのだ。古い中国文献のなかの長さや距離、量、はかりなど計量のための語を集めて考証した内容である。

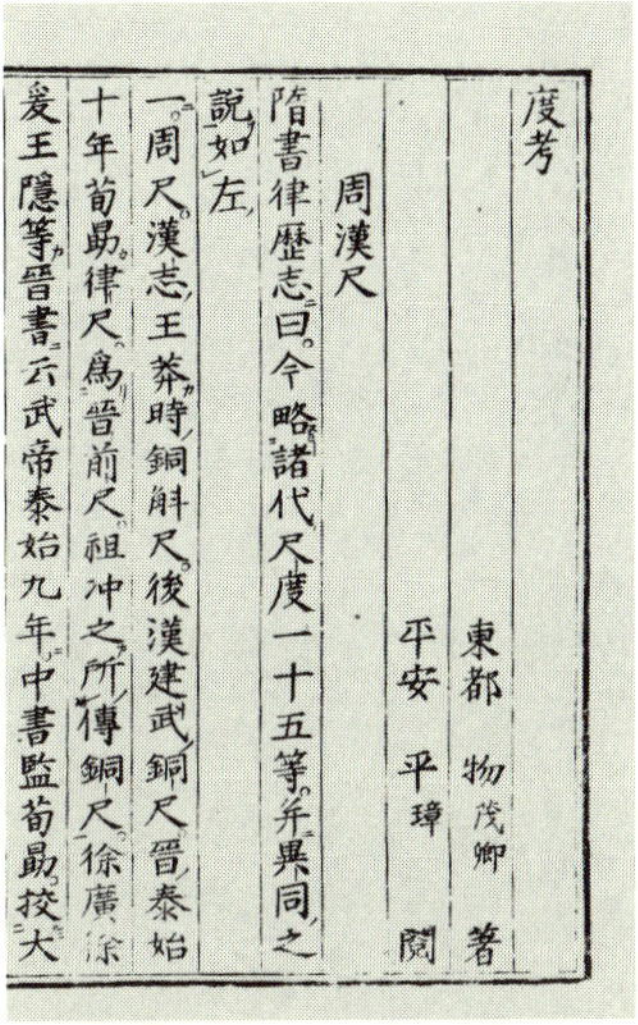
度考
東都 物茂卿 著
平安 平璋 閲
周漢尺
隋書律暦志曰。今略諸代尺度一十五等并異同之說如左
一周尺漢志王莽時銅斛尺後漢建武銅尺晉泰始十年荀勗律尺為晉前尺祖冲之所傳銅尺徐廣徐爰王隱等晉書云武帝泰始九年中書監荀勗校大

「度考」と内題のある本の著者表記

著者の物茂卿とは、荻生徂徠のことである。なぜこのような表記になるのかというと、物というのは徂徠の本姓が物部《もののべ》氏であることからきている。しかも、漢学者なので中国風に一字の姓にするためわざと「物」だけを使う。山田一郎さんが、もともと平氏の出の家柄なら、平姓山田氏となる。藤原出なら藤原姓山田氏だ。徂徠は物部姓荻生氏なのだ。そのため中国風に姓を一字にすると、同じ山田さんでも藤原姓なら「藤一郎」となる。このように姓名を中国風に二、三字にするのを「姓名を修する」というのだが、姓をただ一字にするだけでなく、本姓を使うところが、後世の読者をますます悩ませるのである。

茂卿は徂徠の字《あざな》でしげのりと読むのだろうが、物茂卿としたときは、中国風にぶつもけいといったのではないだろうか。『寝惚先生文集初編』の跋文では、これを「物茂《ものも》らい」と茶化している。

徂徠は、名は伝次郎《でんじろう》、またの名が双松《なべまつ》。惣右衛門《そうえもん》というのが通称名。号は徂徠のほかに、蘐園《けんえん》もよく使われる。これは自ら開いた家塾の名前に由来する。弟子たちは蘐園先生といって、むしろ後者をよく用いた。また徂徠の門下を蘐園学派などといったりする。

号というのは、いわばペンネームのようなものである。それなら著作物に使えばいいものを、巻頭の「東都　物茂卿」は、先ほどの「郷貫・号・姓・名・字」の原則のうち、省略して「郷貫・姓・字」であらわしていることになる。

この本の次の行にある「平安　平璋　閲」は、平安が京都、平が本姓、璋《しょう》が名、閲は校閲のことである。この平璋とは中根元圭《なかねげんけい》という人のことで、暦学者である。

さらに三巻目の「衡考」の著者表記は「東都　講官物観　謹著」となっている。これは江戸の人で、聖堂学舎《せいどうがくしゃ》の講師であったので、講官となっており、物が姓、観《かん》が名である。徂徠の弟の荻生北渓《ほっけい》のことである。聖堂学舎は将軍綱吉の命で作られた学問所で、のちの湯島《ゆしま》の昌平坂《しょうへいざか》学問所《がくもんじょ》の前身である。享保十八年（一七三三）、北渓は兄の著作『度量考』に自作の『衡考』を加えて全三巻とし、将軍に献上してこの本ができたというわけなのである。

同じように新井《あらい》白石《はくせき》も、本の著者表記では「源君美」となる。本姓が源氏だからである。一字の姓なのでそのまま中国風に修して使う。君美は名で、「姓と名」で構成したことになる。源君美はみなもとのきみよしということになるが、中国風にげんきんみとも読んだ。なお白石は号で、字は済美《せいび》などといった。

和本を見ていくと徂徠のように「姓と字」を用いるより、「姓と名」のほうが多いようである。貝原益軒もそうである。名が篤信《あつのぶ》、字は子誠《しせい》、号は益軒だが、この号は晩年のもので若い頃は損軒《そんけん》といっていた。本には「貝原篤信」と見える。亀田鵬斎の本では名の長興《ながおき》が使われ、大田南畝も戯作でなく硬い本になると名を用いて「大田覃《ふかし》」と出てくることもある。

統一著者名という考え

このように著者名ひとつをとっても、実際の本に書かれたものと、現在通用する呼びかたとは異なることが多い。そこで、共通の表記が必要である。これを統一著者名という。国文学研究資料館が定めた方式で、書名と同じように『国書総目録』の記述を典拠とする。その『国書総目録』の掲載基準は「著者別索引」の凡例によると基本は姓―名であり、漢学者は姓―号を、江戸時代の小説家は戯号をとったとある。

大田南畝も蜀山人、四方《よも》山人《やまびと》、四方赤良《あから》、陳奮翰《ちんぷんかん》などを作品の種類で使い分けていた。さらに本名の覃、通称の直次郎などが用いられた本もある。それらは実際の本にどう表記されていても、代表的な号である南畝を代表させ、「大田南畝」に統一して著者名とするのである。滝沢馬琴は滝沢《たきざわ》が姓で、名は解《とく》というが、「曲亭馬琴」という戯号で統一する。俳諧は蕪村《ぶそん》・一《いっ》茶《さ》・支考《しこう》のように俳号のみでよいことになっている。僧侶も一休宗純《いっきゅうそうじゅん》・元政《げんせい》・良寛《りょうかん》などのように、号だけでよい。釈大典《しゃくだいてん》のように釈をつけるときもある。そのほかの人は、いくら有名でも北斎・歌麿だけでなく、葛飾北斎・喜多川歌麿などと姓を入れる。

唐本漢籍の場合、姓と名で統一表記するのが主流である。しかし、中国の有名な詩人たちの場合でも名・字・号には次のような名称があるのだが、姓と名だけを見て誰のことかすぐわかる人はよほどの専門家だけである。

姓名	姓字	姓号
陶潜《とうせん》	陶淵明《えんめい》	陶靖節《せいせつ》
白居易《はくきょい》	白楽天《らくてん》	白香山《こうざん》
杜《と》甫《ほ》	杜子美《しび》	杜少陵《しょうりょう》また杜工部《こうぶ》
李《り》白《はく》	李太白《たいはく》	李青蓮《せいれん》
韓愈《かんゆ》	韓退之《たいし》	韓昌黎《しょうれい》

蘇軾《そしょく》　蘇子瞻《しせん》　蘇東坡《とうば》（死後つけられる尊称である諡《おくりな》は蘇文忠《ぶんちゅう》）

一般によく知られているのは、陶淵明、白楽天、杜甫、李白、韓退之、蘇東坡のほうだろう。字であったり、名であったり、あるいは号であったりする。学術的な統一表記と、通称との相違にとまどうことも少なくない。

❖編著の役割と用語

和本の編著者欄には、「館機枢卿著」「汶陽周弼伯弜選」「安本丹親玉輯」のように、その人がどのような形でその本にかかわったかを記す著作の種類が書かれている。編・著のように現代とほぼ同じ意味の用語のほかに、今とはニュアンスの違うこともあるし、聞きなれない語もある。今より厳密にことばを選んでいたところもある。そこで、この編著者の下につく語を、すべては拾いきれないが、できるだけ和本から採集してみたので紹介しよう。それぞれの意味や役割について簡単に解説も加えた。

多くは漢語からきているので、その字の本来の意味をよく知ったうえで理解すべきである。

独特ないいかたをしているときは、そのまま原本の表記どおりとるべきだろう。また、一部、漢籍と国書とでは意味の違うこともあるので注意を要する。

著　もっとも一般的な用語。内容に創造性があって、それに書き手が責任を有することが条件。

撰《せん》　江戸時代は著とほぼ同義に使う。たんに選ぶこととは区別される。厳密には著ほど創造性はないが、その人の文章でことがらを述べたときに使う。本に「〇〇撰」とあったら、著に変えてしまわずにそのまま記述すべきだと思う。なお勅撰集のように和歌の撰はえらぶ意味で用いている。

選　先人の作品のなかから優れたものを選んでまとめること。撰との違いに注意。

述《じゅつ》　文字どおり講義などで述べたことを筆記して文章化したときにも用いるが（その場合は口述との表記もある）、意見を述べた者という意味で用いる。

書　文字を書いた者。写本を書いた人ということで筆《ひつ》を用いるときもある。

記　記した者。書きとめる（筆記）、書きとどめる（記録）、ありのまま記す（記事）などの用例がある。

録　書いたものをとどめておく。記録、筆録。歴史をしるす（実録）、題目を書き並べる（目録）、編集して書きとどめる（編録）。

抄《しょう》 （鈔） 抜き書きをする（抄録）、写すこと（手抄）。注釈を加えることにも使う。

編 諸説を集めたあと、それらを総合し系統立てること。篇は書物の部立てに用いる。

集 文章や詩歌などの材料を集めてまとめること。

輯《しゅう》 集とほぼ同じだが、もう少し編集に近く系統立てるという意味がある。聚《しゅう》や緝《しゅう》ともいう。

纂《さん》 現在では編と同義に用いるが、正しくは編したのちにさらに厳密に整理を加えることをいう。したがって、輯・編・纂の順でしだいに高度な編集をすることになる。

作 作者という意味で著と同じ。草紙類は著といわず、作を用いることが多い。文章以外の本のときにこれを用いることがある。たとえば地図の製作。

注 註とも。より深い理解が得られるように本文に加える説明。解釈も加えたときは注釈となる。

疏《そ》 古人の注を集めてさらにその注に解釈を加えること。注疏ともいう。古くはしょといった。

解 解釈。げともいう。各家の解に取捨を加えたものを集解《しっかい》という。注とともにあれば注解。

義《ぎ》 文字や文章の意味を解説すること。漢籍では音韻とともに解説するときは音義《おんぎ》といい、とくに経書（四書五経など）の本文に解説を加えることを正義《せいぎ》という。

標 しるしをつける。欄外などに注を入れることを標注《ひょうちゅう》という。

考 自分の考えをいうのでなく、他者の文に自分の意見をつけ加えるとき（備考）にもいう。

点　連歌俳諧では作品の優劣を判じて評点を付した者。判ともいう。漢籍では訓点を施した者。

批　漢詩に批評を加えた者。謙遜して「○○妄批《もうひ》」と書くことがある。

評　評価を加えること。注に近い。評注といういいかたもある。

訳　外国語から日本語に翻訳すること。古語を今様《いまよう》にしたときもいう。

校　校定、校訂、校正。字句の誤りを正す。他の文と文字の照合を行うことを校合《きょうごう》という。
校註は校訂をして注も加える。中国では校勘《こうかん》といってこの仕事を重視した。

画　画家。挿画、絵巻、絵本の作家。図・絵ともいう。

❖巻数、冊数の調べかた

平均的な江戸時代の版本は、一冊が四、五十丁くらいで、洋装本風にいえば百頁にみたないのがふつうである。半丁二十字十行とすると一冊におよそ一万六千字から二万字、四百字詰原稿用紙に換算すると四、五十枚程度に相当する。現代とは文章の質が違うので直接比較するのは無意味だが、一冊あたりのおよその分量が想像できる。わたしの店にある五千冊近い和本を数えたところ、半数近い四十三パーセントが一冊で完結した本だったが、残りは二冊以上で構成されていた。ちなみに二冊本は十六・五パーセント、三冊九パーセント、四冊八パーセント、五冊・六冊それぞれ四・五パーセントだった。七冊以上になるのは残りの十五パーセント弱である。

本を一巻、二巻と構成するのは現代まで続いている伝統だが、和本では一巻の内容量が一定でないので、一巻＝一冊というわけではない。一冊に入っている文字量は、今の本でいえば一章分程度なので、全五巻で構成されている本は、およそ全五章の本と考えればいい。それを適宜分冊して製本するので、巻数と冊数が等しくないことがままあるのである。したがって、その本が全何巻で構成されているかということと、全何冊あるかということとは別の情報である。たとえば白楽天の文集である『白氏文集《はくしもんじゆう》』（はくしぶんしゅうとも）は目録や付録を入れて全七十四巻だが、江戸前期の本は、これを三十五冊にして出版した。『度量衡考』は三巻で二冊だった。

同じ本でも売り出したときに冊数を変えることもよくあった。初刷本のときは一巻＝一冊だったのに、一冊あたりの分量を増やし、後刷や重板のさいには二、三巻を一冊にしてしまうのである。この逆はめったにないので、本の初刷か後刷かを見極めるには、この巻数と冊数の関係を調べることも有効である。『白氏文集』は江戸末期の嘉永元年（一八四八）に刷った本は、同じ巻数で全十冊にまとめられた。『遊仙窟鈔』は、元禄の初刷本が五巻五冊だったが、明治の後刷本は五巻二冊である。

後刷になるにしたがって同じ巻数なのに冊数を減らすのは製本のコスト削減からと思われるが、江戸後期になってくると製本技術が進み、かなり厚い本が作られるようになったことも見逃せない理由である。なかには一冊四百丁以上もあって、厚さが優に十センチに達するような本もある。「節用集《せつようしゅう》」とは、ほんらい辞書のことだが、江戸後期になると「重宝記」のように実用記事をたくさん載せたいわば家庭用百科事典になってきた。各板元が競って厚さを増した結果、元治元年（一八六四）に大坂・木屋伊兵衛《きやいへえ》が出した『増補音訓大全早引節用集』にいたっては一冊で五百七十丁もあり、その厚さは優に十二センチを超えている。

欠本、合本、入本

和本の巻次が今の本の章立てのようなものとすれば、やはり全巻揃っていないと欠本になってしまう。基準の冊数（完本《かんぽん》あるいは揃本《そろいぼん》）に足りない本を欠本《けっぽん》という。たとえば、大名から幕閣、役人の人名録で江戸中期から刊行された『武鑑《ぶかん》』は、毎年改訂版が出る本屋の稼ぎどころの本であったが、おおむね巻一、二は「御大名衆《おだいみょうしゅう》」、巻三が「御役人衆《おやくにんしゅう》」となり、これに巻四「西御丸付御役人衆《にしのおんまるつき》」という薄い一冊を入れて全四巻四冊で揃いである。ところが三巻目の巻末に奥付があるものだから、この薄い一冊がなくなってしまった例が多い。これが欠本である。

とくに「上中下」とあるべき三巻本の「中巻」が抜けていることもよくある。「上下」とだけある全二冊本も多いから、うっかりそれで揃っているものと勘違いしてしまうのである。

同じ欠本でも、残っている数のほうが少ないときは残本《ざんぽん》とか端本《はほん》という。たとえば巻三と巻五しか残っていない場合は「巻第三、五存」という表記をして存在する巻次を示す。残本よりさらに少なく、一冊か二冊しかないときは零本《れいほん》という。和本にこのような細かい用語があるのは、室町時代以前の古い本や古活字版のような稀覯本《きこうぼん》（伝本の稀な本）のときは零本でも価値があるからである。

所蔵者がほんらい全六冊の本を二冊ずつまとめて綴じ直して三冊にしてしまう、というようなこともひんぱんにあった。これは合本《がっぽん》といい、合三冊などという。

欠本であったもの同士を合わせて巻数だけは揃えた本というのもよくある。和本は手作りだから、どうしても微妙なサイズの違いが出る。保存状態が異なり、紙の色合いが異なってしまうこともある。この場合、内容的には一貫した本になるが、正確な意味での揃本にはならない。このように補配した本を入本《いれほん》という。合本も入本も、オリジナルと異なる点で評価は減点となる。

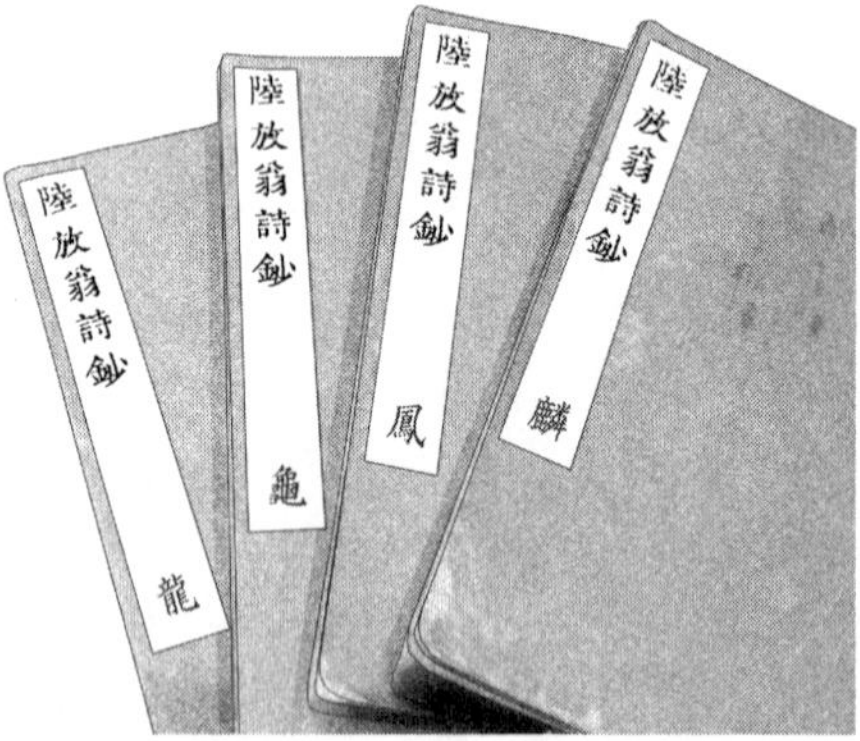

題簽の冊数表示。ここでは全四冊をこのように「麟鳳亀龍」と表記している

和本の数えかた

和本の場合、一巻一冊とは限らないので、題簽に通しで冊数がわかるように表記する。その場合、一、二、三と単純に数字を入れるだけでなく、たとえば二、三冊のときは今の本と同じように上下とか上中下を使う。そのほかにさまざまな数えかたを用いるもので、手元の本で拾ったら次のような例があった。中国の古い慣用の名数《めいすう》で表現する方法で、したがって漢籍がおもである。カッコ内はその名数の称や由来。

一冊　全、完、単

二冊　上下、乾坤《けんこん》、天地（二儀）、まれに陰陽（両儀）

三冊　上中下、天地人（三才）、日月星《じつげつせい》（三辰）

四冊　元亨利《げんこうり》貞《てい》（四徳）、麟鳳亀龍《りんほうきりゅう》（四霊）、天地玄黄《げんこう》（千字文）、東西南北（四方）、春夏秋冬（四季）

五冊　仁義《じんぎ》礼智《れいち》信《しん》（五常《ごじょう》）、木火土金水（五行《ごぎょう》）
六冊　礼楽射御《ぎょ》書数（六藝《りくげい》）
八冊　金石絲竹《きんせきしちく》匏土《ほうど》革木《かくもく》（八音）、乾兌離《けんだり》震巽坎艮坤《しんそんかんごんこん》（八卦《はっけ》）
十冊　甲乙丙丁戊《こうおつへいていぼ》己《き》庚辛壬癸《こうしんじんき》（十干《じっかん》）、西望懐恩日東帰《せいぼうかいおんじつとうき》感義《かんぎ》辰《しん》（阿倍仲麻呂が王維に贈った詩より）
十二冊　子丑寅卯辰巳午未申酉戌亥（十二支）

たとえば、題簽の書名の下に「鳳」とあったら、「麟鳳亀龍」で構成される全四冊の第二冊目であること、あるいは「仁・義・智・信」とあったら、「仁義礼智信」の全五冊のうちの三冊目「礼」が欠けてしまっていることがわかるのである。なお「上中下」の「中」抜けのほかに「天地」とあっても「人」がないと揃わない本があるので、要注意である。

また、数字を「壹貳《いちに》参《さん》肆《し》伍《ご》陸漆捌玖拾《ろくしちはちくじゅう》」という古い字で書くこともある。二十を廿、三十を丗と記すのも和本ではふつうである。

❖和本をどう分類するか

和本のなかには書名を見ただけでは、なんの本なのか見当もつかないということがよくある。そこで、その本がどういう分類に属するのかということくらいは知っておきたい。しかし、和本をどのように分類し、どのように配列するかという基準は、じつはあるようでない。漢籍は四庫分類《しこぶんるい》という中国古来の分類法があってしっかりとしているが、国書をどう分け、どう配列するかという基準は、なかなか確定できないのである。

一般の図書館が用いる日本十進分類法（ＮＤＣ）を適用できるかというと、あいにく実情にそぐわない。確かに近代以降の本の分類にはよくできているが、いざ和本というと、うまく合わないのである。それでは江戸時代の分類法がふさわしいかというと、『書籍目録《しよじやく》』を見ても、現代の考えかたとかけ離れたところがあって実用的でない。だからといって、和本のための分類を新たに考えようとすると難しく、意見の相違もあるだろうからすぐには実現できない。そこで、近代に入って諸文庫の目録編纂で試行錯誤された分類を用いるのが無難かつ理にかなっている。そのなかでは内閣文庫の目録を標準にするのがよいと思う。

内閣文庫書目分類表――『内閣文庫国書分類目録』目次より抜粋

1．総記	書誌・事典・叢書・雑著
2．神祇	神道・神社・国学
3．仏教	史伝・図像・縁起・悉曇・経律論疏・宗派（法相・華厳・天台・真言・修験・禅宗・浄土・真宗・日蓮）・寺院
4．言語	文字・音韻・文法・辞書
5．文学	古物語・歴史軍記物語・中世物語・近世小説（仮名草子・浮世草子・読本・滑稽本・洒落本・人情本・赤本・黒本・黄表紙・合巻・咄本）・随筆・和歌・連歌・俳諧・川柳・狂歌・歌謡・漢詩文・狂詩
6．音楽・演劇	管絃・曲譜・能楽（謡曲・能装束・狂言）・浄瑠璃・歌舞伎・評判記
7．歴史	通史・時代史・雑史・伝記・系譜・史料・古文書・記録・外国史
8．地理	古風土記・地誌・遊里・遊歴・辺防・外国地誌・地図
9．政治・法制	政治・法令・官職・補任・典礼・年中行事・建築
10．経済	貨幣・度量衡・地方経済
11．教育	教訓・心学・往来物・啓蒙書
12．理学	天文・暦・地学・算法・動物・植物
13．医学	漢方・本草・蘭方・和方
14．産業	農業・養蚕・水産・鉱工業・商業・物産
15．藝術	書画・考古・印譜・金石・碑法帖・工藝
16．諸藝	茶道・華道・香道・占卜相法・料理・遊技・相撲・囲碁・将棋・双六・かるた
17．武藝	兵法・武具・武術

四庫分類の概略

1．経部	易経・書経・詩経・礼類・春秋・孝経・四書（大学・中庸・論語・孟子）・小学・字書・韻学
2．史部	正史・編年・雑史・詔令奏議・伝記・地理・職官・政書・書目・金石
3．子部	儒家・兵家・法家・医家・本草・天文算法・術数（占卜相法・陰陽）・法帖・篆刻・雑家・類書・小説家（異聞・伝奇小説）・釈家（仏教）・道家
4．集部	楚辞・別集・総集・詩文評・詞曲・戯曲・小説
叢書	各部にまたがって集められた書物集

江戸幕府の公的図書館というべき紅葉山《もみじやま》文庫を母体とし、明治以降貴重な本を多数収蔵してきた内閣文庫では、その所蔵目録の作成が昭和三十年代に行われた。昭和三十七年（一九六二）に完成した『内閣文庫国書分類目録』（国立公文書館内閣文庫）の凡例によれば、「大東急記念文庫古書分類表」をもとに、改訂を加えて作成したとある。その大東急記念文庫というのは、故五島慶太《ごとうけいた》が収集した和漢書のコレクションで、東京・世田谷区の五島美術館内にある。国宝・国指定重要文化財クラス数十点をはじめ二万点以上の典籍がある。昭和三十年に刊行された『大東急記念文庫書目』編集にさいして長澤規矩也・川瀬一馬の両書誌学者に加え、国文学から中村幸彦氏が参加して、苦心のすえ作られた分類が基礎になっている。これらが、今日も国書についての定見をもった書目として、もっとも高く評価されている。

なお『国書総目録』を引くと、「およその内容を示すために類別を記した」といって分類が表記してある。調べたい本が、どの分類に属するのかを知りたいなら、これを参照すればよい。約四百語からなることばから選んであらわされている。ただ、まだ検証が不十分で、内閣文庫などが用いた語と異なる表記を今後は統一する必要がある。たとえば漢文などは「漢詩・漢詩集・漢文・漢文集・漢詩文・詩文・詩文集」と七つも似たようなことばが使われている。これは「漢文・漢詩文」くらいで足りる。そうかと思うと、西洋医学（蘭方）も東洋医学（漢方）も「医学」という一語でくくられてしまっている。

『国書総目録』では分類語を提起しただけだが、国文学研究資料館では、この約四百語を十九の部門に分けて、順番づけができるようにした。内閣文庫は十七部門だったので、その分けかたや順番が異なる。細部ではまだ検討の余地があると思う。本書では『内閣文庫国書分類目録』をもとにした分類表を一五五頁に掲げておく。なお、同一分類のなかの並べかたは、著作の年代順とし、著者は没年順とするのが決まりである。

漢籍の分類法・四庫分類

いっぽう漢籍は四庫分類を用いる。日本人の著作になる漢学・儒学にかんしても、準漢籍などといってこれをあてはめる。この四庫分類のもとになったのは、中国歴代の正史のうち『隋《ずい》書《しょ》』で確立した四部の分類に始まるといわれている。正史というのは皇帝の年代順に事項を並べた本紀《ほんぎ》のほかに、重要な人物の事績などを集めた列伝《れつでん》、天文・地理・政治機構・学術などを事項別に記した志《し》、諸侯や役職の歴任者などを記した表《ひょう》という構成をとっていた。『隋書』にはその志のなかに、王朝が所蔵していた書籍の目録が「経籍志《けいせきし》」という名で載せられた。そのとき、およそ三万六千巻に及ぶ書物を経《けい》・史《し》・子《し》・集《しゅう》の四部《しぶ》に分けて分類したのである。

経部は五経・論語など儒教の基本文献を、史部は歴史や法制・伝記・地方誌などを、子部には老子や荘子をはじめ諸子百家の説のほか、天文暦法・医学・雑著などを入れ、集部には楚辞《そじ》以来の詩文などの創作的作品を入れるようになっている。

　この四部の分類法は改訂を繰り返し、磨きあげられて清朝期に完成した。朝廷内には四部それぞれを収納した書庫があり、それを四庫《しこ》といった。それで乾隆《けんりゅう》帝の命でこの分類によって書物を集大成したのを『四庫全書《しこぜんしょ》』というのである。三千四百五十七部約八万巻からなるもので、その総目録・解題である『四庫全書総目提要《そうもくていよう》』だけでも全二百巻になる。歴代中国でも最大の叢書である。

　漢籍を分類するには不動の位置を占める方法には違いないが、中国では大衆向けの本が少なくまた軽んじられてきたので、『金瓶梅《きんぺいばい》』や『西遊記《さいゆうき》』『紅楼夢《こうろうむ》』などのおなじみの小説は、じつは入るところがなかった。ほんらい説というのは天下国家を論じることで、そうでない「とるにたらない小さい説」のことを小説といった。それで子部のなかに「小説家」という項目があって、伝奇《でんき》小説とか異聞《いぶん》という小項目をもうけ、変わった読み物の類はなんでもここに入れていた。『遊仙窟』もここに入ったわけである。中華民国時代になって文学者・魯迅《ろじん》の尽力があり、今では集部に「小説」を入れて、ようやく文学として分類されるようになった。

第三章

和本はどのように刊行されたか——刊記・奥付の見かた〈上級編〉

足利学校蔵書印「野之国学」

❖階層的な和本の発行形態

『国書総目録《こくしょそうもくろく》』には、書名とその読み、書名の別称、著者名とその読み、巻数・冊数、それに分類などがまず載っている。ここまでが前章で述べた基本情報にあたる。さらにその本の成立年代があって、版本の場合、刊行年代別に所蔵者のリストが列挙されている。この後半の部分が位置情報である。なぜこれを別に考えるかというと、基本情報が項目とそのデータというカード型の二次元的な配列であるのに対して、位置情報は同じ本でもさまざまなバリエーションの発行形態があるため、階層的で三次元的な構造をもつからである。

現代でも初出は雑誌で、それが単行本になり、そして文庫本になるという過程を経る本は少なくない。推敲を重ね、不備を補った最終刊本が内容的にもっとも優れた本であるともいえるし、初版本である最初の単行本に価値を見出すという人もいる、いや初出にこだわるという人もいる。

和本《わほん》の場合も改板・改訂されていった過程を追うことに意義がある。加えて初刷《しょずり》、後刷《あとずり》を明らかにすることで、その本の全体像を階層的に明らかにすることができるのである。完全に行うには専門的な研究が必要だが、今ここにある本がその出版過程のなかで、どのような位置にあるのかということは、知っておきたいことである。

本章の実例は、まえがきでも紹介した江戸の名所旧跡（名跡）をガイドした地誌の代表作のひとつ『江戸砂子《えどすなご》』から始める。この本は、初版から続編や増補版と改訂の過程を経たうえに、初刷、後刷を示す指標が明確であるなど、和本が江戸時代にどのように刊行されていったのかがよく理解できる事例だからである。

『江戸砂子』は、江戸城を中心に東、北東、北西、南および隅田川以東の各方角に分けて、方面ごとに寺社や名所などを説明している。江戸の伝説・口碑をふんだんに取り入れており、民俗学的にも興味ある内容となっている。砂子というのは蒔絵《まきえ》のように金銀粉を吹きつけたもののことである。本書の題名は、江戸の各地の名跡がこの金銀粉を散りばめたように載っているので名づけられたのだろう。

発売当時からよく人びとに読まれた本で、「江戸砂子」ということばが流行り、錦絵《にしきえ》の世界では『江戸砂子子供遊《こどものあそび》』などと題されて発売され、狂歌《きょうか》好きはさっそく『狂歌江戸砂子集』を出したし、戯作《げさく》のほうでは山東京伝《さんとうきょうでん》が黄表紙『江戸砂子娘敵討』を作るといったように応用されて使われた。

江戸の名所案内本

この本が出現する前も江戸の町や名所を案内する地誌の類は各種出ていた。その嚆矢《こうし》は浅井《あさい》了意《りょうい》作の『江戸名所記《えどめいしょき》』といわれ、寛文二年（一六六二）に刊行された。江戸の名所八十箇所を選び、それに序列をつけて紹介した最初の名所案内本である。浅井了意は盛んに仮名草子《かなぞうし》を作った人で、江戸見物に行く人のために京都で発行されたのだった。

江戸での刊行の最初は、延宝五年（一六七七）に出た『江戸雀《えどすずめ》』で、菱川師宣《ひしかわもろのぶ》が挿絵を描いた。方角別に各道沿いに屋敷、寺社、名所旧跡などを記した案内方法のはじめでもある。この頃から江戸の地図の内容が充実してくるが、なかでも延宝八年刊の『江戸方角安見図鑑《えどほうがくあんけんずかん》』の初刷は折本《おりほん》二帖になっていて、手彩色《てざいしき》（墨刷りの木版に手で描き色をつけたもの）の美しい本である。これが地図帳の始まりになった。元禄二年（一六八九）には、石川流宣《いしかわりゅうせん》作の『江戸図鑑綱目《えどずかんこうもく》』も出た。約百三十センチ四方の木版手彩色の大判地図に、冊子の地誌をセットにして売り出されたものである。『江戸雀』は師宣の絵がよく、伝存が稀なためたいへん高価で、美本なら七、八百万円もする。以上あげた他の本も四、五百万円するものばかりである。

貞享四年（一六八七）刊の『古郷帰乃江戸咄《こきょうがえりのえどばなし》』という本も変わった書名だが、江戸から故郷に帰った者の土産話という設定で江戸を案内した地誌である。同じ年に第一章でも紹介した『江戸鹿子《えどかのこ》』も出た。名物や名所に加えて諸職や商人の一覧も出ている買物案内タイプの地誌である。師宣の絵にして改訂した元禄三年の『増補江戸惣鹿子《そうがのこ》名所大全』のもとになった。

これらが歴史的に積み重なって各地の名所図会物が発達してきた。とりわけ京都の秋里籬島《あきさとりとう》は安永九年（一七八〇）に『都《みやこ》名所図会』を作ったのをはじめ摂津、河内、和泉、大和、伊勢の各名所図会もてがけた。『東海道名所図会』『木曾路《きそじ》名所図会』もこの人の作品である。そして極めつきは、斎藤長秋《さいとうちょうしゅう》作・長谷川雪旦《はせがわせったん》画の『江戸名所図会』となる。

『江戸名所図会』は対象が江戸の郊外にまで及び、神奈川、狭山《さやま》、船橋など現在の神奈川県、埼玉県、千葉県を含んでいる。それぞれ実地踏査によった正確な記述が信頼性をもたせているばかりでなく、長谷川雪旦の絵もよく当時の景観を伝えていると評価が高い。天保五～七年（一八三四～三六）にかけて刊行されたが、序文は文政十二年（一八二九）の日付である。したがって、内容は文化・文政期の江戸を示している。

元禄頃までの古典的な案内書から、江戸後期の充実した名所図会の間にあって『江戸砂子』は、江戸城を中心とする方面別の江戸地誌の定番を作ったこと、記載する名所を増やし、内容を大衆向けにして大量出版化したことなどに意義があった。

❖『江戸砂子』の出版経過

『江戸砂子』の著者は菊岡沾涼《きくおかせんりょう》といい、俳人でもあり和漢の学に通じていた人ともいわれている。全国の怪異な伝説を集めた『諸国里《しょこくり》人談《じんだん》』や日光、熱海の地誌、地図の作成にまでかかわっている。じつに小まめに調べた人である。

享保十七年（一七三二）に出版されたその初編をまず見てみよう。図はその巻一・巻六の表

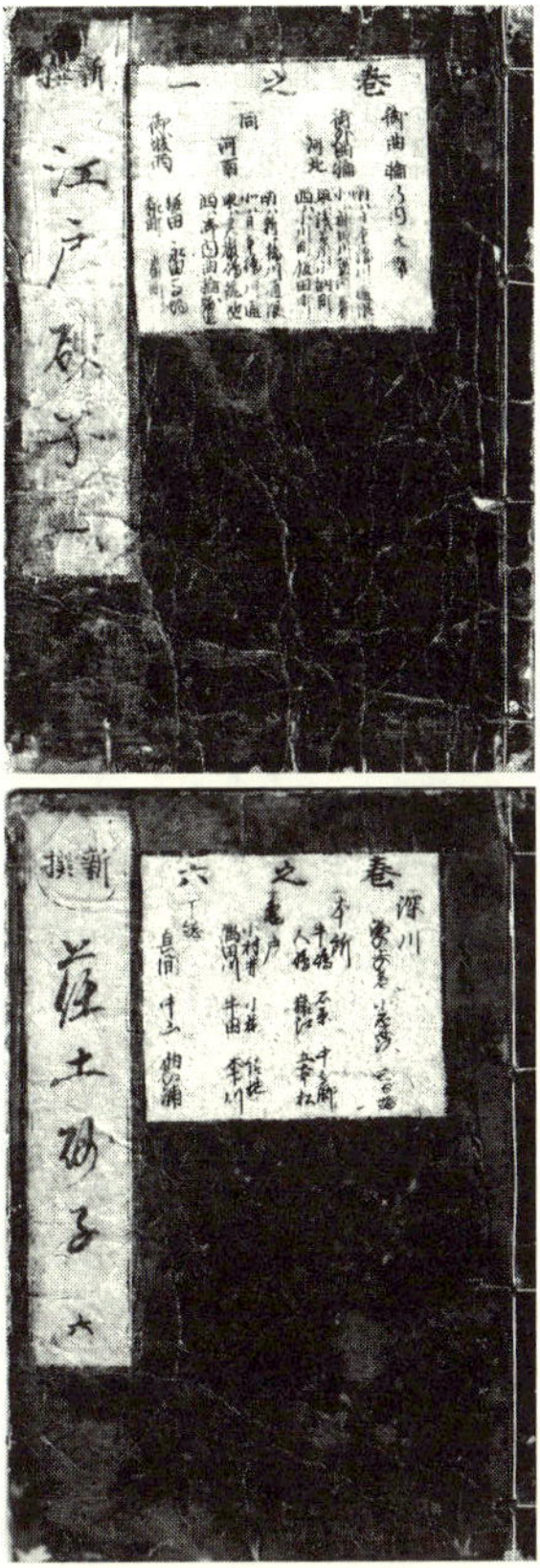

『新撰江戸砂子』の表紙。巻一（上）と巻六（下）

紙である。色は縹《はなだ》色という藍染の一種で、濃いめの空色をしている。題簽《だいせん》は「新撰《しんせん》江戸砂子」とある。これが外題《げだい》だ。題簽の横の「巻之一　御曲輪《おんくるわ》……」「巻之六　深川……」とある貼り紙は添《そ》え題簽という。これで巻六には「深川、本所、亀戸、下総」が載っているとすぐわかる。

　巻六の題簽には「新撰荏土《えど》砂子」とある。荏土というのは江戸の別名で、ときどき使用例がある。このように題簽の表記が巻によって異なるときは、巻一のものを採用するのが通例になっている。ちなみに巻二も「荏土砂子」、巻三は「江戸寿南故《すなこ》」、巻四が「江戸寸奈《すな》こ」、巻五が「江戸春那古《すなこ》」となっている。このように少しずつ表記を変えるのは、いきな遊び心からきている。半紙本で全六巻六冊である。

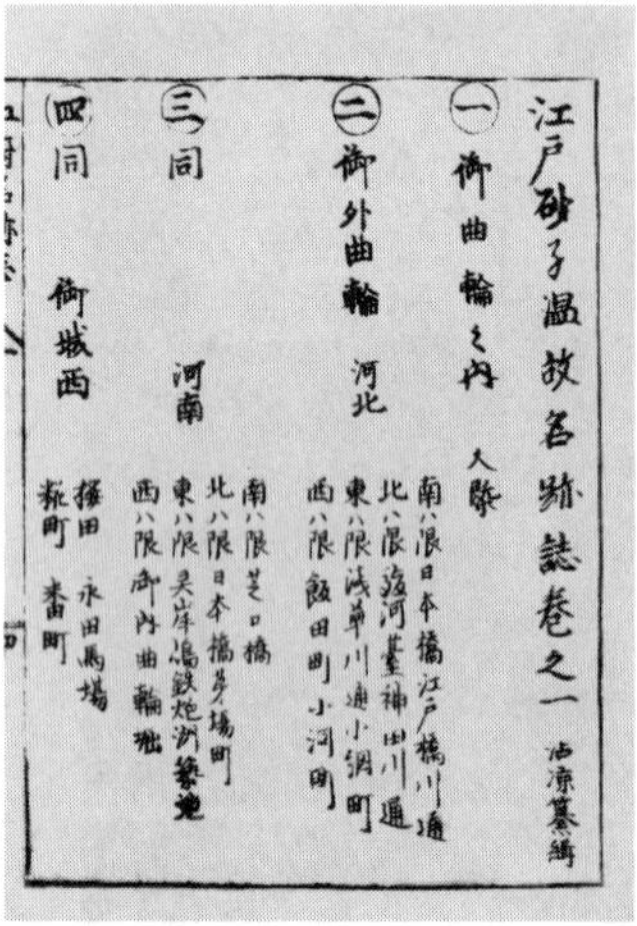
江戸砂子温故名跡誌巻之一　沾凉纂緝
(一)御曲輪之内　大概
南ハ限日本橋江戸橋川通
北ハ限駿河台神田川通
東ハ限浅草川通小網町
西ハ限飯田町小河町
(二)御外曲輪　河北
(三)同　河南
南ハ限芝口橋
北ハ限日本橋茅場町
東ハ限[illegible]鉄炮洲築地
西ハ限御内曲輪[illegible]
(四)同　御城西
桜田　永田馬場
糀町　番町

『新撰江戸砂子』の巻頭

　右の図が巻一の巻頭である。内題は「江戸砂子温故《おんこ》名跡誌《めいせきし》」となっている。序文のあとの凡例のところの題は「新編江戸砂子温故誌」、版心のところは「江府《ごうふ》名跡志《めいせきし》」である。

　巻頭の著者表記は「沾涼纂緝《せんりようさんしゆう》」、序文は「崔下《さいか》庵《あん》沾涼」とあるのみで、これだけではどういう人かわからない。巻六の巻末に「菊岡南僊斎沾涼自書《きくおかなんせんさいじしょ》」と跋《ばつ》に入れてあるので、ようやく菊岡沾涼という人だとわかる。沾涼は俳号で、崔下庵や南僊斎は別号である。序文に「享保壬子《じんし》」とあり、享保十七年にあたる。巻末の刊記も享保十七年なので、この年に成立・発行された。

前章でも紹介したように、この本もいくつもある題名の表記が異なっている。したがって序題や柱題まで考えると混乱するので、正式書名には、ふつうは内題の「江戸砂子温故名跡誌」を採用することになるわけだが、これでは長すぎる。「江戸砂子」というのは当時の人にもよく知られた通称名になっていたので、次に述べる続編や増補版と区別するために、題簽どおりに角書《つのがき》をつけて「新撰江戸砂子」とすればよいと思う。

『江戸砂子』の続編

続いて三年後の享保二十年に続編が出た。十七年板は方面別の案内だったが、この続編はテーマ別の構成となっている。江戸の名産や名物、あるいは季節ごとの遊覧、それに宗派別に寺院を案内するという方法である。同じ菊岡沾涼の編集である。サイズや体裁は同じで五巻五冊構成である。

外題は「拾遺続江戸砂子」とあり、巻頭の内題は「続江戸砂子温故名跡志」となっている。

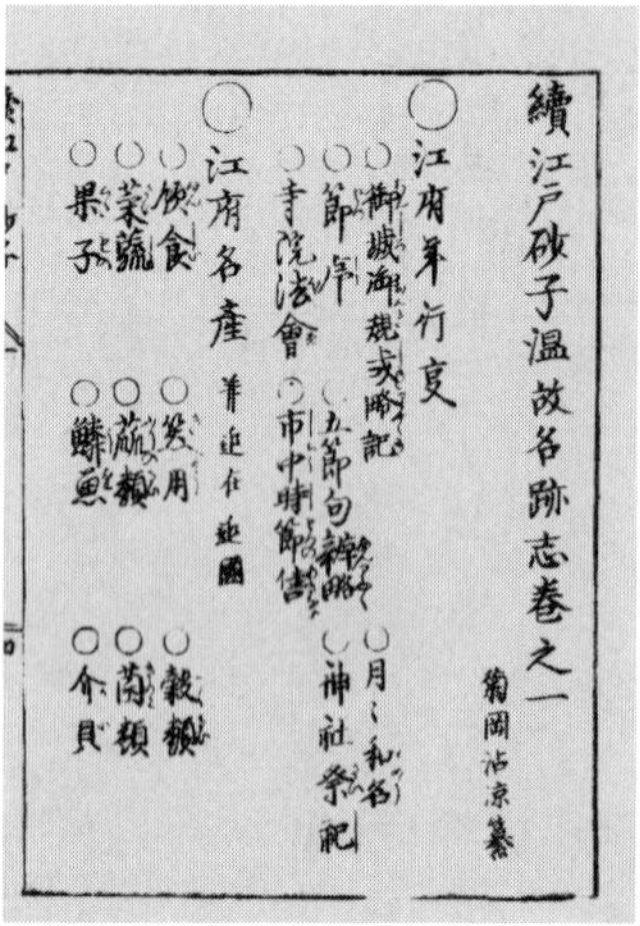

『続江戸砂子』の巻頭

これは正編にあたる享保十七年板の続編ということだが、正編で拾えなかった部分を補った拾遺でもあるということである。しかしこの外題・内題とも記述された題名そのままでは少々混乱する。書名としては巻頭の「続」を採用し、通称名の「江戸砂子」を加えて、『続江戸砂子』とする。ちなみに『国書総目録』は「続江戸砂子温故名跡志」としている。

『続江戸砂子』の刊行と同時に菊岡沾涼作の『新板江戸《えど》分間《ぶんげん》絵図《えず》』も発行された。分間というのは一分《いちぶ》（約三ミリ）が十間《けん》（十八メートル）ないしは十五間に相当する縮尺図ということである。江戸の町を縦横六十三×九十センチ一枚に収めた木版の地図である。単独でも売られたようだが、今でいえば付図にあたるので、本といっしょに持つべきものだ。

増補版の『江戸砂子』

四十年後の明和九年（一七七二）になって、「新撰江戸砂子」は衣替えをして再板された。

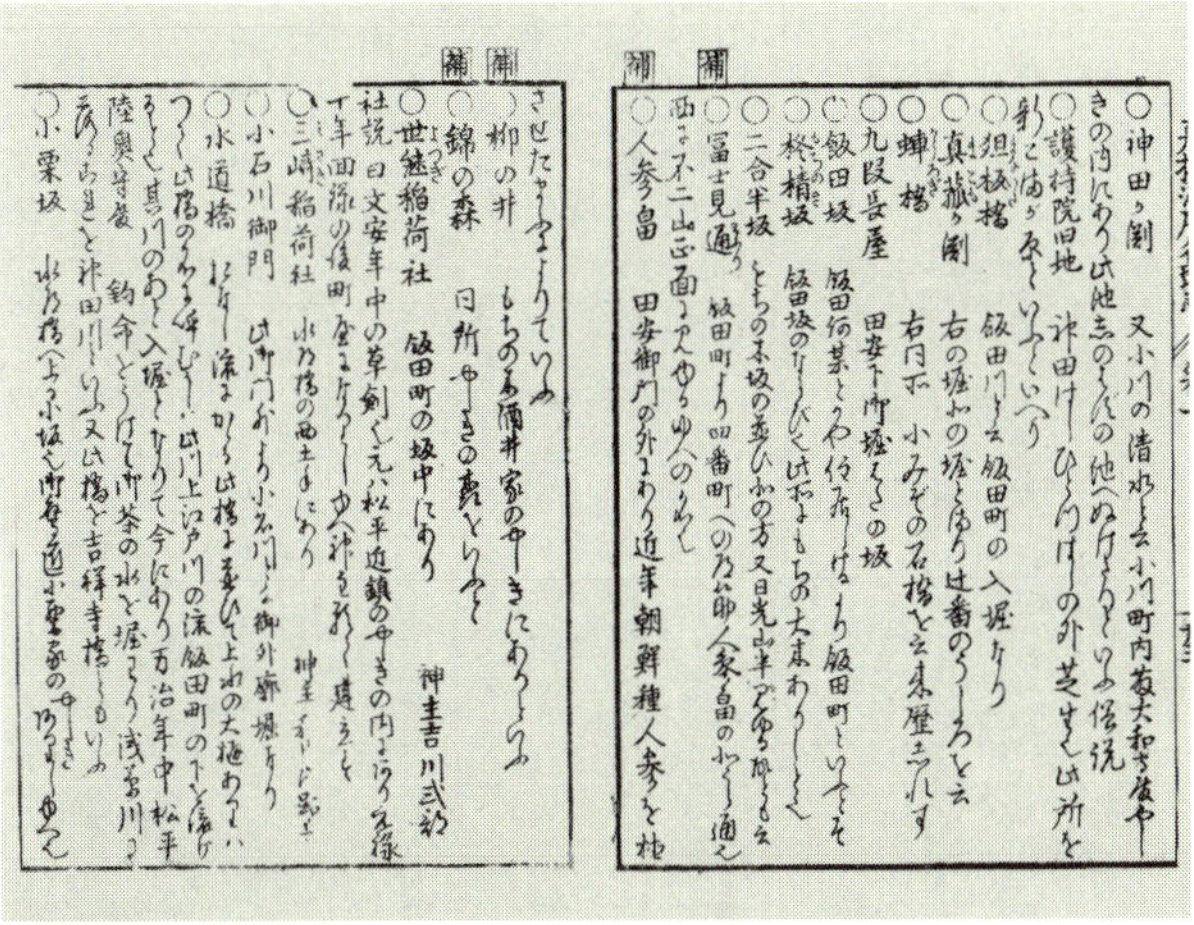

補
補
○神田ヶ淵
○護持院旧地
○但板橋
○真瀧ヶ淵
○蜱橋
○九段長屋
○飯田坂
○ 桜横坂
○二合半坂
○富士見通
○人参畠

補
補
○柳の井
○錦の森
○世継稲荷社
神主吉川式部
○三崎稲荷社
○小石川御門
○水道橋
陸奥守殿
○小栗坂

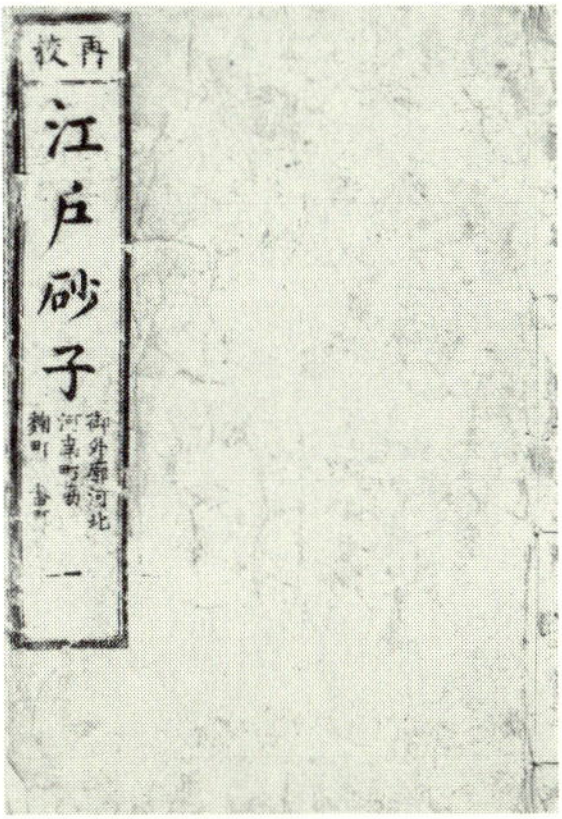

『再校江戸砂子』の表紙（下）。新撰にあった添え題簽がなくなる。上は再校の増補部分。頭のところに「補」と入った項目がそれにあたる

左下の図の外題が「再校江戸砂子」となっている本がそれである。添え題簽はつかないが、代わりに題簽下部に、収載した地域名を入れている。中を開いて、巻頭の内題は「再校江戸砂子温故名蹟誌」とある。版心は「再校江府名跡志」である。この本の書名は、享保板にならって外題どおり「再校江戸砂子」とすべきである。これが一番わかりやすい。巻末の題には「続江

戸砂子名蹟志」と出てくるが、享保二十年板の続編と混同するので、これは採用しない。

内容は享保板の本文をもとに、その後の修正箇所、新たな名所などを欄外に「補」と記して増補したものになっている。前頁の上の図は現在の千代田区九段のあたりの記述である。上に「補」とある「富士見通」や「人参畠」など四箇所が増補分である。享保板が六巻六冊のところ、同じ構成で半紙本六巻八冊になっているので、全体で三割ほど内容が増えた計算になる。実際に見比べてみると、たとえばここに見える「世継稲荷社《よつぎいなり》」の記述で、神主の名が「松本主馬《まつもとしゅめ》」から「吉川式部《よしかわしきぶ》」に変更されているように、「補」の部分だけでなく本文も修正してあり、全面的な改訂版という作りである。

巻頭の著者表記は「沾涼纂緝　恒足軒再校　冬涉訂正」とある。恒足軒《こうそくけん》というのは本書の増補分を執筆した丹治庶智《たじひちかとも》の俳号である。冬涉《とうしょう》は、恒足軒の門人の俳人である。この本の凡例によれば、恒足軒の調査は宝暦年中（一七五一～六四）に行われ、記事もその時点での情報である。また冬涉は、語句の校正だけを担当したという。

以上が『江戸砂子』を書誌的な面から見た再板までの経過である。絵図を含めて四種類あるこれらを、「新撰」「続」「再校」「絵図」と略記してさらに説明を続けよう。

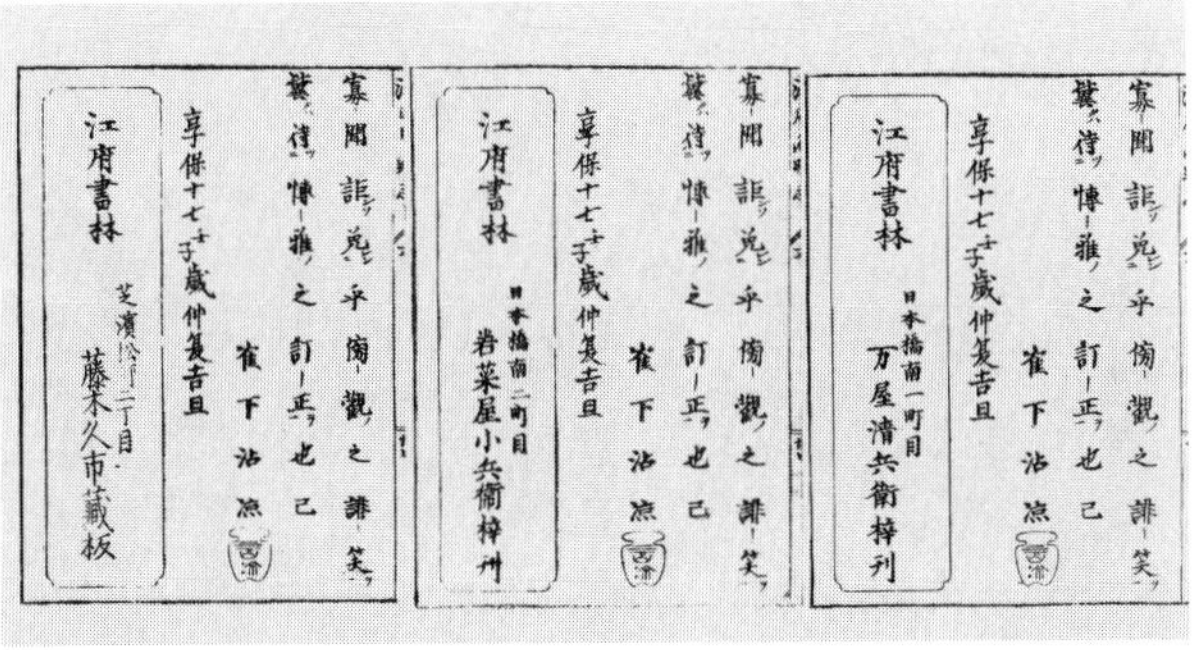

『新撰江戸砂子』の三種類ある刊記。年代は同じで板元のところだけ変わっている

❖刊記や奥付だけではわからない出版の推移

実際の出版事情はもう少し複雑である。そのへんを、今度は刊記や奥付の記述からさらに詳しく見ることにする。この本では次のようになっている。

「新撰」では上の図のように、

享保十七壬子歳仲夏吉旦

の一行を共通として、次の三種類の板元《はんもと》表記となった本が知られている。

A　江府書林　日本橋南一町目
　　万屋清兵衛梓刊

B　江府書林　日本橋南二町目
　　若菜屋小兵衛梓刊

C　江府書林　芝浜松町二丁目

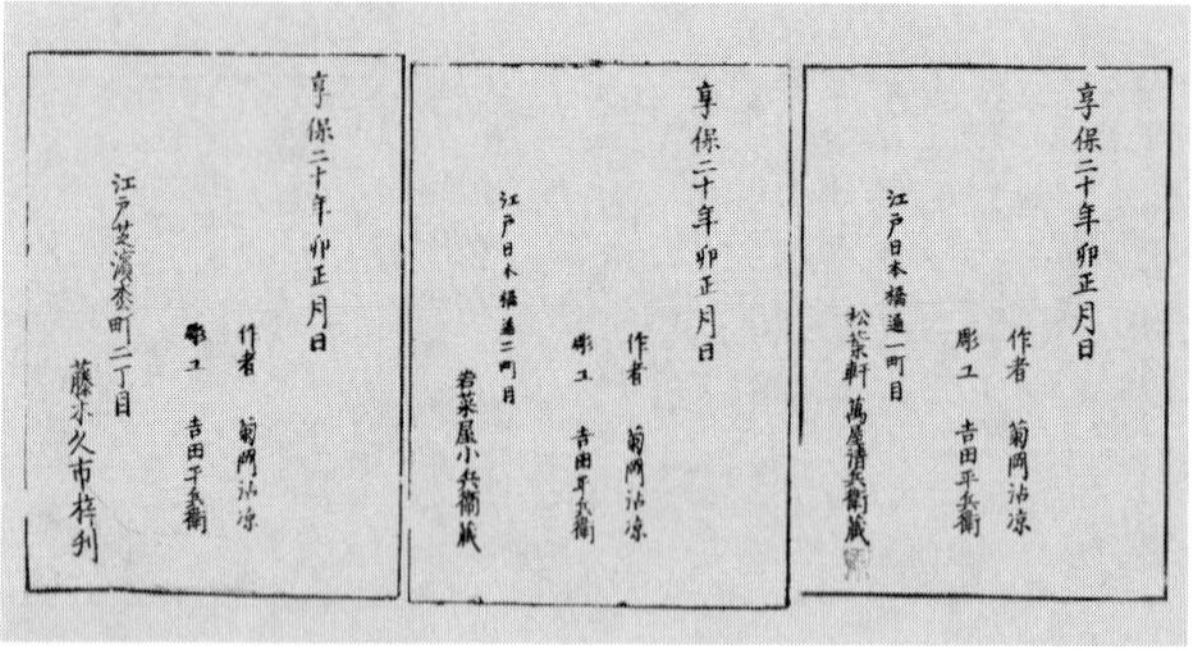

享保二十年卯正月日
作者　菊岡沾涼
彫工　吉田平兵衛
江戸日本橋通一町目
松葉軒　萬屋清兵衛蔵

享保二十年卯正月日
作者　菊岡沾涼
彫工　吉田平兵衛
江戸日本橋通二町目
若菜屋小兵衛蔵

享保二十年卯正月日
作者　菊岡沾涼
彫工　吉田平兵衛
江戸芝濱松町二丁目
藤木久市梓刊

『続江戸砂子』の三種類の刊記

藤木久市蔵板

「続」の刊記は、

享保二十年卯正月日
作者　菊岡沾涼
彫工　吉田平兵衛

までが共通で、最後の板元表記が、やはり次の三種ある。

A　江戸日本橋通一町目
松葉軒　万屋清兵衛蔵
B　江戸日本橋通二町目
若菜屋小兵衛蔵
C　江戸芝浜松町二丁目
藤木久市梓刊

「再校」では、

古雀下沾涼編　享保二十乙卯年出板
明和九壬辰年

が共通で、次の三種がある。

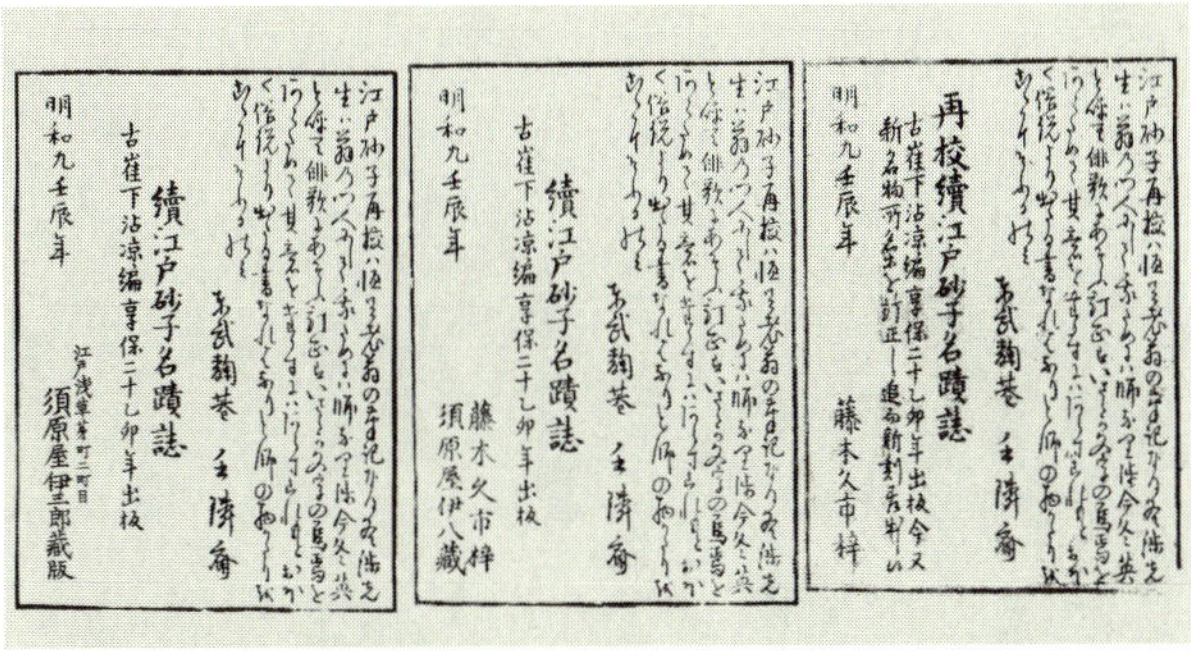
再校續江戸砂子名蹟誌
古崖下沾凉編享保二十乙卯年出板
明和九壬辰年
藤木久市梓

續江戸砂子名蹟誌
古崖下沾凉編享保二十乙卯年出板
明和九壬辰年
藤木久市梓
須原屋伊八蔵

續江戸砂子名蹟誌
古崖下沾凉編享保二十乙卯年出板
明和九壬辰年
江戸浅草茅町二町目
須原屋伊三郎蔵版

『再校江戸砂子』にも三種類ある刊記

C　藤木久市梓
D　藤木久市梓　須原屋伊八蔵
E　江戸浅草茅町二町目　須原屋伊三郎蔵版

このように刊記を見比べてみると、それぞれの本の刊行年代を共通項にして、板元のところだけを変えていろいろな書肆《しょし》が増刷していたことがわかる。しかし、その表記を見ただけでは、どれが先で、どれがあとなのか、その切り替わりはいつなのか、といったことは判明しない。

『江戸砂子』の板木《はんぎ》が売買され、それと同時に出版の権利が移動したのである。このようなことは江戸時代ではきわめてふつうの取引で、買い受けた店は、奥付の板元名だけを彫り直して再び市販する。本によってはその売買された年月を奥付に入れることもあるが、『江戸砂子』の場合、年月の記載は初刷のときのままで、板元名だけを書き換えて増刷したのだ。

板木の行方を追う

具体的にどこからどこへ売られたのかを知るには、別の資料をあたる必要がある。こういうときに役立つのが朝倉治彦《あさくらはるひこ》ほか編『享保以後江戸出版書目』（新訂版、平成五年、臨川書店）という文献である。これは第一章で紹介した享保七年（一七二二）の出版条目に合わせて結成された江戸の書物屋仲間が、自主的に作成した出版（開板販売）の記録を収めたものである。年月別に、刊行された本の書名と作者、板元名などが載っている。これによって、最初に開板した書店がわかる。

それによれば、「新撰」と「続」はAの万屋清兵衛が、「再校」はCの藤木久市が最初である。藤木久市は「新撰」と「続」の古い板木を買い受けて増刷した一方、「再校」は自前で開板したことになる。他の板元は、板木を譲り受けて増刷しただけという関係である。

それでは、それぞれの板木はいつ頃移動したのだろうか。『享保以後江戸出版書目』には最初の刊行者だけしか載らないので、再板や増刷の事情はわからない。この本の活字版翻刻をした小池章太郎編『江戸砂子』（昭和五十一年、東京堂出版）によれば、「新撰」と「続」は万屋清兵衛が最初に発刊し、次にBの若菜屋小兵衛、Cの藤木久市の順であることまでは解説されているが、それ以上詳しいことは載っていない。

そこで、「江戸砂子」に関しては、「続」とともに刊行された「絵図」に注目してみる。というのは、この「絵図」はひんぱんに改正を繰り返し、そのたびに刊記をきちんと変えているからだ。同じ作者であるし、「江戸砂子」の付図という性格がある以上、本と絵図の板木はいっしょに移動したと考えるのが妥当なので、その時期を示すヒントが得られそうである。

岩田《いわた》豊樹《ほうじゅ》『江戸図総目録』（昭和五十五年、青裳堂書店）から拾うと、菊岡沾凉作『新板江戸分間絵図』は次の三軒の板元が確認できる。みごとに本と同一の板元である。

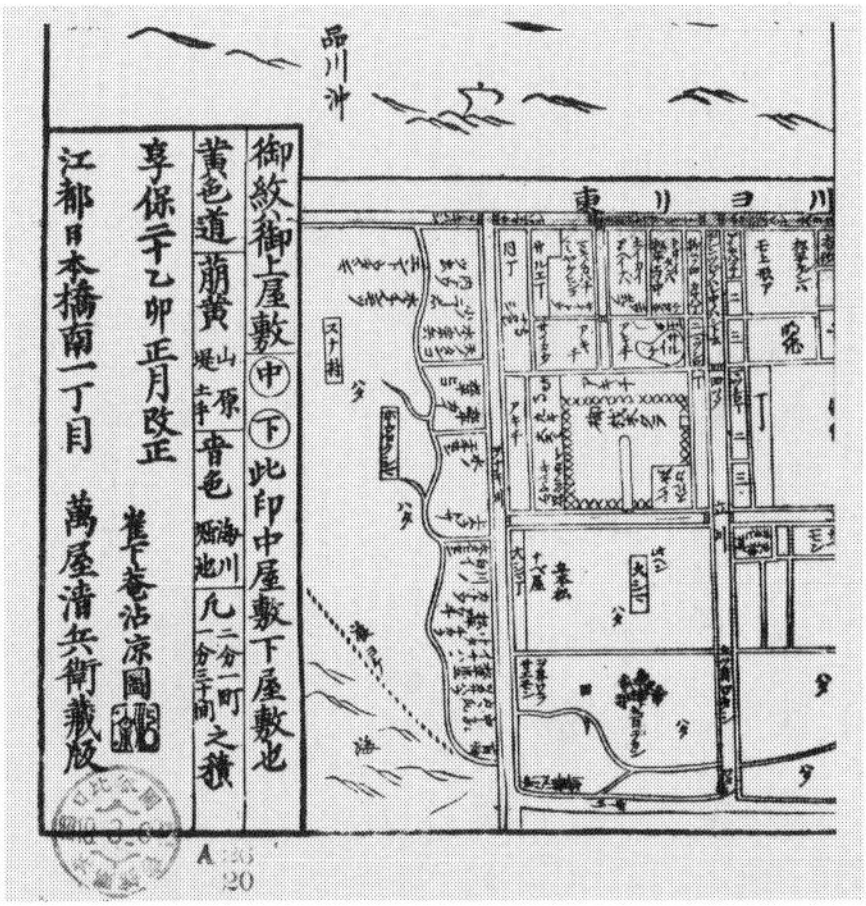

『新板江戸分間絵図』の初刷。万屋清兵衛の刊記（東京都立中央図書館東京誌料文庫所蔵）

A　享保二十（一七三五）乙卯正月改正
　崖下庵沽凉図
　　江都日本橋南一丁目　万屋清兵衛蔵版

B　元文四年（一七三九）己未毎月改正
　崖下庵沽凉図
　　江都日本橋南二丁目　若菜屋小兵衛蔵板
　　（延享元年板もある）

C　延享五年（一七四八）毎月改正　藍染《あいぞめ》

北居沽凉図
江戸芝浜松町二丁目　藤木久市求板
（藤木久市はその後、寛延二年、宝暦五、六年、明和七年にも改訂版を出している）

板木の売買

Aの万屋清兵衛は別名・松葉軒《しょうようけん》ともいい、もとは京都の書肆で十八世紀初頭の元禄の頃から日本橋で盛んに活動し、八文字屋本や西鶴本の発売などもしていた。享保の頃は書物屋仲間の行司役を務めるほどであったが、盛んなのはこの頃までで、その後は衰えていき、一七六〇年代の宝暦十年代には消えてしまう。

Bの若菜屋小兵衛《わかなやこへえ》は、同じ日本橋にあった小さな板元で、享保から寛延（一七一六〜五一）頃までの比較的短い間の店である。

Cの藤木久市は、増上寺《ぞうじょう》の門前の芝浜松町にあった本屋である。『享保以後江戸出版書目』で拾っていくと、延享頃から天明期（一七四四〜八九）までが活動のピークのようである。

「絵図」の板木が移動した前後に『江戸砂子』本体の板木も移ったと考えると、万屋は元文四年には若菜屋に売っている。万屋が持っていたのは開板してから「新撰」が七年間、「続」などは四年間ほどでしかないことになる。今日、刊記に万屋清兵衛と入った初刷本が大変少ないのは、そのせいなのだ。それから九年後の延享五年、「絵図」の刊記に「藤木久市求板」とあるように、この頃若菜屋から板木の移動があったようだ。「新撰」と「続」の現存する本は、この藤木久市とある本が一番多い。若菜屋板というのもあんがい少ない。

その後、藤木は丹治恒足軒とともに宝暦年間のうちに増補版作製の準備を始め、明和九年（一七七二）に「再校」を自力で開板したというわけである。ここまでは、「絵図」の刊記で判明した。

本の広告で出版時期を想定

板木はのちに藤木からDの須原屋伊八《いはち》に売られた。そのときに「新撰」「続」「再校」さらに「絵図」の四点がセットで移動したようである。そのことは須原屋伊八の刊記がある本の巻末に綴じ込まれた広告（出版目録）に、次頁の図のように四点が並んで出ていることからわかる。増補版である「再校」と、「新撰」「再校」とも内容が異なる「続」を売るだけでなく、初版の「新撰」も同時に発売していたのだ。

須原屋伊八は上野・池之端《いけのはた》にあった須原屋一統のひとつで、江戸中期後半から盛んになった板元である。広告に並んでいる「江戸総鹿子大全」とは、奥村玉華子《おくむらぎょくかし》『再板増補江戸惣鹿子名所大全』のことで、『享保以後江戸出版書目』によれば寛延四年（一七五一）に藤木久市から刊

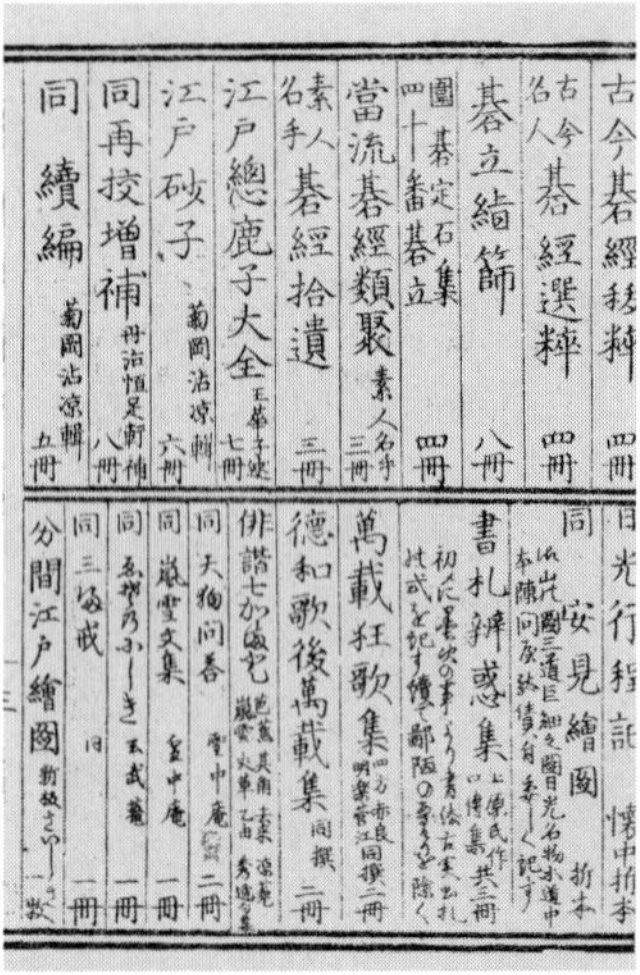

『再校江戸砂子』にある須原屋伊八の広告。三種の「江戸砂子」とともに、下に「分間江戸絵図」（「江戸分間絵図」のこと）も載っている

行された江戸の案内本である。「江戸砂子」以外にもかなりの板木が藤木からいっしょに売られたものと思われる。

このように巻末にある広告は、本の刷り時期を調べるのに格好の材料となる。載っている本の刊行時期を『国書総目録』や『享保以後江戸出版書目』などで調べると、その上限の年と下限の年をある程度想定できる。その方法で調べてみると、同じ広告に並ぶ囲碁関係の本は『当流碁経類聚《とうりゅうごきょうるいじゅう》』が天明六年（一七八六）刊、『素人名手碁経拾遺《しろうとめいしゅごきょうしゅうい》』が寛政八年（一七九六）刊である。また、四方赤良《よものあから》（大田南畝）の狂歌集『万載狂歌集《まんざいきょうかしゅう》』『徳和《とくわ》歌《か》後万載集《ごまんざいしゅう》』は、天明五年に出た。つまりこの広告に出ているのは、おおむね天明期に須原屋伊八のところから出た本である。

するとDの刊記の本は、これらの本と前後して天明から遅くとも寛政期に藤木から板木を得たと想定できる。かりにそれを寛政初年とすると、明和九年から二十年ほどで藤木の手を離れたことになる。

前記『江戸図総目録』所収の『江戸絵図株帳《えどえずかぶちょう》』によれば、菊岡沾凉作『新板江戸分間絵図』の版権は文化十四年（一八一七）当時まだ須原屋伊八にあった。寛政から文化あたりまでの二十数年、須原屋伊八が『江戸砂子』の発行元だったといえるだろう。

Eの須原屋伊三郎に、さらに板木が移るのはそのあとと思われる。伊三郎の店は浅草にあって伊八とは同門だが、活動のピークが伊八より少し遅れるので、それは文政（一八一八〜三〇）以降のことだと思われる。今日の「再校」の流通事情を見ると、須原屋伊三郎のものは少なく、伊八が一番多い。伊三郎が発売した時期は天保期（一八三〇〜四四）くらいまでで終わり、そう長い期間ではなかったのではないだろうか。板木の命運は、十九世紀中頃には尽きたのだろう。

以上が『江戸砂子』の絵図を含めた関連四点の出版経過である。享保の一七三〇年代から、天保の一八四〇年代頃までの百十年余りの間に、少なくとも五軒の間を板木が転々として売られた本だということがこれでわかった。それぞれの刊記だけを見てもここまでは判明しない。それどころか「続」などは藤木久市のところに「梓刊」とあるので、この記載を信じると、藤木が板木を彫らせて刊行したように思えてしまう。確かに初版刊行から十数年経って町の様子も変わり、記述の訂正が必要になる。そのため藤木が増刷のさいに、その一部を修正したと思われる箇所が今日指摘されている。藤木は板木を一部彫り直したわけだが、基本的には実際の開板は万屋で、のちの書店はそこから板木を譲り受けて増刷をしていただけの関係であることは、このように少々考察を加えないとわからないのである。

❖刊記・奥付の見かた

本に出ている年代表記だけを頼りにするのでなく、他のさまざまな情報を組み立てて総合的に刊行時期を判断するためには、奥付などの読みかたをよく知っておかなければならない。

江戸前期までの版本には、本文の末尾、複数巻で構成される本は最終巻の末尾に刊行年と板元名が書かれる。これを刊記ということはすでに述べた。それが、享保に出された出版条目を境に後ろの見返しに独立したページとして、年代や板元を記入する奥付が登場する。また本によっては、見返しにも同じ情報を記載するようになる。さらに江戸後期になると、奥付には売りさばきだけを担当する本屋の一覧が並ぶことがある。このように記述に若干の変化は見られるものの、基本的には刊記も奥付も、見返しも同様の情報を示すといってよい。したがってこれらを代表して述べるときには「奥付など」ということにする。

その奥付などの書きかたとはこうである。まず年代は、年号＋年次＋月日または季節が書かれている。次に別行で、都市名＋所在地＋板元名＋出版形態が出てくる。年号のあとの年次は数字でなく干支だけで記入されていることもある。また「年」の代わりに「歳」を用いることもある。『新撰江戸砂子』の「享保十七壬子歳仲夏吉旦」とあるのがその例である。

現代は十二支のせいぜい申《さる》か酉《とり》かという程度しか使わないが、江戸時代までは十干と十二支を組み合わせた六十通りの干支を日常的に使っていた。奥付などに限らず、和本のあちこちにある年代表記にも干支がたびたび使われる。和本を見るときは、手軽な年表を手元に置いておくと便利である。月日は数字より弥生・卯月といった月の異名でよく表現される。『新撰江戸砂子』の「仲夏」は旧暦で五月の異名である。また「吉旦」は吉日と同じである。

出版を示すさまざまな表現

『続江戸砂子』のように作者や彫工（木版を彫った職人）まで記入した例は詳しいほうで、ふつうは載っていない。大事なのは次の板元の表記である。ここに、どのように出版したかを示す記述がある。何も書かずに年代と板元名だけというのもあるが、「藤木久市梓」のように、板元名に加えて次のような表現があった。これが出版形態ということになる。

刻《こく》　新刻　再刻　重刻　彫《ちょう》　彫開　板　開板、板行　出板　新板　再板　重板
梓《し》　開梓　梓行　繡梓《しゅうし》　鐫《せん》　新鐫　修《しゅう》　改修　修補　発行　発兌《はつだ》　版

刊　刊行　新刊　再刊　重刊　刋《せん》（刊と同義）　梓刋　之摺《これをする》　之開《これをひらく》

また活字本には独特のいいまわしがあって、

活版　活刷　活字　活字排印　聚珍版《しゅうちんばん》

などがある。木版本では板を、活字本は版を使うのが書誌学での原則だが、江戸時代には版はどちらにも使用される。以上はいずれも板木を彫った（あるいは活字を組んだ）ことをさす用語で、発刊したことと同義に使う。

さらに板・刻・刊・梓などに、それぞれ新・再・重・改をつけたときのルールは次のようになっていた。新板・新刻などは文字どおり、新たに起こした板木による発売であることを示している。ただし、この新は「近頃」というほどの意味なので、もとのとか、初のという意味とは違うので要注意。つまり初版とは同義でない。

再板と重板は微妙に違って、基本は同じ内容を同じ板元から板木を改めて彫り直して売り出したときは再板・再刻で、別の板元で新たに板木を起こして発行したときには重板・重刻という。第一章で紹介した嵯峨本『伊勢物語』は最初、活字版で刊行された。しかし、需要にこたえるために生産性の高い木版本（整版）に衣替えした。これは再板である。一方、大坂で評判だった西鶴の『好色一代男』を、挿絵を菱川師宣に代えて江戸の板元が発行した本は重板というわけである。

このほかに板木を所有ないしは移動したことを示す

蔵　蔵板　板　板株　求板

という語も出てくる。蔵はその板木を所有していること、株はいわば版権があることの表明である。板は板木を彫る意味でも使うが、たんなる蔵板をさしているときもある。板木はよく売買されたので、このことを明確にした奥付などでは求板と入れてあるものもある。『再校江戸砂子』に「藤木久市梓　須原屋伊八蔵」とあるのは、藤木久市が開板したが、須原屋伊八に板木の所蔵が移ったことをきちんと示している。しかし、このように書かれているものは少ない。

❖江戸時代の本屋や都市の呼称

江戸時代の本屋の名前には、屋号《やごう》・通称名《つうしょうめい》・堂号《どうごう》があった。奥付などには、都市名と所在地のあとに屋号・通称名を入れるのがふつうである。藤木久市も須原屋伊八、須原屋伊三郎もそうである。そこで、本屋がどのような名をもっていたかを知っておく必要がある。須原屋、万屋、鱗形屋のように屋がつくのが屋号、久市、伊八、清兵衛、小兵衛などが通称名で、代々引き継いで使用してきた。たとえば江戸一番の書商・須原屋茂兵衛は、万治年間（一六五八〜六二）から明治三十七年（一九〇四）に廃業するまで九代にわたってこれを襲名した。

また姓を名乗ることもあった。須原屋新兵衛は小林新兵衛と出てくるときもあるし、京都の婦屋《ふや》伝右衛門は林伝右衛門とも記される。このほか鱗形屋孫兵衛は山野氏、蔦屋重三郎は喜多川氏とそれぞれ姓をもっていた。

これと別に須原屋茂兵衛の千鐘房《せんしようぼう》、須原屋新兵衛の嵩山房《すうざんぼう》のように、別名である堂号ももっていた。万屋清兵衛は松葉軒、藤木久市は金華堂《きんかどう》と玉海堂《ぎよくかいどう》、須原屋伊八は青黎閣《せいれいかく》である。見返しや外袋、あるいは本の後ろに載せることがある出版広告には、この堂号が記入されている。蔦屋重三郎の堂号は耕書堂《こうしよどう》といい、和本の挿絵に出てくる蔦屋の店先の暖簾には、これが大きく記されている。書誌学では板元名を屋号＋通称名でとるようにしているが、当時の読者には堂号のほうがよく知られていたのではないだろうか。

『改訂増補近世書林板元総覧』は、江戸時代に活動した書林六千五百余を収め、通称名・堂号などの索引類も完備した書商一覧である。和本を詳しく調べるときには必須の参考文献である。

板元のあった都市名については、江戸前期までは省かれていきなり寺町とか二条などと町の名前だけのときもあるし、地名すら略して書肆名だけのときもあった。本屋といったら京都に決まっているという時代だったのだ。それが大坂や江戸で出版が活発になる江戸中期以降は、京都の板元にも都市名を入れるようになった。

都市名もいろいろな表記があるもので、和本で拾った江戸時代の各都市の異名には次のようなものがあったので紹介しておこう。

京都　京　平安　平安城　京師《けいし》　京城《けいじよう》　洛陽《らくよう》　西京《せいけい》　西京《せいけい》　皇都《こうと》　京兆《けいちよう》　西都《さいと》　帝都《ていと》

大坂　大阪　浪華《なにわ》　浪花《なにわ》　浪速《なにわ》　難波《なにわ》　摂州《せつしゆう》　摂陽《せつよう》　摂城《せつじよう》

江戸　東都　荏土《えど》　江都《ごうと》　江府《ごうふ》　武江《ぶこう》　武陽《ぶよう》　東京《とうけい》　東京《とうけい》　御府内《ごふない》

和歌山　若山《わかやま》　紀府《きふ》

名古屋　尾府《びふ》　尾陽《びよう》

水戸　水府《すいふ》　常陽《じようよう》

❖板元を特定する方法

江戸時代の版本の初刷、後刷、再板、重板といった発行の階層構造を知るためには、前述のように奥付などに記載されている板元名を調べることが重要である。しかし、奥付を見ても容

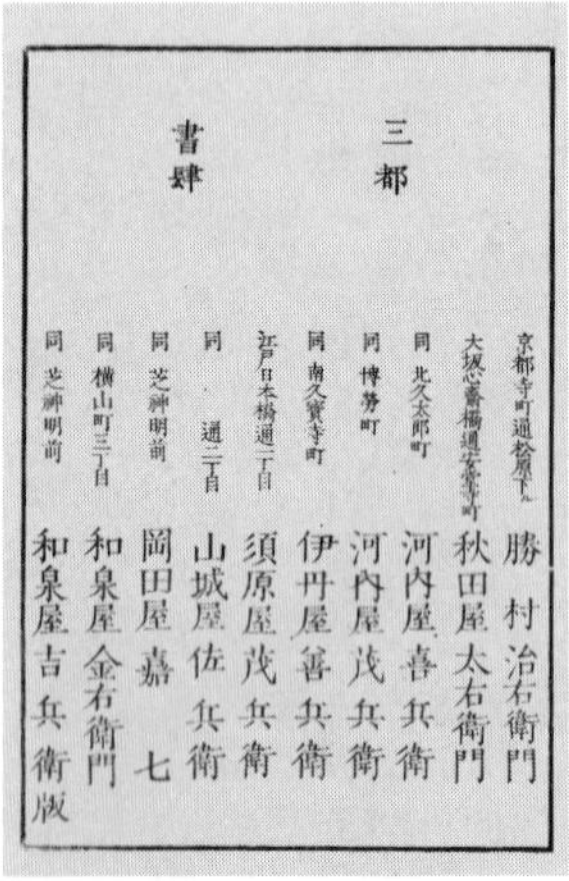
三都
書肆
京都寺町通松原下ル　勝村治右衛門
大坂心斎橋通安堂寺町　秋田屋太右衛門
同　北久太郎町　河内屋喜兵衛
同　博労町　河内屋茂兵衛
同　南久宝寺町　伊丹屋善兵衛
江戸日本橋通一丁目　須原屋茂兵衛
同　通二丁目　山城屋佐兵衛
同　芝神明前　岡田屋嘉七
同　横山町三丁目　和泉屋金右衛門
同　芝神明前　和泉屋吉兵衛版

書店が列挙された奥付。下に「版」とある和泉屋吉兵衛が実質の板元

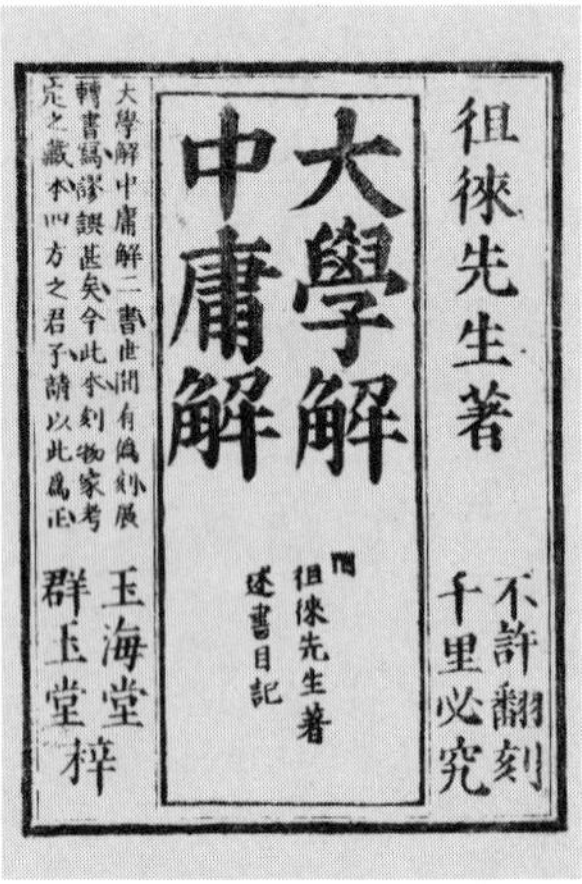
徂徠先生著
大學解
中庸解
大學解中庸解二書世間有偽刻展轉書寫謬誤甚矣今此本刻物家考定之藏本四方之君子請以此為正
不許翻刻
千里必究
徂徠先生著述書目記
玉海堂
群玉堂　梓

ふたつの板元から出た相板の例

易に板元名を割り出せないことがままある。その場合の調べかたを紹介しよう。

奥付などに複数の板元名が入ることがある。二、三軒の本屋で共同出版したときと、板木をもっている板元以外で販売だけを担当する店の名もいっしょに刷り込まれている場合などである。

上の右図は荻生徂徠の『大学解《だいがくかい》・中庸解《ちゆうようかい》』の見返し部分である。儒学の基本となる四書のうち大学と中庸について徂徠が解釈を加えたものである。そこに「玉海堂《ぎょくかいどう》・群玉堂《ぐんぎょくどう》梓」と二店並列に記されている。玉海堂は前出の藤木久市の堂号である。群玉堂は松本新六《まつもとしんろく》のことで、享保（一七一六～三六）頃から徂徠の本を出してきた板元・松本善兵衛《ぜんべえ》の子孫らしい。これを相板《あいはん》（相合板《あいあいはん》とも）といって、この二店が共同で出版をしたのである。こういうときは、一方の店が留板《とめいた》と称して板木の一部を分有して仲間が勝手に増刷などしないようにしていた。この留板を著者がもって板元を監視することもあったらしい。

前頁の左図は、江戸後期の漢学者で、宋の王陽明《おうようめい》が唱えた朱子学とは異なる儒教思想を学風にした佐藤一斎《さとういっさい》の随想録で、幕末の志士たちに大きな影響を与えた『言志録《げんしろく》』の奥付である。京都・勝村治右衛門《かつむらじえもん》から始まって、江戸・和泉屋吉兵衛《いずみやきちべえ》まで十軒の書店が連記されている。ただ和泉屋吉兵衛のところだけ下に「版」とある。つまり、ここが板木をもっていて刷った発行元で、他はそれを売りさばくだけの店である。江戸後期になって、三都を中心に出版物の全国的な流通網ができてくると販売店も奥付に刷ったのだ。この場合の書誌情報は「和泉屋吉兵衛板」と表記して、ここが出版元の書店であることを明記するのが正しい。「板」や「版」ばかりでなく「梓」や「蔵板」などと出てくるときも同様である。

末尾の一店を代表させる

では次頁の『度量衡考』の奥付はどうか。松会三四郎から中村新七まで合計八名が連記されている。この本は前章の著者表記のところに出てきた荻生徂徠の著作である。享保十八年（一七三三）に弟の荻生北渓によって幕府に献上された。翌年、将軍・吉宗はこれを官刻《かんこく》（幕府が開

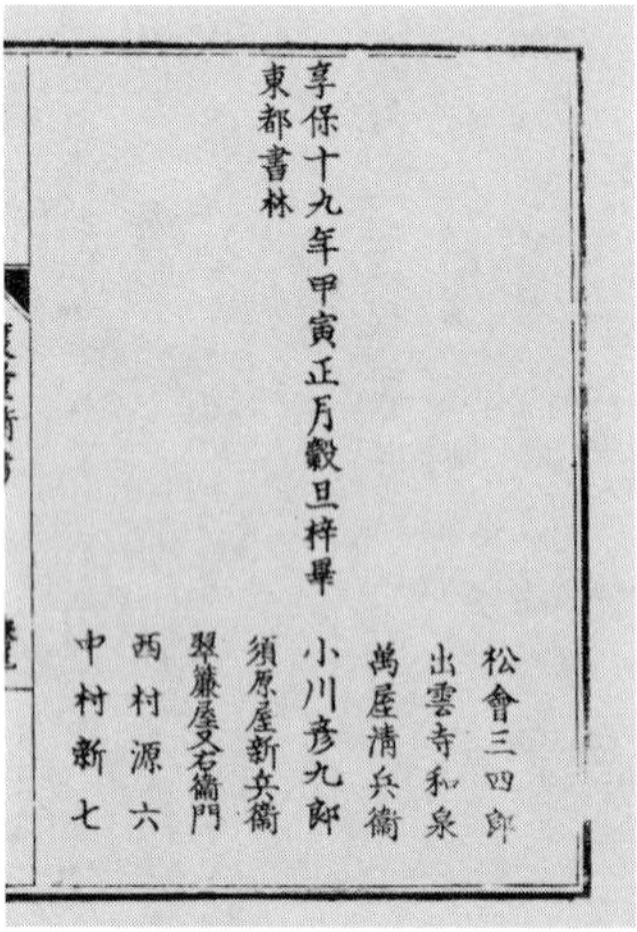
享保十九年甲寅正月穀旦梓畢
東都書林
松會三四郎
出雲寺和泉
萬屋清兵衛
小川彦九郎
須原屋新兵衛
翠藤屋又右衛門
西村源六
中村新七

『度量衡考』の奥付。このように並んでいるときは、最後をとって「中村新七他」とする

板すること）し、それを民間に払い下げて発行させた。このときの受け皿がこの松会三四郎以下の書店である。『江戸砂子』を最初に刊行した万屋清兵衛の名も見える。彼らは享保年中に結成された江戸書物屋仲間の代表者たちだった。そのためこの表記では先ほどの『言志録』のようにはいかない。つまりひとつの書店に板木があってそこが刷り出したわけではないので、決定できないのである。しかし、それでも代表者を決めるルールがある。

第二章の『柳湾漁唱』の説明で、巻頭に校訂者三人の名が並んでいるときは中央の人を採用すると述べたが、この法則は巻末になると変わってくる。本の末尾に人名・書店名などが並んで表記されたときは、末行が最高位となる。奥付も巻末だから、最後に代表者がくるのである。この本の板元を示したいときには、並んでいる書店名をすべて書くのでなく、末尾の一店を代表させて「中村新七他板」とする。

ただし、ほんとうの板元がどこかを確定できたわけではない。あくまでも末行に最高位、あるいは代表者を書く習慣があるので、代表させたということである。したがって、参考文献などで板元名が「○○某他」という記述になっていたら、板元連記のうち末行がそうなっている本のことだと理解すればよいのである。

このように本のなかにも上席と末席の決まりがあって、しかも記載される場所によって異なる。序文では先頭、本文中の巻頭などでは中央、奥付などの巻末では末尾が上席である。これは中国の伝統からきているようだ。こういうところにも書物の作法があったのである。

❖刊印修ということ

膨大な点数を収載した『国書総目録』に、板元情報が記載されていないことを前章で述べた。異なった刊行時期がある本は「○○年刊」「△△年刊」と表記される。しかし、「○○年刊」というときも、奥付などの記述をそのまま載せるだけだから、それが異なった時期の発行であるかどうかの区別ができない。

『新撰江戸砂子』は、どの本も奥付は同じ「享保十七壬子歳」と記されているだけだから、『国書総目録』もすべての所蔵図書館のものが「享保十七年刊」とされている。どの図書館に初刷の万屋清兵衛板があるのか、どれが若菜屋小兵衛のものなのかということは残念ながら探すことができない。

この問題をぜひ解決してほしいのは、書誌学では「刊印修《かんいんしゅう》」ということをたいへん重要視するからだ。これは、刊＝板木を彫って発行すること、印＝そのまま増刷すること、修＝板木を一部修正して増刷することとの関係を厳密にして、発行の階層的な位置情報を明らかにすることである。

現代の本の奥付は、「平成十七年八月二十八日　第一刷発行」などと表記し、増刷するたびに「第○刷」と正確に刷り数を書いていく。また、改訂版などで版を新たにしたときは「第○版」と表記する。この「版」が書誌学のいう「刊」で、「刷」が「印」である。しかし、和本はそのような細部の刷りや改板状況をいちいち奥付などに記入しないことが多いので、研究が必要なのである。

刊と印の違い

刊記や奥付には「元禄十五年」としか出ていなくとも、百年以上あとの江戸後期の増刷本なら「元禄十五年刊・江戸後期印」とする。そうしなければ、最初の十八世紀初頭の本と区別がつかなくなってしまうからだ。それが文化十年（一八一三）に板木の一部を直して一部作り直したことがわかれば、「元禄十五年刊・文化十年修」と明記して、もとの版と現物の版との関係をしっかりわかるようにするのである。「印」はどちらかというと唐本の用語なので、日本では「刷」といってもいい。本書でも、初刷・後刷を用いるが、具体的な年次が判明するときには「〇〇年印」を用いることにする。

板木を新たに彫って刊行することが「刊」だが、これは必ずしも初版のときだけをさすわけではない。内容が同じであっても板木を全面的に彫り直したときや、改訂して彫り直した再板・重板のときも「刊」という。元禄十五年の本を文化十年に再板したのなら、その本は「文化十年刊」となるのである。

これらを少し厳密にして具体的に述べるなら、『新撰江戸砂子』では、先ほどの考察にもとづいて次のような書誌情報となる。

A　万屋清兵衛板　享保十七年刊
B　若菜屋小兵衛板　享保十七年刊・元文〜延享間印
C　藤木久市板　享保十七年刊・宝暦頃修（一部板木の修訂が確認されている）

『新板江戸分間絵図』なら

A　万屋清兵衛板　享保二十年刊
B　若菜屋小兵衛板　享保二十年刊・元文四年修

C　藤木久市板　享保二十年刊・延享五年修

『再校江戸砂子』は次のようになる。

C　藤木久市板　明和九年刊

D　須原屋伊八板　明和九年刊・寛政〜文化間印

E　須原屋伊三郎板　明和九年刊・文政・天保頃印

別の例で見てみよう。右の図は、江戸後期の漢学者・大田錦城《おおたきんじょう》の儒学の経典についての論集である『九経談《きゅうけいだん》』の袋と奥付である。袋には「文化甲子新鐫」とあり、奥付は「文政七年甲申冬」となっている。同じ本なのに二つの異なった年代が書かれている。これは「新鐫《しんせん》」とある

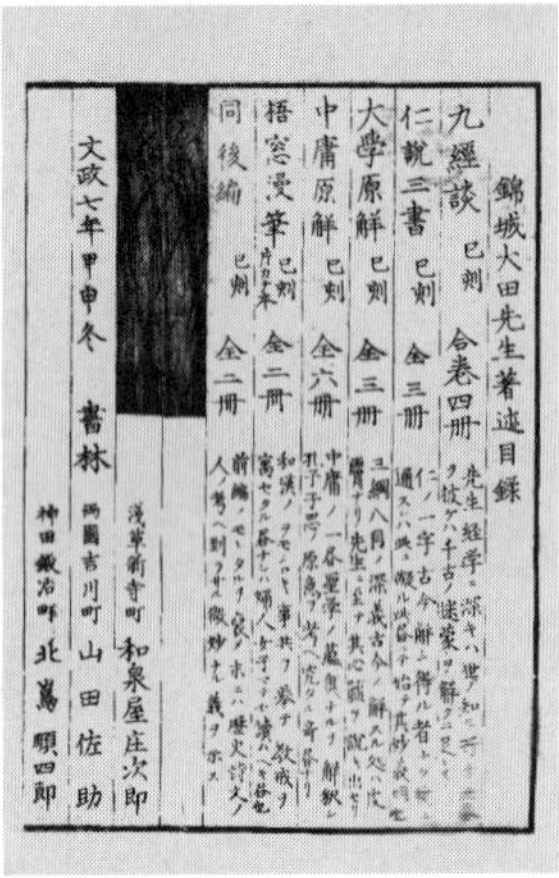

『九経談』。外袋（上）は「文化甲子新鐫」となっているが、奥付（下）は「文政七年甲申冬」となっている

ように板木は文化甲子年（元年＝一八〇四）に彫られ、その後何度か増刷をしたうち、この本は二十年後の文政七年（一八二四）に刷って販売したものということなのである。つまり「文化元年刊・文政七年印」である。袋と奥付で典型的な刊と印を示している例だ。奥付も「文化甲子」となっている本があったら、それが初刷本である。

複数の年次がある本

奥付などにいくつも年次が入った本も珍しくない。

次頁の図は小本《こほん》の京都名所案内『名所車《めいしょぐるま》』の増補版である。もとの刊記には「正徳四年……」とあり、「享保十五年」の奥付が別に入っている。享保（一七一六〜三六）を境に刊記から奥付へ切り替わる時期にまたがって出版された本のなかには、このように刊記と奥付の両方が入っていることが多い。この本の初版は、刊記の示すとおり正徳四年（一七一四）である。刊記部分には京都の本屋であることを示す帝都書林としか出ていなくて、板元名が削られているので、別の本屋が出したのを京都の吉野屋為八《よしのやためはち》が板木ごと買い取り、内容を増補して享保十五年（一七三〇）に『増補名所車』と題して重板したのである。したがって、この本は「享保十五年刊」ということになる。ただし、この図の左端にある『都名所図会《みやこめいしょずえ》』の広告に小さく「安永九年新板」という記述があるのに注意してほしい。享保十五年から安永九年（一七八〇）

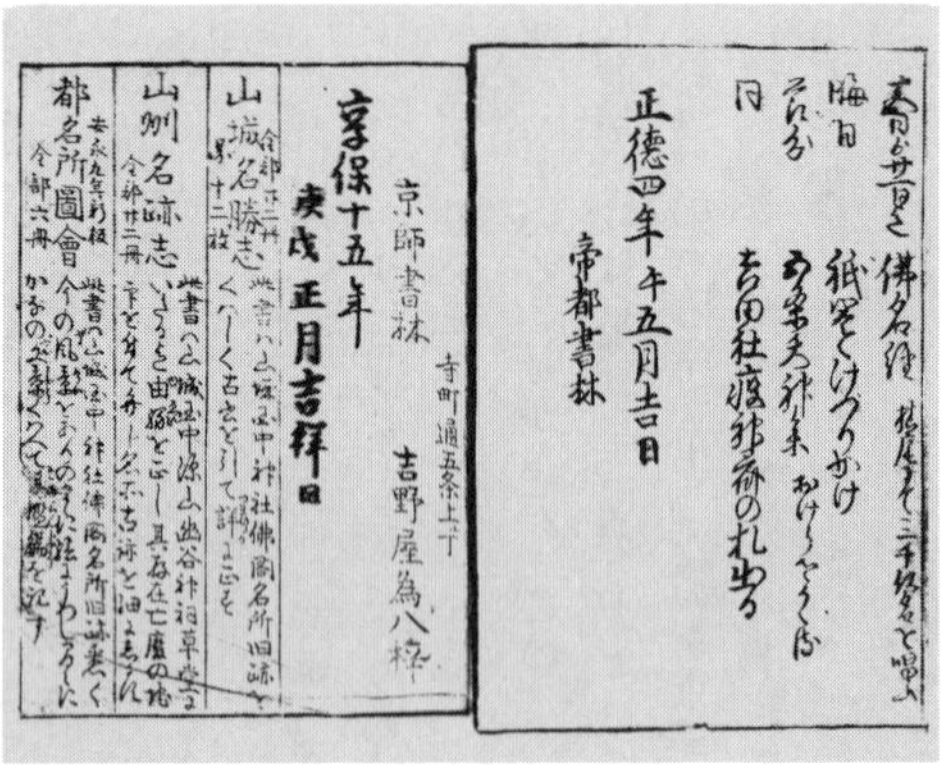

『増補名所車』には刊記と奥付の双方が載っている。左端の「都名所図会」のところに安永九年新板と見える

の間は五十年もある。吉野屋為八が『都名所図会』を新刊販売するさいに昔の『増補名所車』も増刷したのだろう。これはそのときの本なのだ。したがって、「享保十五年刊・安永九年頃印」というのがこの本の正確な刊行時期の情報になる。

本の刊行状況の階層は、和刻本の漢籍なら調べやすい。長澤規矩也『和刻本漢籍分類目録』(昭和五十一年、汲古書院)には、それぞれの本の板元名がいちいち載っているうえ、その順番も調べて記されているからである。和刻本漢籍を手に入れたら、奥付などで板元を見、この本を開けば何番目の刷りの本かが調べられるようになっているのだ。もちろん複数の書店が並んでいるときは、末行の書店名で見るようになっている。

これを参考にすれば、次のような特殊な刊行の事情も判明するようになる。次頁の図は、『遊仙窟』の刊記である。

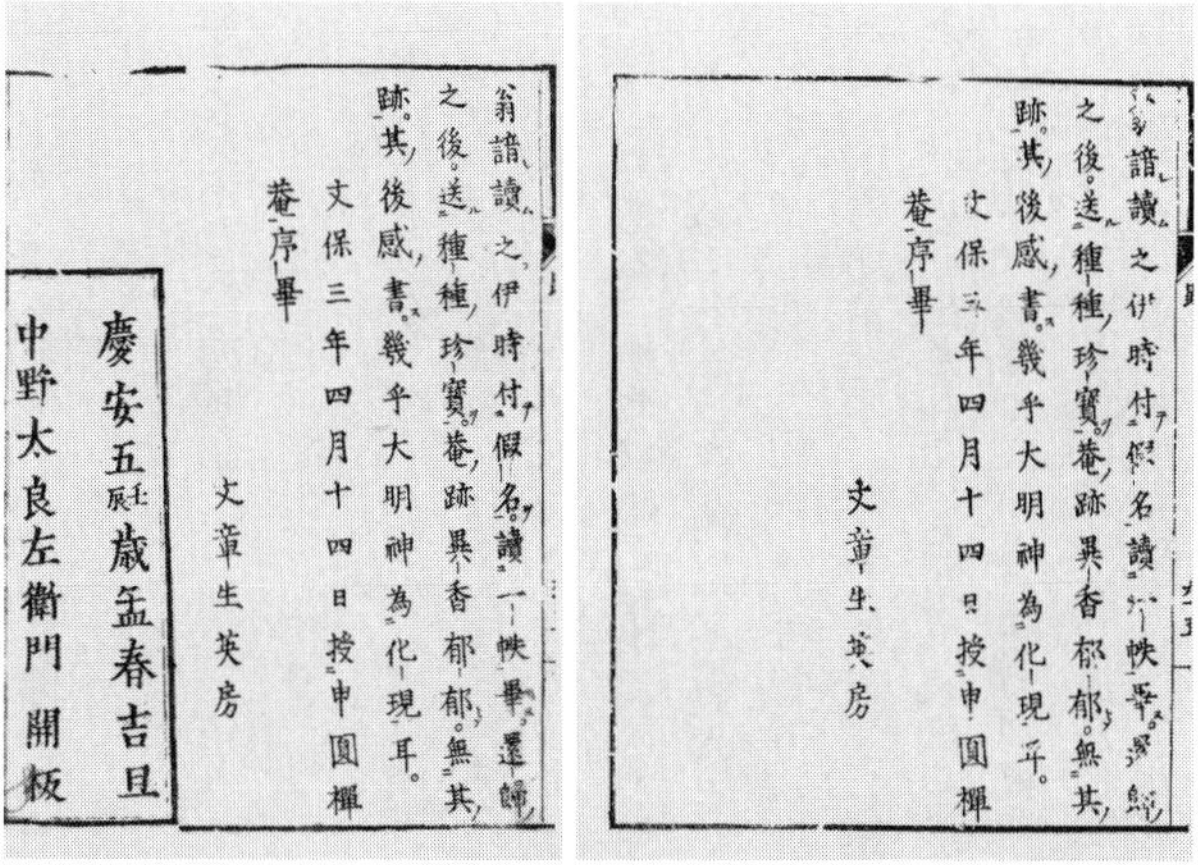
翁諳讀之伊時付假名讀一帙畢還歸
之後送種種珍寶庵跡異香郁郁無其
跡其後感書幾乎大明神為化現耳
文保三年四月十四日授申圓禪
菴序畢
文章生英房
慶安五壬辰歳孟春吉旦
中野太良左衛門　開板

諳讀之伊時付假名讀一帙畢還歸
之後送種種珍寶庵跡異香郁郁無其
跡其後感書幾乎大明神為化現耳
文保三年四月十四日授申圓禪
菴序畢
文章生英房

『遊仙窟』の無刊記本（右）と、慶安の年号などが不自然に挿入された後刷本（左）

慶安五壬辰歳孟春吉旦
中野太良左衛門　開板

とある左の本と、右の年代も板元名もない本とがある。左図の慶安五年（一六五二）の刊記部分が不自然であることに気づくだろう。匡郭《きょうかく》の下の部分が切れて、少々曲がって刊記が記入されている。これを埋《う》め木《き》といい、もとの板木を削って別の内容の板木片を差し込んだのである。「中野太良左衛門　開板」とあるが、板木を彫って最初に出版したのは別の者で、中野太良左衛門はあとからその板木を求め、販売する段になって刊記を加えたと想像される。

『和刻本漢籍分類目録』は「江戸初刊」と記述して刊記のない本を最初に載せている。次に「慶安五年印、中野太良左衛門」とある。本文だけの和刻本『遊仙窟』はこの一版しかないので、刊記のないのが初版初刷、慶安の年号のある本は後刷ということがわかるのである。

❖よくあった海賊版

海賊版も少なくない。ちなみに海賊版というのは今のことばで、当時は偽板《ぎはん》あるいは偽刻《ぎこく》といった。また翻版《ほんぱん》とか翻刻も同様に使われたことばである。

成島柳北《なるしまりゅうほく》（一八三七〜八四）が著した『柳橋新誌《りゅうきょうしんし》』は、江戸・柳橋《やなぎばし》の花柳風景を戯文調で描いた傑作である。柳北は儒家の出で漢学の素養が深く、その実力で軽妙洒脱さを持ち味とした本を著したのである。初編には安政六年（一八五九）の自序があるので、その直後に成立したと見てよい。しかし、内容から奉行所ににらまれ、江戸時代のうちには出版できなかったといわれている。明治七年（一八七四）に第二編が書かれたが、そのときに初編も合わせて二冊セットにして売り出された。黄色い表紙の二冊本で、これはよく古書市場で見かける。

ところが、初編と同じ内容だが別板で水色の表紙をつけた本も存在する。著者名は別名である「何有仙史《かゆうせんし》」とだけあって、成島柳北であることが直接にはわからないようになっている。外見上は江戸後期の漢詩人たちの詩文集と同じ体裁であるが、明治板にある見返しも奥付もな

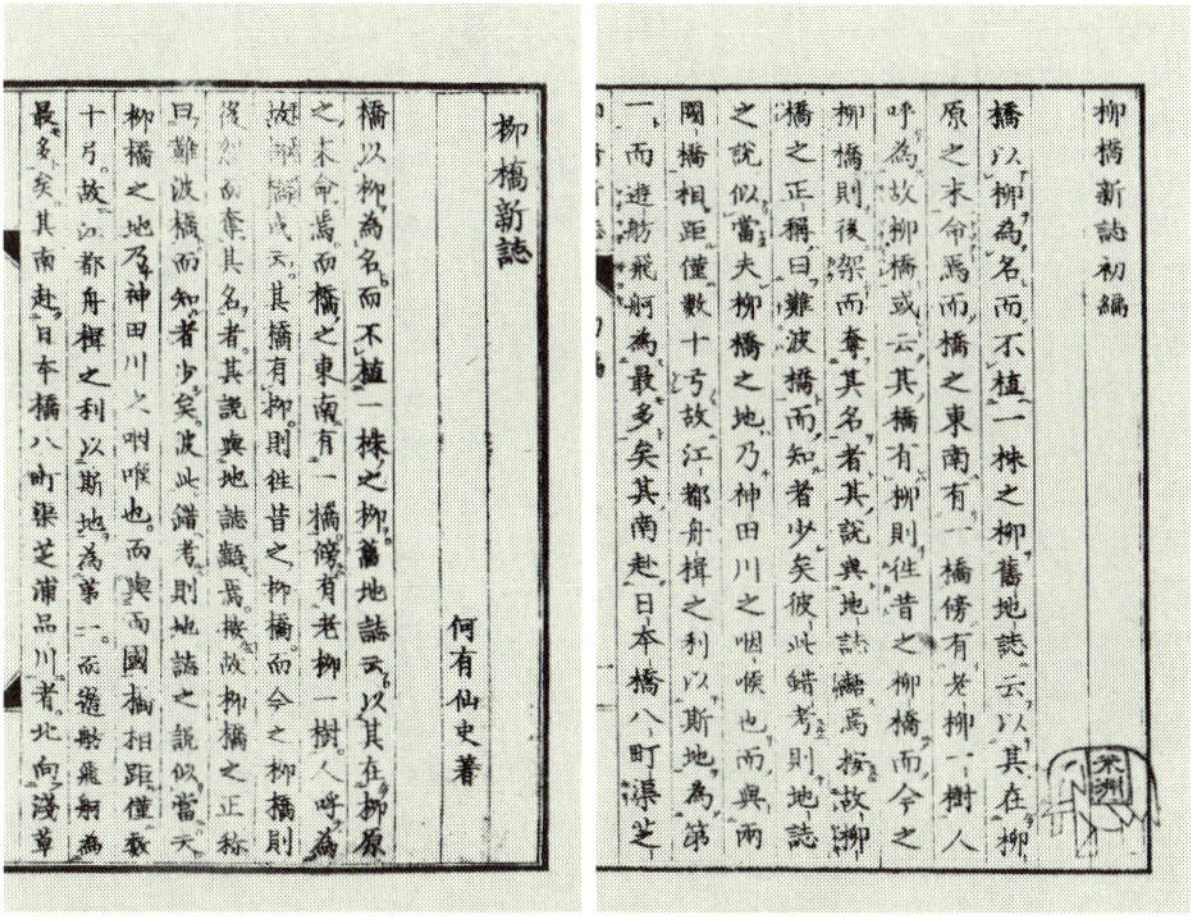

柳橋新誌初編

橋以柳為名而不植一株之柳舊地誌云以其在柳原之末命焉而橋之東南有一橋傍有老柳一樹人呼為故柳橋或云其橋有柳則往昔之柳橋而今之柳橋則後架而奪其名者其説與地誌齟齬焉按故柳橋之正稱曰難波橋而知者少矣彼此錯考則地誌之説似當夫柳橋之地乃神田川之咽喉也而與両國橋相距僅數十弓故江都舟楫之利以斯地為第一而遊舫飛舸為最多矣其南赴日本橋八町渠芝

柳橋新誌

何有仙史著

橋以柳為名而不植一株之柳舊地誌云以其在柳原之末命焉而橋之東南有一橋傍有老柳一樹人呼為故柳橋或云其橋有柳則往昔之柳橋而今之柳橋則後架而奪其名者其説與地誌齟齬焉按故柳橋之正稱曰難波橋而知者少矣彼此錯考則地誌之説似當夫柳橋之地乃神田川之咽喉也而與両國橋相距僅數十弓故江都舟楫之利以斯地為第一而遊舫飛舸為最多矣其南赴日本橋八町渠芝浦品川者北向淺草

「柳橋新誌初編」とある明治七年刊本（右）と海賊版といわれる本（左）

い。いったい誰がいつ出版したのか不明である。一説によると、これが柳北のあずかり知らぬ海賊版であるともいう（上図）。

こうして見てくると、和本の奥付などには次のような問題があることがわかる。

一、刊記・奥付のない本がある。

二、奥付などに複数の年代や板元名が書かれていて、どれをどう採用すべきか難しい。

三、たんに初版初刷の年代が出ているだけで、実際に発行されたさいの具体的な年代が記載されないので、正しい年代がわからない。

四、海賊版や改題本など奥付の記述に信用できないものがある。

享保の出版条目は、最初の出版時にその時

期と開板者を記述するように定めたものである。それを具体化した奥付に、どう記述するかは書店側の自主的な判断だった。基本的には初版時の年代と板元名さえ入っていればよかったのだ。お上のほうは、それをいつ再板、増刷しようが関知しなかったので、書店側も以後の正確な記述には頓着しなかったというわけなのだ。奥付とはそういうものだと割り切って見なければならない。

いわゆる珍本・稀本に属する高価な本については分厚い研究が行われていて、なかには奥付のどこの一文字が欠けていたら何番目の後刷本であるといった、すみずみまで研究し尽くされた本もある。しかし、それは和本全体のほんの一部で、大部分はまだ手つかずである。つまり、和本研究はまだまだ不十分で、『国書総目録』もいずれ大改訂されなければならないだろう。いつのことか見当もつかないが、和本に携わる研究者はぜひとも数多くの和本の階層構造の解明を心がけていただきたい。

❖表紙にも時代性がある

板木の寿命は長い。その最長記録のひとつに、和刻本の『山海経《せんがいきょう》』がある。各地の山海に棲む珍しい動植物のことを述べた中国古代の本である。作者不詳ながら想像上の生き物の図が珍しく、後世よく読まれた。一部板木の傷みを補修したところはあるが、一版しか存在しないとされ、慶安から寛文（一六四八〜七三）と思われる頃に開板されたのち、明治三十五年（一九〇二）の後刷本までが確認されている。じつに二百五十年間刷り続けられたのである。大半は奥付・刊記のない本なので、いつ刷られたものかを確定することができない。

このように板元や年代を示す記述がない本の刊行年代を決めるにはどうしたらいいだろうか。せめて刷り（印）が江戸中期か後期かくらいは知りたいものである。そこでヒントとなるのは、まず外見の表紙である。ここで時代性が読み取れる。また第一印象として目につくところなので、その本の品格がわかるということもある。

和本の表紙は芯紙《しんがみ》というやや厚めの紙に、薄様の雁皮紙（鳥の子）に色を染めた紙を覆うように貼りつけて作るのが一般的だ。芯紙は肉厚の紙を用いるが、なかにはコストダウンのために漉《す》き返《かえ》しといって今日でいう再生紙を使用したり、あるいは反故《ほご》紙そのものをあてることもあった。

漉き返しは、いろいろな古紙を混ぜて煮て作る。このリサイクルは平安時代から行われ、宮中に置かれた書物や紙の管理をする役所・図書寮《ずしよりよう》の紙屋院《かみやのいん》で製作されたのが始まりである。ここで作られるものを別名宿紙《しゆくし》ともいい、墨を漂白することまではできなかったので全体が薄墨色をしていた。南北朝時代までは、蔵人《くろうど》が勅命を受けて出した綸旨《りんじ》などの文書にこの用紙が用いられた。この伝統が生きていて、後世になっても新しい紙をわざと墨汁で薄墨色に染めて漉き返しのように見せて使用することがあった。それが江戸時代になると事実上の再生紙である塵紙《ちりがみ》として使用されるようになるのだが、これは紙の生産が高まったからで、まさに隔世の感がある。

表紙が傷むと、貼り合わせた鳥の子が薄いため、ところどころはげて地の芯紙が見えてしまうようになる。さらに進むと、はがれてしまう。漉き返しの芯紙などは、中からこのごわごわした塵紙があらわれて興ざめしてしまうことがある。ときに、きらきら光るものが混ざっていたりするが、これは雲母で、漉き返しの材料に雲母を引いた紙もあった。

品のよい表紙

五山版の影響を受けて、江戸初期までの版本の表紙に用いる染紙《そめがみ》は、単色の地味なものを用いていた。栗皮《くりかわ》色などの茶褐色、朱色、淡紅色（やや紫がかった蘇芳《すおう》色）、紺色、縹《はなだ》色（薄青《うすあお》色）、香《こう》色（やや赤みがかった薄黄色で、丁子《ちょうじ》で染める）などである。鳥の子紙のもつ艶のおかげでかすかに光沢がある。古いものほど染紙の色合いが落ち着き、品のいい感じが出てくるものである。なかでも江戸初期の栗皮色の表紙は、地味だが味わいがある。柿渋《かきしぶ》を何度も引いて染める渋染めという技法で、鳥の子紙の艶と、渋を何度も引くと出る光沢とがある。紙に色をつけるのは、美しさを出すことも目的だが、虫を防ぐ効果もあった。渋にはとくにその効き目がある。そのうえ、素材がしなやかで、本を机上に置いたままめくっていってもきれいに開くのは、この表紙の本が一番優れていると、経験上感じている。江戸中期以降のたんなる茶褐色の表紙とは違う。

表紙のなかで一番人気のあるのが丹表紙《たんひょうし》である。これは水銀が混ざった丹《に》色の顔料で染めた紙で、時が経つと鮮やかな朱色のなかに、水銀で少し銀色に黒ずむ部分が生ずるのがよいのである。なぜか江戸時代の前半では寛永期（一六二四～四四）にだけ流行った。それで寛永表紙ともいう。寛政（一七八九～一八〇一）頃にまた出現し、塙保己一《はなわほきいち》の校訂した出版物、いわゆる塙《はなわ》本《ぼん》に好まれたのをはじめ、名古屋の永楽堂《えいらくどう》が出す葛飾北斎の漫画や画譜にも使われた。ただし、寛永表紙の趣《おもむき》にはひとつ及ばない。

紺色系の表紙は藍染《あいぞめ》で、江戸初期までは貴重品だった。これも時が経つとかえって輝きを増したように見えるものである。江戸前期までは無地で、あとの時代になると模様が入る。この天然藍のごく濃いのが写経用の紺紙である。公家の歌集や奈良絵本の表紙は、この紺紙に金銀泥などを使って絵模様を書き入れるのが伝統だった。

表紙作りは、表紙屋《ひょうしや》と呼ばれる店が担当した。彼らは無地からしだいに模様を入れた紙を提供するようになり、作りも凝って、さまざまな製品を生み出した。

バラエティに富んだ表紙

一般的な表紙の模様のつけかたのひとつは、空摺《からず》りといって模様を彫った木版に紙を載せ、上から滑らかな瀬戸物などの面でこする方法である。墨や染料による印刷ではないが、こすられたところがうっすらと紙に艶のある模様として浮き出てくる感じとなる。これは江戸前期の本でも見かける古い技法である。

もうひとつは、型押しである。今でもエンボス加工といっている技法で、貼り合わせて厚くした和紙に水分を含ませ、模様を彫った板木で型を打ち出す。実際に模様の凹凸がはっきり出るのですぐわかる。多くは江戸後期になって普及した。

型を使わずに刷毛で色や模様を入れる方法もある。そのひとつが丁子引《ちょうじび》きといって、染料の丁子を引いて染める技法である。薄く引くと黄色に近く、濃いと褐色になる。江戸中期よりあとの本で、何本もの平行線や格子模様の入った表紙をときどき見かけることがある。

第一章で紹介した初期の大衆本である赤本、黒本、黄表紙などの名称は、表紙の色そのものに由来している。これらは厚い紙で作るのでなく、本文と同じ共紙《ともがみ》に色を染めたものを用いていた。これが江戸中期の大衆本の典型である。同じ江戸中期でも絵本の表紙は、平安時代の藤《ふじ》原行成《わらのゆきなり》好みと称して、絵模様を型染めした紙で作られたので、これを行成表紙《こうぜいびょうし》といった。本に雅《みやび》さを表現するねらいで流行ったもので、こういう美麗な表紙は中国では見られない日本独特の特徴である。これが江戸後期になると、草紙類の表紙は色刷りの絵入りになり、絵表紙（摺付《すりつけ》表紙ともいう）といわれたものが盛行する。二冊以上にまたがるものは、続き絵になるようになっている。

このように表紙には、品はいいが単一で個性的でない江戸前期、雅さが出てくる中期、色も模様の種類も増え、バラエティに富んでくる後期と変遷がある。それを知ることで、外見で本のおよその刊行や刷りの時期が判断できるというわけである。時代の合わない替表紙《かえびょうし》などは、しっくり合っていないからすぐ見破れる。表紙は本の貌《かお》だから、オリジナルの表紙は大事にしておきたいのである。

❖この世にたったひとつの本

貝原益軒《かいばらえきけん》の『和漢名数』がベストセラーとなって二千部売れたというのは例外である。和本のほとんどは数十、数百部の世界で、前に述べたように、それぞれの本が「刊印修」で微妙に出版時期が異なる。そのうえそれが百年、二百年と経過して分散離合もはなはだしく、ひとつひとつが違った歴史的経過を経て今日にいたっている。そのため同じ書名、同じ著者であっても、刷りや装訂のまったく同一の本に出会うことはめったにない。だから、どのように作られたのか、どう伝わったのか、どのように読まれたのか、あるいは利用されたのかといった個々の相違を示すことがらを、個別の情報として見ることに意義がある。今ここにあるのは、この世にたったひとつの本だという考えかたで、和本に接する。同じ本がいくつも大量生産される現代の本とは少し考えかたが違う。

同時に現状の有り様も関係する。虫による被害がないか、はなはだしい汚れがないかなどの保存状態も必要な情報である。欠点も隠さずに情報公開しておかないと、図書館のカードで想像していたのとはまったく別の本に出くわしてがっかりすることになる。具体的な保存状態を知ることは、その本をどう価値判断するかの基本材料のひとつである。

第二章で述べた個別情報でもっとも大事なことは、どのように伝存されてきたかを明らかにすることだ。そのため、できるだけ旧蔵者の特定ができるといい。

そのデータを示すのが、ひとつは蔵書印である。本を開いた最初の丁、もしくは巻頭に朱印で捺されるのがふつうである。巻末のときもある。私的所有、あるいは文庫などの公的所有を示すものだが、本によってはいくつも異なる人の印が捺してある。以前から蔵書印の研究は進んでいて各種の蔵書印集ができているが、『新編蔵書印譜』（平成十三年、青裳堂書店）は印影と印文、人名それぞれから引ける辞典形式でたいへん役に立つ。たとえば「阿波国文庫」は阿波の大名・蜂須《はちす》賀《か》家の本を示し、「銕斎居《てつさいこ》士《じ》」とあったら富岡鉄斎《とみおかてつさい》の旧蔵書である。館柳湾は「館氏石香斎珎蔵《ちんぞう》図書記」という印と「館枢卿家珎蔵」という印の捺してある本が、たまに古書市場に出てくる。珎は珍の異体字である。

　個人の蔵書印は、たとえば平田篤胤などは「平田氏記」の印が使われているが、ほとんどは

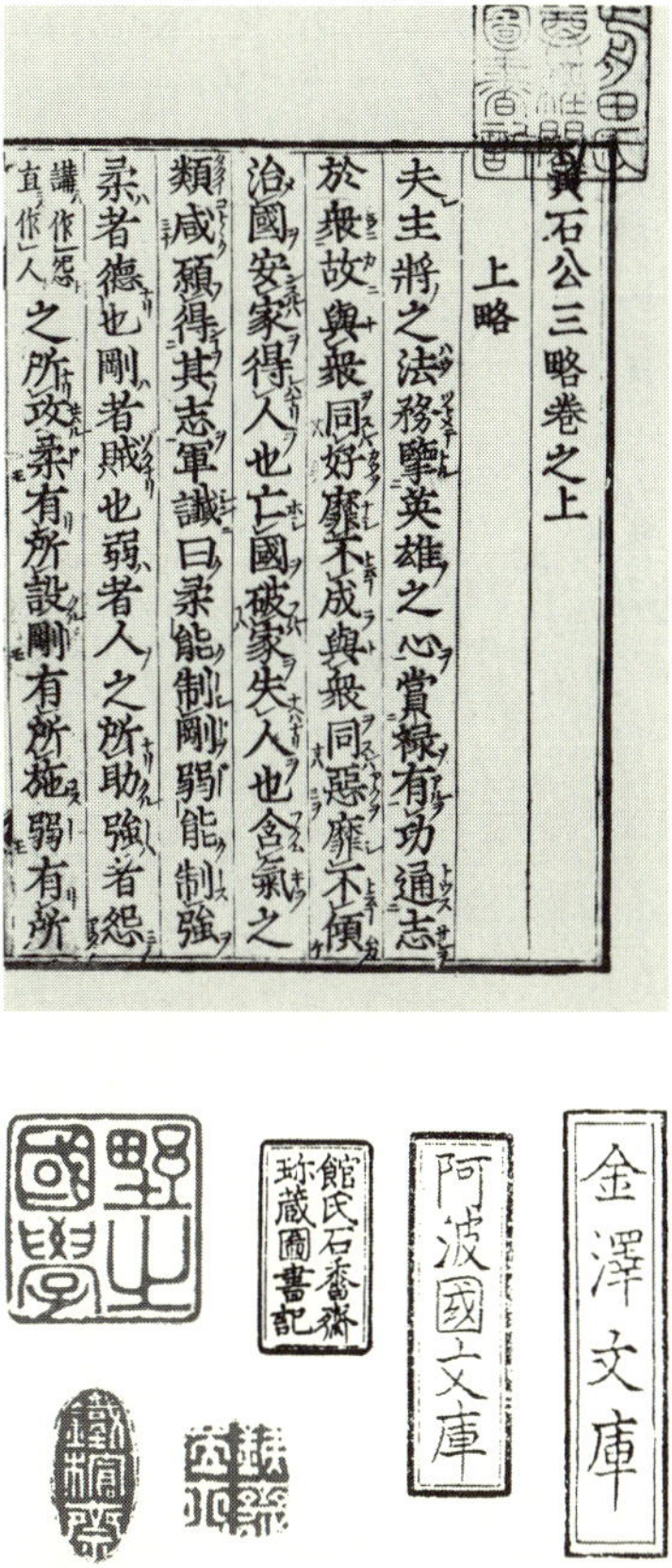

蔵書印各種

子の鉄胤《かねたね》が捺しているように親子代々で使用することもあるし、まれにではあるが勝手に他人が捺す場合もある。したがって、完全に信用はおけないが、これでその本の旧蔵者が特定できると考えてよい。また、AからBへ、さらにCへと移ったことを、複数捺してある蔵書印でわかるときもある。あるいは、印でなく直接文字で「〇〇某所持」と書いてあることもあるし、写本には「〇〇某写」といった奥書が入ることもあって、旧蔵者を特定することができる。ただ、蔵書印と具体的人物との関係が判明しているのは、まだほんの一部で、大部分は誰の印なのか不明である。将来の研究にまつところである。

❖書き入れにも作法がある

個別情報を示す第二の指標は、書き入れである。和本には歴代所蔵してきた人によって、いろいろなことが書き込まれているものである。たんなるいたずら書きは減点だが、多くは有益な注釈が入っている。したがって和本の世界では書き込みといわず、書き入れといって、これがあるのはむしろプラスと考える。とくに、誰の手になるものかわかればたいへんよい。書き入れはすでにその本の一部になったも同然で、同じ版本の書き入れのない本とは、たとえ本文が同一であっても、もう別の本といえる。

今の学生がやたらと色のついた蛍光ペンなどで線を引いたり、メモを書き込むのと違って、和本では書き入れにちゃんとした作法があった。そのひとつが、まず校合《きょうごう》である。文字の誤りを正すだけでなく、別の本ではここがこう書かれているという校訂を入れるのである。一、二字のときは朱を使って、その文字の横に書き加える。誤字脱字も同様に訂正記入される。これは、今の校正記号と同じようなものである。というより、現在の校正の流儀は和本時代からの伝統なのである。

校訂が数文字にわたるときや、その部分の注釈や自分の意見を入れるときは、頭書の形をとる。和本は頭の部分を少々広くとってあって、そこに書き入れるのである。そこに書ききれないと余白をめいっぱい使って書くときもあるが、基本はこの頭書である。それでも足りないときは付箋を使う。書き入れた紙片を上から貼る。これらを合わせて標注《ひょうちゅう》ともいう。

和本には（頭書）とか（鼇頭《ごうとう》）（標注）という角書《つのがき》の入った本がたくさんあるが、要するに有力な学者や僧がかつてそうして書き入れた本をもとに、後世新たに注入りの本を作ったのである。

はじめ本文だけの本だったのが、書き入れもいっしょに再印刷した過程のよくわかる例に楫《か》取魚彦《とりなひこ》の『古言梯《こげんてい》』という本がある。日本の古語を文法的に解説した本である。初版は明和元

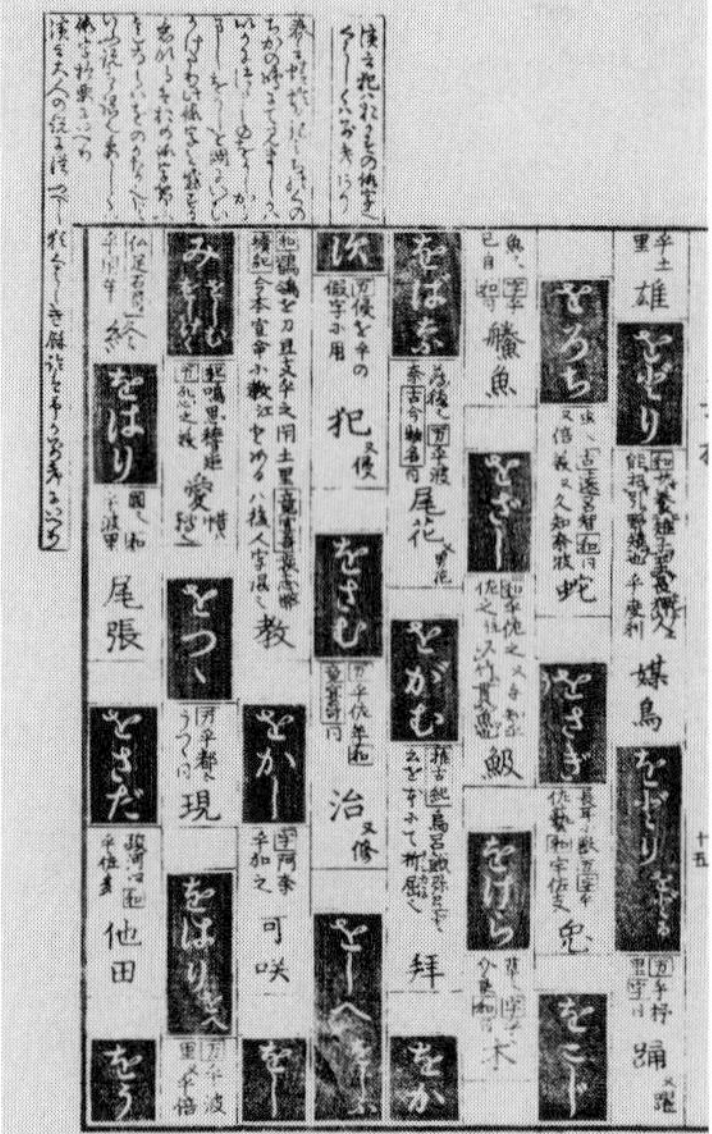

村田春海らの頭書を取り入れて改板した『古言梯標注』

年（一七六四）で、そのときは魚彦の本文だけである。それを文政三年（一八二〇）に同じ国学者の村田《むらた》春海《はるみ》・清水《しみず》浜臣《はまおみ》が書き入れた標注を加えて『増補標注古言梯』として改板した。さらに弘化四年（一八四七）にはそれに山田《やまだ》常《つね》典《のり》の標注も加えた『古言梯標注』という本に衣替えされている（右図）。標注という形での書き入れがいかに有益であるかの証拠である。

本に線を引く方法

漢籍の訓点も書き入れである。こちらは、さらにきちんとした作法に則ったルールがある。訓点の書き入れには、白文に返り点や訓《よ》みや送り仮名を入れるのがふつうだが、縦点《たててん》といって上下の文字が熟語であることを示す目印を入れることもある。版本に印刷される訓点は、ここまでだが、さらに朱引《しゅび》きといって固有名詞に朱色で線を入れていく方法がある。文字の上に赤線が引かれると、今は文字の削除や取り消しのことだと思ってしまうが、江戸時代以前は漢字ばかりが連なる文のなかで、どれが固有名詞なのかを明確にするために朱を使って書き入れることがよく行われていた。五山版などにも見受けられるので、もともとは僧侶の勉学のためだったのが起源だろう。これには次のような決まりがあった。

貝原益軒の『和漢名数』にこんな歌が載っている。

本邦書籍朱引法歌《ほうか》　右所《みぎところ》、中者《なかは》人乃名《ひとのな》、左官《ひだりかん》、中二者《なかには》書乃名《しょのな》、左二者年号《ひだりにはねんごう》

すなわち、文字の右側に朱線を引くときは、それが所（地名）であることを示し、文字の中央に乗せて線を入れるのは人の名、左側にあれば官職名を、中央の二重線は書名を、左側の二重線は年号をあらわすというのである。朱引きは印刷されることがないので、この書き入れがある本は大事にして、自分で漢文を読むときに、たいへん役に立つ。

次頁の図は古代法である養老令《ようろうりよう》の注釈書で、慶安三年（一六五〇）刊の『令義解《りようのぎげ》』に書き入れをした本の例である。同一箇所の別の本と比べるとびっしりと書き込まれているのがわかる。たとえば、右上の最初のところ、之という字の横に也と朱で書いている。これは校合の結果、

『令義解』の書き入れ。注や校合がびっしり記入されている

別本では也となっていてそのほうが正しいということである。末から二行目の鎮火祭の注釈の末尾に也と加えてあるのも、抜けていることを記入したのである。

匡郭《きょうかく》の上欄には頭注の形で書き入れがあり、それでもスペースが足りないので、一行目のところや、中央辺の例という字の下にも長い書き入れをしている。固有名詞には本文ばかりでなく注釈部分にも朱引きが入れてあり、確かに地名は右側に、書名は中央に二重線などという決まりのとおりである。

書き入れといってもルールがあって、やみくもにメモや意見を書き込んでいるのとはわけが違うということがわかる。誰が書いたかわからないことが多いのだが、書き入れが多いほど実力のある人が記入した可能性があるという意味で、価値が高いと判断するのである。この世にたったひとつの本たる所以である。

❖欠点も隠さず情報公開を

どんな本でも二、三百年経てば疲れてくる。とくに条件の悪い状態での保存でなくとも、料紙の変色、表紙の部分的な傷み、長年の埃《ほこり》などによる汚れやしみがつくことなどは仕方のないことである。その程度なら「時代がついている」ということで、とくに保存状態を云々する必要はない。

その範囲内の本を基準にして、傷みも汚れも非常に少ないときは「美本《びほん》」ということがいえる。汚れがひどいとか、傷みが大きいときなどは、欠点としてその状況を記録しておくべきである。基準よりよいなら美点、どこか問題があれば欠点である。この差は、同版の本でもまったく違う価値になるので、おろそかにしてはならない。欧米のオークション目録などを見ると、かなり細部にわたって問題点が書いてある。カタログだけで実物を見なくとも電話一本で安心して高価な本の注文が出せるようになっている。日本の古本屋の目録もかなり改善されたが、まだ不十分かもしれない。

その点、図書館のカードにはこのへんの記述があまりない。書誌情報ばかりに重点が置かれ、印記といって蔵書印のことまでは記入されているが、それ以外の記述がないので本の伝存過程がよく伝わらない恐れがある。

とくに問題になるのが、虫による被害である。その被害程度によっては、その本が実用に堪えるかどうかの問題になることもある。虫害はその食い荒らした穴が文字にかかっていない程度までなら「少虫損あり」ということでなんとか救える。しかし虫による穴が文字にかかり、一部判読ができないような程度から「虫損あり」である。商品として和本を売るときは、このへんをしっかり情報公開しないといけない。買うときも「少虫損あり」や「補修済み」までは許容範囲と考えてよい（その分多少安くなっている）。問題は「虫損あり」のときで、それをどこまで許すかは個々の判断にゆだねざるを得ない。貴重な本ならある程度はやむを得ないし、いくつも出回っているような本なら敬遠するということになる。

そのほかの傷みには、湿気を放っておいたために蒸《む》れが入りしみを呼んだときのははなはだしい汚れ、紙の破れや穴あきなどがあり、何度も見たせいで、印刷面がかすれてしまうこともある。とくに絵本類に多い。それは「手ずれあり」といって趣味的な本の場合は大きな欠点である。

また、落丁、合本、欠本、入本、書き入れでない書き込み（墨汚れ）も欠点になる。落丁とは、今でもときどき起きるが、製本のさいのミスである。その部分を補写して補っていることがある。

題簽《だいせん》がないのは、黄表紙などの草紙では致命的な欠陥だが、ふつうの和本では仕方のないことである。そもそも薄く糊づけされただけなので、とれてしまうのがあたりまえなのだ。だから題簽がないことをいう必要はあまりない。むしろ、もとの題簽がすべての本に揃っているときに「原題簽つき」というふうに美点として受け取ったほうがよい。

美点も強調していい。たとえば原題簽ばかりでなく、原表紙もついているときは「原装」とする。そういう意味でのほめことばとして、美本（極《ごく》美本などというときもある）がある。初刷・良刷など印刷のよさ、丹表紙や美しい金銀泥の絵模様があるなど表紙がよいこと、極彩色の絵がある、蒔絵《まきえ》入りの上等な箱とか二重箱に入っていることなども積極的に示してよい。よい本は大事に保管されてきたものである。

❖和本の貌をみるプロの見かた

第二章と本章で学んだ和本の諸知識をおさらいする意味で、古本屋が和本の市で古書を仕入れるときの方法を紹介しよう。市場では、実物を手にとって短時間のうちにさっと概要をつかみ、その場でいくらで入札するか的確な判断をしなければならない。

まず手を石鹸でよく洗って席につく。重要文化財クラスの本をさわるなら手袋をして、手垢などがつかないように配慮しなければならない。手の汗や汚れは長い目でみると本を傷める。とくに脂分がいけない。しかし、われわれがふだん手にするレベルの本ならそこまでの必要はない。むしろ紙質や表紙の感触など直接手にとって初めて実感することがあるから、手袋はかえってじゃまである。よく手を洗っておくことが最上の接しかたであり、また礼儀である。

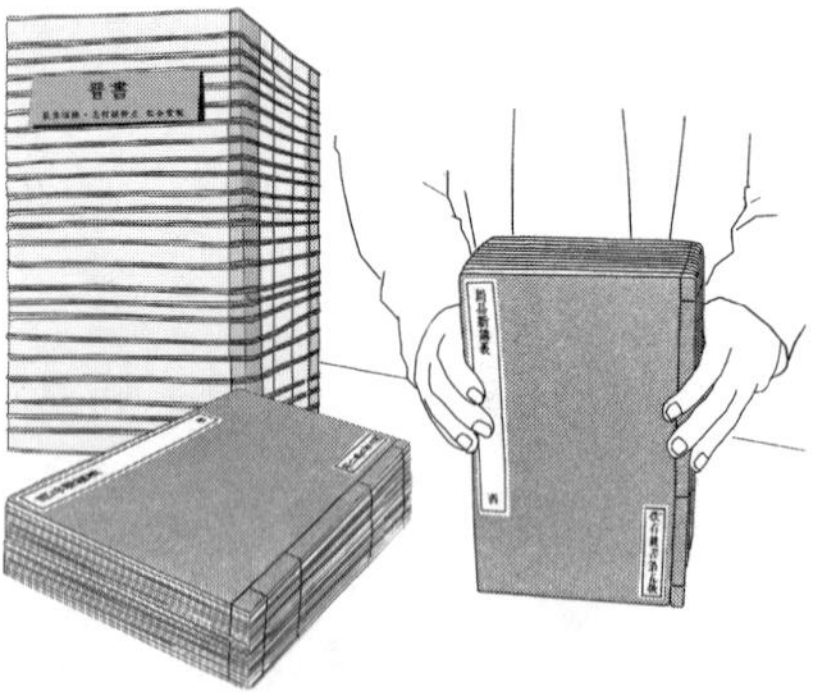

和本を手にしたら天地左右を机上で揃える

最初の一組の和本を手にしたら、まずトントンと机上を軽くたたくようにして本を天地と左右で揃えて、机の上に置く。慣れた手つきでこれをやると気持ちがいい。和本の美しさがにじみ出てくる気がする。和本の製本は、すべて手作業である。表紙は別の職人が作製するので、それに合わせて料紙を切る。上田徳三郎の『製本之輯』を読むと、本のサイズに合わせて作られた板をあてて、包丁のお化けのような刃物でザクッと断裁するのだそうだ。職人仕事というのはたいしたもので、じつにきれいに仕立てあげる。全五冊の本なら一巻から五巻までぴたりと大きさが揃う。源氏物語の注釈書『湖月抄《こげつしょう》』のように、たとえ全六十冊もある大部の本であっても全巻狂いなくまっすぐに揃う。五百丁もあって厚さが十センチを超える「節用集」の類でも、まるで機械で製本したような見事な切り口である。

この美しい様、これが和本の貌《かお》というものである。この相貌は紙質、色調、大きさ、厚さ、題簽の形や書体といった直接的な見かけばかりでなく、本の品性、江戸初期か後期かといった時代性、保存の具合など雰囲気を含めた全体を感覚的に示す。わたしたちは、それを本の印象として脳にインプットする。

古本屋というのは、本を書名や著者名で覚えるのでなく、この貌で覚えていくものである。文献リストの文字面《もじづら》だけではピンとこなくとも、一瞬実物が見えただけで「ああ、あの本だな」とすぐにわかる。これは和本ばかりでなく洋装本でもいえる。人の顔を覚えるのと名前を覚えるのとでは記憶に差があるそうで、顔は思い出すが名前が出てこない経験は、若い人にだってあるだろう。それと同じで、本を勉強するのも、実物の相貌で記憶していくほうが頭に入るのだ。

入本や補写が混じっていないか

同一組の本はこのようにぴったりするが、別組の本はサイズが微妙に変わってしまう。そもそも美濃本、半紙本とはいっても、今の印刷用紙のように厳密な規格があったわけではないので、産地や時代によって違いが出る。また裁断も手作業なので仕上がりはまちまちになる。一センチ程度の違いはふつうだ。

よくわたしたちは、前後や途中の巻が抜けてしまった欠本をとっておく。欠けたままでは売りにくいし、揃っているといないとでは価格が大きく違ってしまう。そこで、欠けている部分が手に入ったらうまく埋めようと思ってとっておくのだが、せっかく揃っても、まずサイズの合うことがない。その本だけ飛び出してしまうか、へこむので、はっきりわかってしまう。かりにサイズはなんとか合っても、今度は紙質が違う。長期保存による日焼けの具合も違うので、どうしても色合いの違いが目立ってしまう。

また、発行時二冊の本を一冊にまとめて綴じ直してしまうなどの合本も外見でわかる。最初にトントンと机上を軽くたたくようにして本を揃えるのは、これで入本《いれほん》でないか、合本でないかを見極めているのである。落丁箇所を別紙で補写していても、そこだけ一丁分不自然に色が変わっているのですぐ見つけられる。

虫食い本でないか

もうひとつ大事なことは、虫損の有無をまず外見で判断することだ。虫は本の奥に入り込んで被害をもたらすので、表紙にはその気配もないし、パラパラとめくっただけでは大丈夫そうに思えるときでも、じつは危ないことがある。そのために、とくに背の部分に注目する。なぜかそこが虫の出入り口で、中の虫が出ていくときはここのどこかに穴をあける。まだ本文の部分まで被害が及んでいないときでも、綴じ代で隠れて見えないところだけにやっかいなのだ。ここに虫の穴を見つけたら、本文も奥のほうで被害にあっている可能性があるので、よく調べる必要がある。

表紙を見る

表紙には時代性があることを述べたが、それを見極めるためにしっかりと見る。替表紙か原《げん》表紙《びょうし》（元表紙）かも見定める。和本の表紙は傷みやすいので、表紙をつけかえて補修した本はたくさんある。そのため本当の原表紙であるかどうかを見分ける必要がある。

江戸初期から寛文（一六六一～七三）頃までの原表紙を見分ける方法をそっとお教えしよう。この時期の本の表紙には左端から一分（三ミリ）あたりに、縦に上から下まで、へらで線が入れてあるものである。ちょうど題簽を貼る左位置である。よく目を凝らして見ると、うっすらと筋が確認できるのである。この慣習は十七世紀末になると自然と消えていく。そのため、寛文頃までの本でこれがあれば、まず原表紙と思ってよい。

のちの時代に古い表紙を持ってきて替表紙にすることはよくあるが、別の表紙では本の大きさが微妙に合わないから、どうしても紙を少し折り込んで調節する。そうすると、左から一分のところの線が消えてしまう。完全にぴったりする別の本の表紙をつけるなどというのは至難の業だから、江戸初期の本らしいのに、表紙にこの線がなかったら替表紙である。

本の歴史の発端である巻子装《かんす》では、標《ひょう》（表紙）がめくれて傷まないように厚さ一、二ミリの竹ひごを布などでくるんでおく押《お》さえ竹《たけ》（八双）をつけた（三十一頁の図参照）。糸綴じの製本になって竹は不要になったが、あとあとまでこの痕跡として線が残ったというのが一般的な説である。なぜこうしたのか、それが職人仕事の伝承というものなのか、あるいは縁起でもかついだのだろうか。今後の研究にまつが、時代を見極めるには有効である。

題簽・冊数の確認

次に題簽を見る。あるかないかはもちろんだが、第一のポイントは原題簽（元題簽）か、あとの持ち主が自分で書いた題簽（書き題簽）かを調べる。本によっては、添え題簽とか草紙の絵題簽《えだいせん》などの、副次的だが本の価値を高める別の題簽があるかどうかも見極める。

次に一冊ずつ表紙を見ていく。題簽が揃っているか、それぞれの表紙はすべて同じかなどを見る。題簽がないと第何冊目かがわからない。そういうときは本の底の切り口の部分である下《した》小《こ》口《ぐち》と呼ばれるところを見る。そこに書名や第何冊目かが書かれていることが多い。これを小《こ》口《ぐち》書《が》きという。ここに「共十本《ともじっぽん》」などと書いてあったら全十冊ということである。そして最終巻に「十止《とめ》」とあれば、全十冊の最終巻である。すべて揃っていれば「目が揃う」という。小口書きは販売書店が入れるものでなく、購入した者が自分で書くか、専門の業者に書かせたものらしい。書きにくいところに細い字で書くので、技術のいる仕事である。

小口書き

題簽も小口書きもないときは、本文を実際にめくって最終巻まで揃っているか内題や尾題で確認することになる。いずれも、揃っているか欠けているかをはっきりさせることは必須の作業である。

ここで犯す最大のミスは、上中下三冊本の中抜けという場合だ。上下二冊だけの本があると、ついそれでいいと思い込んでしまう。あとで持ち帰って調べたら、あるべき中巻がなかったと嘆くことがしばしばある。また付録があるのに、それが欠けている場合、題簽からも目次からもわからないときがある。その場合は、知識で対応するしかない。この本は付録がついているものと覚える。京都の地誌『京之水《きようのみず》』は、二枚の地図が付録でついていなければならないが、まずいっしょになっていることはない。『続江戸砂子』に『新板江戸分間絵図』がいっしょについて出てくることは、もっと稀有である。

和本のめくりかた

ようやく本をめくる段になる。最初の一冊目を開く。見返しに書名や板元名、あるいは刊年を印刷した本なら、それを見る。続いて序文や目次をめくっていく。和本は机に置いて、書葉（丁）の左下を持って、ゆっくり丁寧にめくる。もちろん手にツバをつけるのはいけない。最近はめっきり減ったが、以前はこのツバをつける癖の人は少なくなかった。草双紙のように多くの人が回し読みをしたような本は、丁の左下が手垢で真っ黒になっているものがある。

巻頭を開く。ここは第二章で述べたとおり、おおむね正式な書名や著者表記のあるところだ。ここで見るべきは、もうひとつ、蔵書印である。蔵書印があればそれを調べるのも和本の楽しみのひとつだ。続いて、書き入れの有無を見る。もしよい書き入れなら価値を高める。そして、本文をめくりながら、その保存状態を確かめる。虫による被害がどの程度か、しみが入ったり、かつての湿気で蒸れているところはないか、破れ箇所がないかなどを見ていく。いずれも、あれば減点である。

もっとも大事なことは、刷りのよしあしを見極めることだ。これが和本を見る最大のポイントといってもいい。挿絵がある本は、そこを見る。刷りの状態は絵のところにはっきり差が出る。また、いたずらがきは絵に多いものである。女性にヒゲを書いたりするのは、今も昔も変わらない。とくに妖怪や鬼、悪人などの目がこわいからといって墨で塗りつぶしてしまうことがよくある。これらも減点の対象だ。

奥付を見る

最後に最終巻を開く。まず跋文をざっと見る。ここに本の成り立ちや、出版までの経緯が書かれていることが多い。そして奥付を見る。江戸前期までの本なら刊記となる。刊行年代や板元の記述を見る。ただし、これを鵜呑みにできないことは何度も述べたとおりである。これまで見てきた様子と合わせて総合的に、この本はこの時代のこういう本といった判断をそこで下すのである。本の外見をぐるりと見ることから、ここまでほんの二、三分。逆に見慣れている本でも、きちんと見る。思いがけない違いを発見することがあるからだ。

最後に、いよいよ入札価格を決める。こればかりは知識と経験の総合判断である。古本屋というのは、ただ資力や知識だけでできるものではない。もうひとつ、センスが必要だ。『国書総目録』には五十万点もの国書が掲載されているが、一人の人間が一生涯かけても、そのすべてを見る機会があるわけはない。しかし、和本の市にはそのなかのどれかが、いつ出てきてもおかしくない。市場では毎回、初めて見る本とたくさん出会うのである。そのときに自分なりの比較対照の基準をもって即決即断する能力を身につけることが必要だ。よく古本屋の修業というが、たんなる知識の集積をするだけではなく、それができるセンスを磨くということでもある。

古本屋には、結果として本が売れるか、売れ残るかという厳粛な判定が待っている。もちろん、失敗してもくじけないことにしている。それを糧として次の挑戦をすればいいのである。新たな本のことを知りたいという前向きな姿勢をもつことが大事であると考えている。

❖値段を入れてみる

古書価格は市場原理で動くので、基本的には需要と供給のバランスで成り立っている。したがって、内容はいい本だが、値段はさっぱり上がらないという本もあるし、内容も装訂もお粗末だが、めったに出ない珍本・稀本なので非常に高価ということもある。そういった市場の動向は一般の方にはなかなかわからないだろうが、自分で和本を買うときに、そこについている価格に納得できるかどうかは大事な判断だ。その能力を磨くためにも、値を入れるという価値判断をしておくことも悪くないと思う。

まったく同版の本でも初刷・後刷の違い、保存程度の差で価格は十倍も開くことがある。たとえば『日本書紀』は基本中の基本書だから、『国書総目録』を見るとかなりの図書館が所蔵している。それくらい江戸時代にもよく流布したのだ。そのなかでも慶長年間（一五九六～一六一五）の古活字版だったら数百万円する。その後まもなくこの活字版を覆刻して木版本（整版）ができた。校訂の難しい本なので、同じ奥付の版でも細部は文字の異同が少なくない。そうした事情を考慮して、現在の校訂済みの活字本と併用することを条件で買うので、一般的な版本は保存程度や刷りの差で三万～七万円ということになる。

『江戸名所図会』全二十冊は、程度の差で四十万円から六十万円。『江戸雀』ならもう一桁高い。しかし『江戸砂子』は安い。江戸時代に非常によく読まれて、今でも市場にひんぱんに出てくるからだ。『新撰江戸砂子』の場合、奥付に「万屋清兵衛梓刊」とある初刷本で保存状態がよくて、さらに『続江戸砂子』までついていれば、十数万から二十万円でもいいと思うが、後刷で少々虫損があるとせいぜい四、五万円ということになる。

葛飾北斎の代表作で富士山をさまざまな角度から描いた木版画集『富岳百景《ふがくひやっけい》』を初版初刷で

求めたら二百万円でも手に入らない。この本は全三編だが、初編と二編の題簽に鷹の羽の模様が刷り込んである本が初刷の証拠である。もちろん美本でないとこの値段にはならない。『北斎画譜』といって名古屋の永楽堂が出した北斎の画集は、全三編を初刷で揃えれば二十万円くらいはするが、上編だけしかないとか、初刷とはいえないとなると三万円くらいである。

本文中で実例をあげた『遊仙窟鈔』は元禄三年（一六九〇）の初刷で、題簽がついて原装のままの刷りがよい本で二十万円。この本は明治まで板木が残り、最後の東京・松山堂《しょうざんどう》が出した黄色い表紙の二冊本だとせいぜい二万円どまり。江戸後期の和泉屋《いずみや》金《きん》右《え》衛門《もん》板で六、七万円か。同じ内容だが、このように刷られた時期で価格が変わってくる。

と、こういう調子で値段を考えてみると、本書の第二章と本章で紹介した基本、位置、個別の各情報をしっかり見、それらを総合して判断することの重要さがわかっていただけると思う。たんに書誌データをとるだけにとどまらず、価値判断までできる材料を集めることが求められるのだ。

第四章

和本の入手と保存——次の世代に残すために

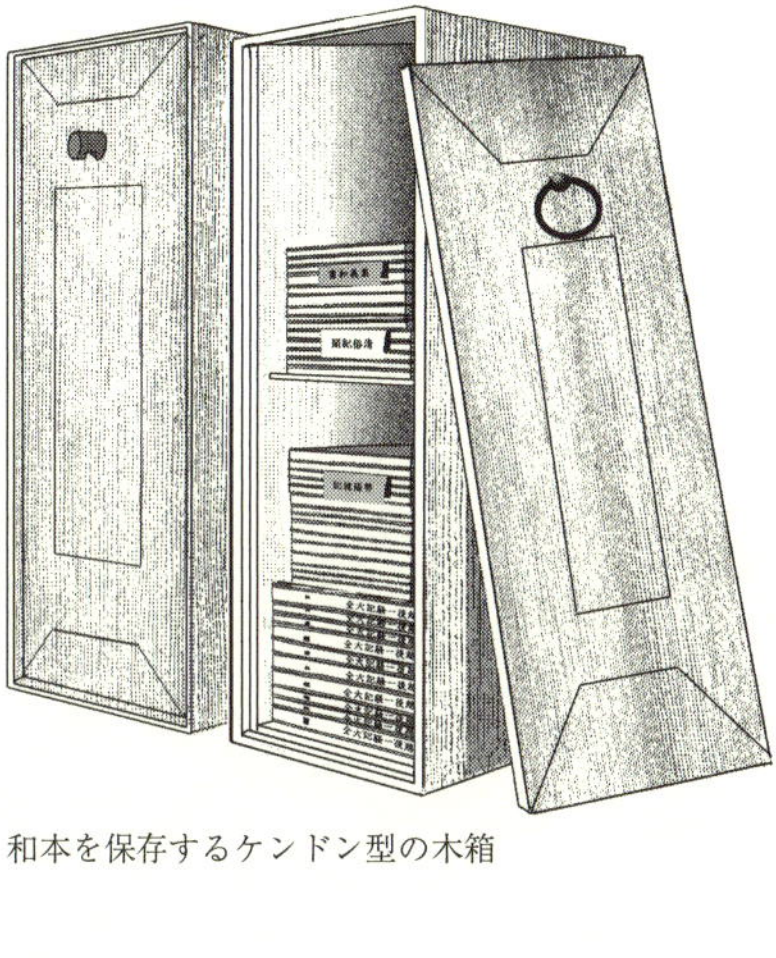

和本を保存するケンドン型の木箱

❖東京古典会の市場風景

和本《わほん》は生産を中止してからすでに百年以上経過している。したがって、これからは減りこそすれ、増えることはない。今、古書市場《いちば》などに出回っている本も、これから二十年、三十年単位で考えたら、しだいに減少することは避けられないだろう。しかし、このまま衰退させてしまってはならない。なぜなら、和本は知的豊かさをもたらしてきた国民の財産であると同時に、将来も書物文化の一端を担い続けることのできる存在だからだ。和本は個々の選ばれた「善本」だけの文化財というより、現存する全体が文化遺産であるという考えがあってもよいと思う。硬派の物之本から大衆本にいたる層の厚い書籍群は世界に誇れる文化である。したがって、和本を大事にし、未来永劫どう残すかを真剣に考えていくべきである。

そのなかで活発な古書市場の存在は、大きな役割を果たすことができる。全国さまざまな旧家や書斎から出てきた和本が、各地の古書店の手を経て、新たな顧客のところへ納まるという流通が今も生きている。このほか骨董商、古道具店経由で集まる本も少なくない。民間に散在する和本は、いずれこの流通市場に乗せることで、再びその本を必要とする個人なり、保管すべきと判断した公共機関にわたって生き続けていくことができるのである。

このような流通には古書価格がついてまわる。需要があればそれに応じて価格が決まる、きわめてシンプルな原理である。これが江戸時代以降ずっと機能していたおかげで、欲しい人に欲しい本が供給されてきた。その結果、古い本が残されてきた。もし値のつかない状態になると、明治の一時期のように二束三文になった美術品が大量に海外に流出するはめになる。あるいは捨てられてしまうという最悪の事態にもなりかねない。

独特な和本の古書市場

和本の流通は、いかに手広く商いをしている店といえども一軒だけの力でこなすことはできない。全国に散らばる和本類を集め、それを専門分野ごとに的確に再配分を行うには、それなりに眼力と知識を有する複数の人たちの手で仕分けされる必要があるからだ。その役割を果たすのが古書市場である。ここが流通の要となる。

古書市場というのは、都道府県単位で組織されている古書店の団体である古書組合が主催する。東京には古書店の数も多いし、分野も幅広いので専門別に市場が開かれる。伝統的にその専門市には名称がついていて、たとえば明治以降の近代文献を扱う明治古典会、社会科学などの研究書や資料を得意とする資料会、学術専門書に力を入れる一新会《いっしんかい》、最近流行のサブカルチャーが得意な中央市会《ちゅうおういちかい》、洋書専門の洋書会といった具合である。そのうち、和本を専門とする市を主催するのが東京古典会だ。

東京古典会の会員は、その専門知識を生かして、一般の業者が入札できるように市の準備、運営を担うのである。同じような和本専門市は京都と大阪にもあって、それぞれ盛んである。江戸時代の三都の伝統が今でも息づいている。

和本類が古書市場でどのように取引されているのか、その一端を紹介しよう。東京古典会には週一回数百点の和本が出品される。三百といったところが平均的な点数だ。これは三百冊というのではない。一点一冊で取引される本もあるが、それは貴重な本、高価な本の場合で、ほとんどは、いくつかが組み合わさって出てくる。だから、冊数でいったら、千を超えるだろう。

古書市場では基本的に「入札」制度で売買される。品物にそれぞれ封筒がついていて、そこに各自が希望の値段を紙に書いて入れる。それをあとで開けて、もっとも高い価格を入れた店に落札するようにする方式である。かつては「フリ」といって声を出して値段を競りあげていく方法だったが（今でも東京郊外や地方の市場では続いている）、現在はこの入札が中心だ。東京古典会では、昔は「椀ぶせ」という特殊な方法だった時代もあったことは前に述べたが、今は市場の会場に机をコの字形に配置し、その机上を順繰りに和本を渡していきながら入札していく「回し入札」という方法をとっている。

参加したい人は、コの字に並んだ座席のどこかに腰掛ける。いつも六、七十人ほどが座る。午後一時半、「回し始めます」というアナウンスとともに本を回し始め、気になる本がきたらいったん手元にとめおく。入札するならそのときに行う。第三章で述べたようにすばやく、しかし落ち着いて本を判断し、もし入手したい本なら価格を決めて入札するのである。いらない本、専門外の本はすぐ次の人に渡す。こうして、おおむね一時間から二時間かけて一周し、最後に係のところへたどりついた本から順次開札《かいさつ》される。

この方法をとっているのは、和本は洋装本のようにひと目見て即座にいくらで入札するか判断できるような性質のものではないからである。洋装本の場合、たとえば『大漢和辞典』十三冊揃とあれば、外見の保存程度を一瞥しただけで、いくらで入札するか決められる。しかし、和本は同名の本でも版の違い、刷りのあとさき、保存のよしあしなどで値段が数倍開くことがある。それが商売に直結するから、よく見定めて入札したい。そのために落ち着いて見られるようにと入札方法が工夫されたのだ。

和本の入札方法

入札は、会場にメモ用紙大の紙の束が用意してあり、それを使って各自が希望価格を記入し署名をするようになっている。これをフダ（札）といっている。古書業界の特徴は、一枚のフダに複数の値段が書ける仕組みになっていることだ。たとえば、その本を二万円で欲しいとする。しかし、競争相手がいることだし、三万円出してもいいかなと思うし、もしかしたら一万円台でも買えるかもしれない。そういうときは、一万八千円・二万四千円・三万円などと三つの価格を記入することができるのだ。記入できる価格の数は、その価格の単位によって異なり、一万円以下では二つ、十万円までが三つ、十万円以上なら四つという具合で、最高一千万円以上で八つ書ける約束になっている。このように幅をもって値段を記入できるシステムは、入札にセリの要素を同時に加えたもので、他の業界は知らないが、かなり独特のものと思われる。

開札のあとに「フダ改め」といって、もう一度間違いがないか確認する係がいて、そこを通過すると「東海道名所図会、八万九千九百九十円では〇〇書店さん」「漢詩一括　五万六千三百円では誠心さん」といったように落札価と店名が読みあげられる。これを「発声」といい、会場ではみんな聞くとはなしに耳に入れているものだ。

入札フダに、九百九十円というような半端を入れるのはヒゲといって古本屋の癖である。競争入札なのでたとえ十円でも高いほうに落札される。そこで端《はした》をつけていった結果こうなったのである。八万九千九百九十円なら九万円と書けばいいじゃないかと思われるかもしれないが、それは違う。九万円なのでなく、あくまでも八万円なのである。八万円で落としたいのだが、相手がいるので百円でも千円でも高くといっているうちに、ついに八万九千九百九十円になってしまうのである。

仕分けは修業の場

市場では顧客のところから直接運ばれてきたような大量の出品物を一口物《ひとくちもの》という。こうした未整理品は何が出てくるか楽しみなものだ。たぶん地方の旧家から出てきたそのままなのだろう。わたしたちはこれを「ウブ口《くち》」といって歓迎する。これは高くなる。それほど大口でなくとも、毎週の市には未整理のまま全国の本屋から品物が送られてくる。これらを取引ができるようにあらかじめ準備することを仕分けという。仕分けは、まず本を大きな台に広げる。そこからまず一本立《いっぽん》ちしそうな本を抜く。一本立ちというのは、それ一点で入札できるものをいう。なかにはキラリと光るものがある。こういう一口のなかに江戸初期の古活字版が混じっていたり、思わぬ室町時代の古写本が見つかることがある。

そのほかの本は分野ごとに集めておき、何冊かでまとめて入札できるように組み分ける。数点でひとつとするときもあるし、かなりの量を積みあげるときもある。量の多いのは「山にする」といい、そのひと山を「本口《ほんぐち》」という。もし、ふた山なら二本口という。ひとつひとつは中程度の本だが、もしそれが二、三十点集まればおもしろい山になる。封筒には、たとえば「俳書一括」「浄瑠璃本一本口」などとしておく。

会場で回し入札に付される本は手にとりやすいものに限られる。実際の市場は冊子状のものばかりでなく、地図や錦絵、文書などさまざまな形状の出品物があふれている。こういう品物は周辺の机に、入札用の封筒をつけて並べておく。これらについては、一般の洋装本の市場と同じ「置き入札」である。幅物は周りの壁にかける。さらにその日の出品物のなかから注目されそうな品は別にして、回し会場の真ん中に毛氈《もうせん》をかけた中台《なかだい》といっている場所に置く。これは一定時間ごとに何度か入れ替えて開札され、最後に目玉品を入札するように演出する。この方法も東京古典会独特のやりかたである。準備作業は火曜日、市の当日の午前中にこなしてしまうのだが、仕分けができるようになるには、経験と勉強が必要である。古本屋としてここが修業の場にもなる。

❖和本をどう手に入れるか

このように活発な和本専門の古書市場を起点として、和本類は各地の古本屋で売られている。すべての古本屋に置いてあるというわけではないが、それでも全国でおそらく三百を超える店で多少なりとも和本を売っている。東京・神田神保町でも、約百五十軒の古書街のなかで三十軒近い古書店がなんらかの和本を店に置いている。今、もし和本を手にとって見たいということであれば、上手に利用するのがよい。

古本屋の店先がいいところは、実物を直接手にとって見られることである。高価な本は奥にしまってあるかもしれないが、それでも、見たいと伝えれば出してくれるだろう。それで気にいらなければ買わなくともよい。この開架式図書館ともいうべき店先のいいところは、目的の本を探していたら、もっとおもしろそうな本があったなどという思わぬ発見があることだ。一方、通信販売で注文することもできる。店舗のあるなしにかかわらず、カタログによる古書販売をする店は多い。そういうところにもいい本がある。ただし、本書に記したように目録の記述を見ただけで希望の本かどうかの判断ができるようになっておくことである。ただ、和本を扱う本屋といっても、地理や歴史を得意としている店、美術が強い店、自然科学関係を売る店、書画や錦絵に力を入れている店などさまざまである。東京・神田神保町をはじめ全国各都市で古書店マップを作っている。それで店を探すといいだろう。

全国でデパートなどの催し物として古書市などがよく開かれる。これは古書即売展といい、和本に限らず掘り出し物がある。ふだん店においてある本も、そこには安めに値段をつけて出すし、店では内容が硬すぎて売れないものをまとめて出すこともある。こういうところには和本もよく出品される。また、虫損がある、欠本がある、汚れているなどの理由でかなり安くなっていて、一冊三百円などというものもある。東京では神田小川町にある東京古書会館のほかに高円寺や五反田にも古書会館があって、毎週末そのどこかで一般向けの古書即売展が開かれている。掘り出し物を見つけるとしたらここだ。好きな人は毎週あちこちに出かけるようである。

古本屋を上手に使う

和本の専門店は、どうしても欠落のない揃った本を売る。しかし、利用者には特定の巻数だけ見られればよいということが多い。そこで、お買い得は欠本である。たとえば『江戸名所図会《えどめいしょずえ》』二十冊全巻揃いは安くても四十万円もする。しかし、そのうちの一冊だけなら二、三万円で可能だ。地域別になっているから、必要なところだけ手に入れようというならこれをねらう。たとえば両国から江戸橋、佃島といった地域を見たいなら第二冊目を買う。本屋もときどきこうして売るからそれをねらえばいい。一軒一軒の屋敷名まで入っている当時の住宅地図ともいうべき『江戸切絵図《えどきりえず》』もそうだ。全二十七舗揃いだと三十万円以上するが、一舗ずつなら二万円程度で入手できる可能性がある。

インターネットも大きなマーケットに成長した。和本を扱うような古書業者は全国組織（三千軒からなる全国古書籍商組合連合会）に所属している。この組織に入っている店が出品するサイトが「日本の古本屋」(http://www.kosho.or.jp/)で、数百万点収容された古書の在庫データベースが人気である。ここにも和本が入っているので検索するといい。思いがけない掘り出し物も見つかるだろう。全国古書店の詳細な紹介もあるので、専門別に店を探す、近所の和本がありそうな古書店を探す、古書即売展情報をとる、というときにもこのサイトは便利である。

東京古典会が主催する「古典籍展観大入札会」は、価格が十万円以上の本に限定した和本のオークションである。毎年十一月中旬に東京古書会館で行われるこの催しは、年に一度のお祭りとして、およそ二千点が集まる。そこでは全点展示するので、一般の方も会場で実物を手にとって見ることができる。ときには『百万塔陀羅尼経《ひやくまんとうだらにきよう》』をはじめ古代の印刷物や、さる大名のお姫様の嫁入り道具であったと思われる美麗な『源氏物語』なども出る可能性がある。第一章で紹介した巻子本《かんすぼん》・折本《おりほん》・粘葉装《でつちようそう》・列帖装《れつちようそう》などの古い装訂の実物も見られる。まさに触れる博物館である。入札は業者だけで実施するので、手に入れたい本があるときは古書店に相談して価格を決め、代行入札をしてもらうシステムになっている。

逆に自分の持っている和本を、このオークションに出品することもできる。これも古書店を通して申し込む。全国どこの店からでも出品できるので、「日本の古本屋」のサイトを利用して近所の店を探すとよい。ふだんでも手元にある和本を売りたい、先祖の本が出てきた、お蔵を整理したいというときは、まず古書店に相談することである。個々の本屋がすべての本のことを知っているわけではないが、どうすればよいかがわかっている。そこから専門店なり、市への出品なりの道が選択できる。

和本は、まだ身近に存在している。ぜひ手にとって見てほしいし、購入してもよい。それで和本の実態がわかれば、これを将来に残しておかなければならないことを実感してもらえると思う。

❖和本の保管、奥の手

和本が千年残ることは実証済みである。それは自然素材でできているので、かすかに「呼吸」をしながら生きてきたのだと思う。わたしはそれを和本自身がもっている「保存力」だと考えている。これまで数百年生きてきた和本は、その「保存力」ゆえに、これからも条件が許せば同じだけ生きることができるはずである。しかし、それは和本自身の力だけで生き残ってきたのではなく、人智が和本を助けてきたのである。何もしなければ、虫やネズミなどの害、火災、自然災害、戦争などの外的要因で消耗が進み、歳月とともに古い本は消え去ってしまう。なかでも、書物にとっての最大の敵は「無知」からくる廃棄ということである。きたない、ふるくさい、じゃまだと思われて無残に棄てられてきた本がどれくらいあっただろうか。和本を見て「こんなもの、なにか役に立つのですか」といわれたこともある。虫がついていたりして気持ちが悪いという人もいる。しかし現代人は、もう無知ゆえに和本を捨てることをしてはならないと思う。実際それを防ぐことなら、わたしたちの努力で可能なことだ。そうすることで本の「保存力」を生かすことができる。

その第一歩は、敬して遠ざけるのでなく、身近で親しめる対象として和本を見ることである。とかく図書館などでは和本を「貴重本」として特別扱いするので、容易に閲覧できないところが多い。開架式の棚に和本を並べているところはほとんどない。和本の実物を見たことがない人があんがい多いのではないだろうか。そのため和本を正しく扱う方法などを学ぶ場がなく、いつまで経っても和本と親しむ関係が育たない。ほんとうに文化財として大事に保管すべき本と、自由に閲覧してもよい本との区分けをしっかりすれば解決できることなので、一考をお願いしたい。

次に後世の人に「これは大事なもの」と伝えることがぜひとも必要だ。むやみに「お宝」として祭りあげるのでなく、冷静にその本の客観的な価値を判断することが大切である。第二、三章で述べたように、その本のアイデンティティを明らかにすることだ。それには基本となる知識を身につけることが必要であり、その知識も本とともに伝存させていかなければならない。

ものとしての本の保存だけでなく、基礎知識というソフトウェアも同時に伝えていくという考えかたである。

本を長持ちさせる技

和本のもつ「保存力」を生かしながら、次に害虫からの予防、自然劣化の防止など人智によってそれを長持ちさせる技をいくつか紹介しよう。個人でもできる方法である。

まず、本はめくって見るだけにする。当然、書き込みをしてはいけない。すでになにがしかの書き入れがある本であっても、それ以上の記入は禁物である。たとえ鉛筆でもだ。必要なときは、別紙に書いて該当する丁に挟むようにすればよい。その紙も和紙が望ましいが、少なくとも色のついていない紙にする。近頃の和紙のなかには、洋紙の成分や漂白剤を使うものもあるから必ずしも天然素材とはいえないので、安心はできない。手漉《てす》きといっている商品は安心なので、書道具屋さんなどで購入するといいと思う。和本に二十一世紀のものはできるだけ排除したいと思う。

書き込みをしたいときは、コピーをとってそこに存分にしたらよい。一度や二度、和本をコピーしたり、スキャナーにかけるのはまったく問題ない。ただし、楮《こうぞ》系の料紙ならばである。これならノドのところを押さえつけてコピー機に載せても復元するから神経質になる必要はないのだ。江戸時代の和本の九割は楮紙《ちょし》を用いている。わずかにあった雁皮《がんぴ》を用いた鳥の子などの紙の本の場合は、折れたり切れたりする原因になるのでコピーは最小限にする。コピー機の強烈な光が有害ではないかと心配されるかもしれないが、極彩色の絵の入った本でないかぎり、墨刷りの版本は問題ない。

蔵書印も捺さない。どうしてもというなら、きちんとした篆刻《てんこく》による印を純粋の印肉を用いて捺すこと。くれぐれもスタンプは使用しない。捺す場所は巻頭にするのがふつうである。巻末に捺すこともあるが、あまりべたべたとするものではない。図書館の印も、和本に直接捺すのはやめるべきだと思う。

最低限の補修をすること

和本はとかく題簽《だいせん》がはがれそうになっていたり、はがれた題簽が挟み込んであるときもある。そういうときは、薄く糊を塗ってきちんと貼り込む。表紙の補修も個人でできる。表紙は芯紙《しんがみ》に薄い鳥の子などの染め紙を貼り合わせたものだが、その表面の紙がはがれてしまう傷みが多い。そこで、それらを丹念に繕い、しわを伸ばし糊付けするのである。ただし、こうした補修に今どきの合成接着剤を使うのはご法度である。その成分が本にどのような悪影響を与えるかまだ検証されていないからである。天然糊かそれに近い大和糊を選ぶのが望ましい。糊の使いすぎはいけない。かびと虫を呼ぶからだ。害虫は湿気と糊が好きである。糊そのものを食べるのでなく、成虫がそこへ近づいてきて産卵するのだ。

虫のためにできた被害や破れてしまった箇所は裏打《うらう》ちで対処したいが、これはしかるべき技術指導を受けてからのほうがよい。しみ抜きなども手段はあるが、そういうレベルの直しはプロにまかせるべきだ。和本の修復を専門とする人がいる。その場合、裏打ちなどは一丁いくらという見積りになる。ふつうの和本で単価は数百円。四十丁あれば万単位になるので安くはない。しかし愛着があるのに、傷みがひどいというような本にはそれくらいかけてもいいと思う。

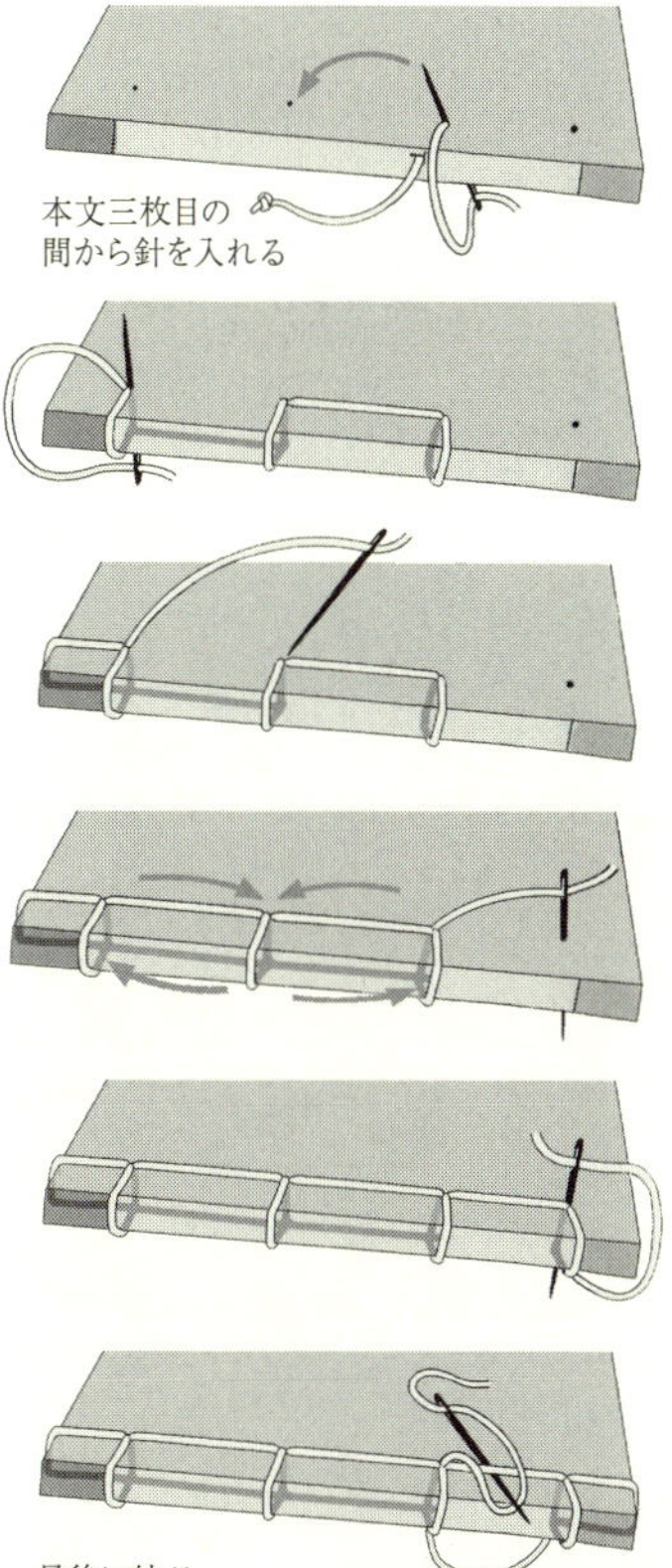
最後に結ぶ。
二度結べばしっかりした綴じになる

糸綴じの方法

綴じ糸が切れている程度も問題ない。めったにないが、下綴じが取れて本がばらばらになるようなら困るが、綴じ糸は素人でも容易に直せるからだ。乱丁本も洋装本だと製本し直すことは難しいが、和本では綴じ直して戻せるのでそれほどの欠点ではない。

糸綴じを自分でするときは、細めのたこ糸といった程度の、絹か木綿の糸を用意する。針も少し大きめの裁縫針でよい。綴じかたのコツは、和本の天地寸法の三倍の長さでまず糸を切っておいて針に通し、お尻に結び目を作っておき、針を通したらその結び目を本の中に埋め込んでおく。綴じ孔近くの横腹、本文三枚目あたりから針を入れて綴じ孔から出す。そこを起点に四箇所すべての孔に順繰りに糸を通していくと、最初に針を入れた孔に戻ってくる。それぞれきつすぎず、ゆるすぎない程度に締める。最後に糸を縛って、その最後の結び目を綴じ孔の中に押し込むようにして隠してやればいい。

❖虫から本を守る方法

もっとも手ごわい外敵は虫である。油断すると最愛の本をボロボロにしてしまう。これはなんとしても防がなければならない。また、もし不幸にして虫にとりつかれたら速やかに排除しなければならない。

昔から、本の虫についていささか誤解がある。和本にはいろいろな虫がつくが、和紙を食べるのはシバンムシの仲間である。よく話に出てくる紙魚《しみ》は紙を食べない。せいぜい題簽をなめるくらいである。ゴキブリもよろしくないが、糞で汚すことはあっても紙を食べはしない。むしろ虫ではなく、ネズミにかじられた本にはよく出くわす。湿気の多いところではかびも本を汚す。

問題は甲虫目シバンムシ科というのに属する虫が和紙を好んで食べることである。日本には五十種類ほどいるらしく、そのなかで和紙に害を与えるのはフルホンシバンムシとザウテルシバンムシ、ケブカシバンムシの三種である。どれも習性は似ているので、フルホンシバンムシで話を進めていこう。

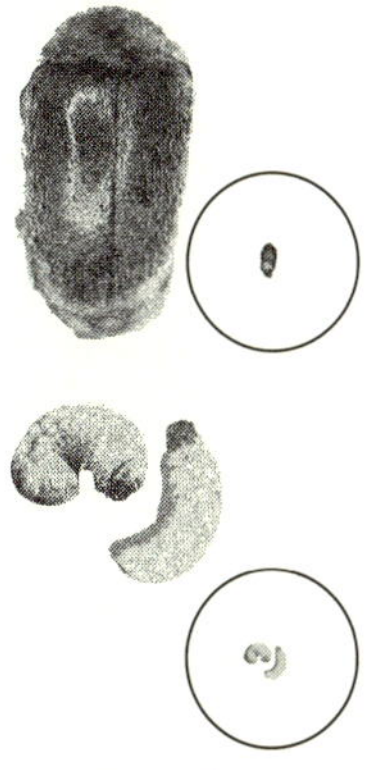

シバンムシの成虫（上）と幼虫（下）。囲みの中がほぼ原寸大

よく漢字で「死番虫」などと書くが、これは英名の deathwatch に由来する。つまり「死の見張り番」ということらしい。古本死番虫というと、おどろおどろしい印象を受けるが、見かけはおとなしいなんの変哲もない小虫である。この虫の親は小型の甲虫で、体長二ミリ程度、

暗赤褐色をしている。上方から見ると楕円形をしている。五月頃から出現し、夏の間に和本の中に卵を産みつける。洋紙は苦手と見えて、もっぱら和紙、それも楮の紙が好物である。

悪いのはこの幼虫で、卵からかえると乳白色をした蛆虫になる。C型に曲がった体長が約二、三ミリの大きさである。これが和紙を食い尽くす。本にトンネルを掘って食べ進んでいく。最後にはこの孔の中で蛹《さなぎ》となって、夏前に飛び立っていくわけだ。このとき糞やかじり屑を唾液で固めて蛹室をつくるため紙がくっついて開きにくくなる。おおむね一年一世代という。この幼虫は実物がすぐに見つからなくとも、生育の過程で表面に細かな屑を排出するので、それが目印になる。これは食べかすと糞で、本をめくっていたら机の上がざらざらになったというときは要注意だ。そうでないときは、虫による孔があっても過去のもので、今は生きている虫はいないと判断できる。

不幸にして今も虫害が進行中のときは、気味悪がらずに幼虫を見つけ出して殺すしかない。紙の中でしか生きられないから、外気に長時間触れれば自然死する。本から追い出したらむりにつぶさなくても大丈夫である。本の綴じ代の中に入り込んでいるのを見つけるのは骨だが、辛抱強くたたき出すしかない。

電子レンジで虫を殺す

もうひとつ問題は卵の状態のときだ。産卵後一、二週間で幼虫になる。卵には殺虫剤も効かないし、肉眼では見分けにくい。しかし、放っておくのは危険である。設備の整った博物館などでは、殺虫剤による燻蒸を定期的に実施するようだが、小さい図書館や個人ではそのような設備がない。そこで掃除機で吸い取るという方法がある。だが本を傷めずにうまく虫や卵だけ吸い取れるか疑問で、工夫が必要だろう。それよりも確実なのが電子レンジで幼虫も卵も殺害してしまう方法である。

中野三敏氏は虫の入った本をラップで包み、電子レンジでチンすることをすすめている。同氏によれば、くれぐれも最大五十秒を超えないことだそうだ。それ以上だと紙が燃え出してしまうので危険なのだ。また奥さんに見つからないようにしないと、二度と電子レンジを使わせてもらえなくなる。電磁波で紙が変質するという心配はないという（『江戸文化評判記』平成四年、中公新書）。

この方法はわたしも試してみたが、確かに中に幼虫がいるときはうまくいく。文字どおり蒸し焼き状態になる。卵がいたとしても生き残れまい。ただ高価な本のときは、本を傷めてしまわないか心配になるので、常用はしていない。これを数十秒するだけで、ラップは大量の汗をかく。本の中にこれほど水分が含まれていたのかと驚くほどである。この水分が和本のあのしなやかさを出していたのだ。和紙は日本のように湿気の多い国によく適応した素材であることを改めて知ることができる。チンしたあと、この水分が減っても、しばらくすると周囲の湿気を吸ってまたもとのしなやかさが戻るので、心配はいらない。

五、六月頃から夏の間、孔をあけて出てきた成虫は活発に室内を飛び回る。網戸やガラス戸にとまっていることが多い。羽音もしないし、小さいので近くを飛んでも普通の人は気にもとめないほどである。蚊のように人をさすわけでもなく、人畜無害なので放っておかれるのが普通だが、近くに和本があるときは、そこから飛び立ったかもしれないし、そこへ産卵するかもしれないと疑うべきで、とにかく退治することだ。シバンムシには育ったところに再び卵を産む習性があるらしい（日本家屋害虫学会編『家屋害虫』昭和五十九年、井上書院）。家庭用の殺虫剤を噴霧するのがよいと思う。ゴキブリやダニを部屋ごと退治する燻煙タイプの薬品で、本の中の虫まで殺すのは無理だそうである。

和本の置き場所

とにかく虫がつかないように予防策を講じよう。まず和本の置き場所が大事である。その目的は湿気対策が第一である。湿気はしみや蒸れなど直接本を傷めるばかりでなく、かびや虫を寄せつけてしまうのである。本棚を清潔にし、本のチリを払い、風を入れて本に必要以上の湿気を含ませないことだ。ふつうの家庭では、風通しのよい開架式の本棚に置く。ガラス戸のついた閉架式でも、開け閉めでひんぱんに空気が入れ替わるなら問題ない。この方法の利点は、ふだん使う本を容易に見つけ出せることだ。しかし、問題点もある。それは外から飛んできた虫が産卵することを防げないことである。

もうひとつの置き場所は、逆に本を密閉した空間に保管してしまう方法である。和本用の桐の本箱があればそこに入れるのが望ましい。その箱を床にじか置きしないで、棚の上などに置くようにし、中に防虫剤を入れておく。こうしておけば、湿気と外から虫の入ることを防ぐことができる。江戸時代から桐箱が使われたのは、桐が空中の水分を吸収したり放出したりする機能が高いからである。

和本の挿絵を見ると、木箱入りの和本がよく描かれている（二百二十五頁の扉の図を参照）。これが当時の書斎にあった本箱なのである。はめはずし式のふたがついたもので、江戸時代にはケンドンといっていた。この木箱は書店が用意したようで、ふたに書名などが書かれている。本に合わせて寸法がとられていて、おおむね高さが二尺（約六十センチ）ほどで、大本が入る大きさがふつうである。高級品は漆塗りで蒔絵《まきえ》が施されている。中国では松などのほか、上等なものは黒檀や紫檀が使われた。

年中一定の温度湿度を保てる現代式の定温書庫があって、そこに和本が置けるような場合を除いて、この桐箱に入れておく方法がもっとも有効なことは江戸幕府の紅葉山《もみじやま》文庫が実証している。同文庫では二列に本が入る約四十五センチ角のケンドン型の桐箱を使用してきた。この箱に入れておいた本とそうでない本とでは、二百年後の保存状況にはっきり差があったそうだ（福井保『紅葉山文庫』昭和五十五年、郷学舎）。

桐の本箱はふつう市販しているものではないので、別の手としてビニールやフィルム製の透明袋に本を入れて、中に防虫剤を入れておく方法がある。防虫剤は昔から樟脳《しょうのう》を使っており、現在の化学薬品に比べて効果は小さいが、人への害も小さいことが実証されている。樟脳系の防虫剤に白檀《びゃくだん》などの香りを入れた防虫香《ぼうちゅうこう》というのも売っている。ただし密封状態で使うことと、あくまでも防虫剤であって殺虫剤ではないことを認識することである。

このふたつ以外の方法で和本を保存するときに、くれぐれも避けてほしいのは、床や畳の上にじかに本を置くこと、押入れに入れること、ダンボールに詰めたままにしておくことだ。まして庭の物置きに放り込んだままは絶対にいけない。本を保管する基本は湿気対策という視点に立って、保管場所を選定すべきなのである。そして本に愛着をもつことである。愛があれば、物置きに入れられたままということはないだろう。もし、愛着がなくなったら、次の所蔵者にバトンタッチする。古書店に売却すれば、必ず次の希望者がいるものである。

❖現代も有効な虫干し

　ふだんの保管面はこれでよいが、まだ万全ではない。そこで虫干《むしぼ》しがある。曝涼《ばくりょう》と称して正倉院でも行っていたことである。ただし虫や産卵成虫の追い出しに効果は多少あるが、目的は殺虫効果でなく予防である。余分な湿気をとり、そこから虫が入るのを防ぐことにある。紅葉山文庫が永年行ってきた方法を紹介しよう。

　時期は梅雨明けから盛夏の間、よく晴れた日の昼間に行う。湿気が多い日は行わない。外の日陰に毛氈などを敷いて本を箱から出して広げる。直射日光は本を焼いてしまうので避ける。このときに本の状態、目録との照合などの点検も実施する。さらに本だけでなく箱や帙《ちつ》などもいっしょに干す。数時間経ったら夕方までに本をもとの箱に戻し、紙にくるんだ樟脳を入れて密閉する（福井保前掲書）。

　難しいことは何もないのだが、現代のわたしたちには、なかなかここまでできないかもしれない。しかし、これが有効であることは認識しておこう。木箱やビニール袋に入れたときは、年に一度がちょうど防虫剤の交換時期にもあたる。箱に入れておいても、何年も放っておいたら虫が出ることもある。また風通しのよい開架式の本棚に置いてある本も、外から産卵にくるのを防げない。完全な虫干しは無理としても、乾燥した日に、本をひとつひとつ出してめくっていくだけでも虫が入っていないかの点検になる。

本をくるむ方法

江戸時代に書店で売り出すときは、書名などを印刷した外袋でくるむことを紹介したが、これは店先での商品の飾りのようなもので、袋とはいうが、次頁の右図のように本の周りをぴったりくるむ形である。そのため買った人が読むたびにはめたり、はずしたりするのは不便である。とくにはめるときは苦労する。せっかちな江戸っ子が毎回これをやったとは思えず、ほとんどは買ったあと捨てられてしまったのではないだろうか。

本を大事にした人は、この袋に裏打ちをするか、厚い紙に袋の印刷部を貼り込んで本をくるみ、笹爪《ささづめ》といわれるこはぜのような爪で、合わせ目を止めるように作り直した套《たとう》を作っていた（次頁の左上図）。これは書店側で用意するのでなく、所蔵者が作ったようだ。

これをさらに厚く硬い紙（たいていはボール紙）に裂《きれ》を貼り合わせて、象牙などで作ったこはぜをつけたものを帙《ちつ》という。中国では古くからあったが、日本では基本的に明治以降になって普及した。現代でもこれをあつらえることが多い。しかし、糊をたくさん使うので、虫がつきやすく、ここから本体へ虫害が広がることがあるので注意が必要である。

このように本をくるむ方法がいくつか伝えられているが、本を保護する一方、虫という強敵を招きかねないので、必ずしも上策ではないことを知っておくべきである。その対策として、帙入りの本は、しばしば中に空気を入れることを忘れないことである。年に数度は本を帙から出して点検する。もし、帙の内側がざらざらするようなら、直接虫が見えなくとも、どこかに卵を産んだかもしれず、危険域に入ったと思うべきだ。もったいなくても、そこで帙は捨ててしまうほうがいい。

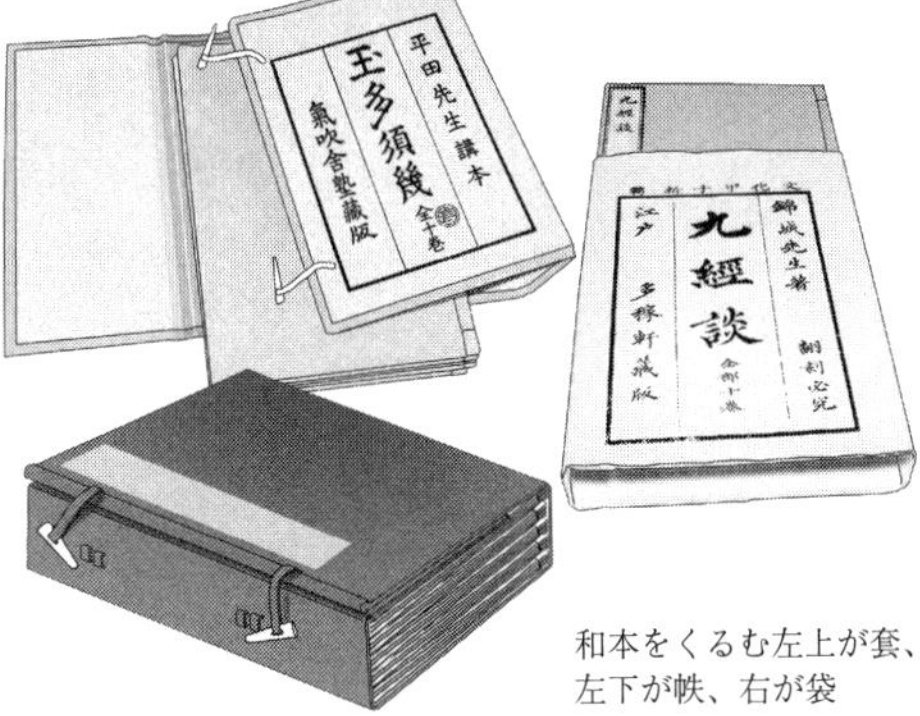

和本をくるむ左上が套、左下が帙、右が袋

このように愛情を注いで本を守る努力を惜しまないことが、和本の保存にとって大切である。活発な古書の市場から出る本の量は、図書館などの機関が保存できる許容範囲をはるかに超えている。したがって、そのほとんどは、個人の所有になる。だから、和本を所蔵する個人もまた保存の重要な担い手である。和本全体が文化遺産であるという立場に立つと、少なくとも現代に生きるわたしたちは、そのまま後世に伝える責任をもつということである。

自己資金で買った私有物だから、何をしてもよいではないかという考えではなく、和本をもった人は「自分がこの本の最終所有者ではない」という自覚をもつべきだと思う。そこが一般の洋装本と大きく違うところである。和本をもつ一人ひとりがその遺産の保護者であるという意識をもつべきだろう。そして数百年後、いや千年後にも同じ容貌で人々に披露されることを願うのである。

あとがき

わたしの店は岳父である先代が昭和十年に開業して以来七十年間、和本を主として商ってきた。その先代の後を継ぎ、和本を学んで三十年たった。世代交代が進み、今度は息子が修業をはじめている。しかし、三十年続けてきたといっても、わたしはまだ初心者のような気持ちである。古書の世界、とりわけ和本にはこれで卒業ということがなく、毎日勉強しつづけてもまだ知らないことに出会うのである。それだけに天職として、やりがいのある仕事だといえる。

古書業界にはもっと優秀な人がたくさんいる。なかには書誌学者として通用するほどの人もいる。考えてみると、すごいプロ集団なのだと思う。そのなかで浅学非才を顧みずわたしが本書を著したのは、次のような理由があった。

和本を知っている人と、よく知らない人の間の落差があまりに大きいのではないか。また、知っている人も高齢化してやしまいか。その落差を埋め、少しでも若い層に裾野を広げていく役割ならわたしにもできそうである。最近の古書業界では愚息ばかりでなく、他店でも二十代、三十代の後継ぎがぞくぞくと和本の勉強を始めている。彼らも若いながら和本に興味を持ったのではないか。ということは、世間一般においても若い人に和本を受け入れる素地があるのだと、わたしは確信するようになった。

いっぽう本好きの多い中高年齢層の方がたも、なかなか和本にまでは手を広げてこなかった。いまひとつ敷居が高かったのだろう。そういう人たちに和本を身近に感じていただく努力も必要だ。本書でそれがどこまで成功したかは甚だ心もとないのだが、和本には彼らの知的好奇心をそそるだけの魅力があると思う。少しでもその興趣を引き出せれば、わたしの責任も果たせるというものである。

本書には誤りや思い違いもあるだろう。だが、あれほど厳しい指導をされた長澤規矩也氏が晩年「静嘉堂《せいかどう》の目録の刊年などは大訂正を要する」「改訂版を出した内閣文庫でもさらに訂正を要する」とかつてのご自分の仕事にも、つねに改めることがあるのを率直に認めておられるように、和本の世界は、調べ尽くしてもきりというものがない。その奥の深さに免じてお赦しいただきたい。また、まだ書き足りないことがたくさんあるが、それらは機会があれば、別の形で披露したい。

本書の原稿を仕上げるについては、大口敦子さんにお世話になった。一読者として全体の方向性を与えていただいたうえに、さまざまな疑問点を指摘してくださったのである。それをさらに磨きをかけて、こうして一冊の本に仕立ててくれたのは平凡社の中島孝二氏と大澤克行氏である。中島氏のベテランとしての信頼感と、大澤氏の熱心さのおかげといえる。記して謝意を表する。

平凡社ライブラリー版　あとがき

二〇〇五年秋に平凡社から単行本として本書を上梓して以来、想像以上の反響があった。それは、「望外の喜び」というべき事柄だった。

何といっても幾度か増刷を繰り返すほどによく売れたことや、各種の書評でとりあげられたことはいうまでもなく、評価に大変〝厳しい〟と聞いていた某教授が「よくできている」とほめてくださったこともうれしいことだった。

とりわけ海外の人たちの好意的な反応は思いがけない喜びだった。むしろ驚くほどである。ある方は、刊行間もなく「この本を書いた橋口さんに会いたい」と突然私の店にやってきたのだった。ヨーロッパの大学で日本文学研究者として活躍されている人である。それが海外の日本資料専門家や学生たちなどに知己が広がる機縁となった。同じように欧米、中国などから突然店にやってきた研究者が何人かいた。お世辞が上手とはいえ、「すばらしい本です」といってくださり、この本を書いてよかったのだと安心した。和本は異文化としてわかりにくいところがあったが、本書が手ごろでわかりやすいガイドブックになったのだと思う。

このほか、国内外で仕事をしている日本人の司書や図書館関係者からの反響もあった。実際に和本の整理などをするさいの役に立ったようだ。

大学で教える機会ができて、若い世代の人たちが興味をもってくれたことも頼もしいことだった。皆熱心に講義を聞いてくれたし、日本人でありながらこれほど豊饒な世界があることを初めて知ったと口を揃えていう。また、社会人向けの講座でもお話をしたが、長く本に接してきた経験をもつ人たちから新鮮な気持ちで受け入れてもらえた。本好きな彼らも、和本まではなかなか手を出してこなかったのだ。

こうして国内外で新たな和本ファンが生まれ、和本に対する好意的なまなざしのあることがわかったことは、ありがたいことだと思う。しかし、それだけで満足できる状況というわけにはいかない。彼らがさらに、より深く和本の世界に入ってくることが必要なのだ。そうでないと一過性で終わってしまう。折に触れて、重ねて和本と付き合わないと、いずれ興味を失ってしまうおそれがある。それを何とかして引きとめたいものである。

本書の役割は、和本の世界がもつおもしろさ、歴史的な重み、本物から出てくるオーラを感じてもらい、それを糧として、書物に対する知識を積み重ねてほしいと願ったところにあった。そのために、難しい書誌学用語でなく、読みやすく語ることが大事だと思った。今度、平凡社ライブラリーの一員になることで、さらにより多くの人に読んでもらう機会が増えたと思う。

日本の古書保存率（そういう用語があったとして）は高い。少なくとも近世以前の古文書については国際比較があって、日本の残存数がかなり多いことが知られている。和本についても、よく調べれば同様の結果が出るだろうと思う。全国各地の文庫、図書館、大学などの公的な機関が保有する量はすこぶる多い。それだけでなく古書を扱っている立場でみていると、民間に出回っている和本の量はもっと豊かである。そのことは、むしろ欧米の研究者からよく指摘されることである。

今も出続けている古書市場からの和本の供給先は、専門の研究者や特殊なコレクターだけではない。全国の図書館でも買い切れないほどの量である。実際に、古本屋の店先では、思ったよりリーズナブルな価格で売られている。だから、日本の古い書物に興味を抱いたら、もっと気楽に実物と接してほしい。古書店は開架式図書館のようなものだから、買わなくとも手に取ることができる。それが和本への本当の意味での入門になる。

購入となると財布の中身が心細いと感じるなら、図書館にある本を活用すればよい。この豊富な資産を利用しない手はないと思う。ところが、本書でも述べたように図書館の中には和本を容易に閲覧できるところが案外少ない。和本（図書館でいう和古書）を保存することも大事だが、私としてはもっと公開にも力を注いでほしいと思う。普通の人が触れても問題のない本の閲覧の敷居を低くしていただきたいのである。現に、愛知県西尾市の岩瀬《いわせ》文庫は「古書ミュージアム」と銘打っているだけあって、広く公開できるようにさまざまな試みをしている。それができるのも、有効な保存体制が一方にできており、全点をもういちど調べ直す「悉皆《しっかい》調査」がなされたからであろう。この方向性を私も支持したい。各地にもそのような動きがあることを仄聞しているが、そのための人材は足りているだろうか?

今回、図書館の関係者の読者が多かったことを奇貨として、ぜひお願いしたいのは、ただ単にものとしての本を保管しておくだけでなく、本の知識というソフトウェアもいっしょに伝えてほしいということである。そうすれば、自ずと和本を愛する人が増えていくことにつながると信ずる。本書がそのために少しでも役立てられれば本望である。

一度、和本の魅力にとりつかれると、さらに進みたくなる。分け入れば分け入るほど奥行きの深さを感じるだろう。汲めども尽きぬ泉である。その世界を書いた『江戸の本屋と本づくり』と銘打った続編もまもなく平凡社ライブラリーより出る予定である。併せて読んでいただければ幸いである。

橋口侯之介

解説——和本愛に支えられた実践的和本入門

揖斐 高

勤務先の大学で、日本文学科の新入生向け入門授業のなかに、「神田古書店街見学ツアー」というものを組み込んでいる。期間を設定し、学生の都合の良い日に、小半日ほど神田の古書店街を散策させようというのである。まず神田神保町にある「本と街の案内所」に寄ってガイドマップを入手、それを参考に、日本文学関係を中心にして気になる古書店を思い思いに回り、予め配付していた用紙にツアーの感想を記して後日提出ということにしている。

参加者の多くは東京および関東近辺出身の学生であるが、神保町の古書店街に足を運ぶのは初めてという学生がほとんどである。日本文学科の学生なので、もともと本好きということもあろうが、提出された感想を読むと、「こんなに多くの古本屋があり、こんなに多くの古本が並べられているとは思わなかった」「江戸時代の本を手に取って見ることができ感激した」「古本の匂いに心が和んだ」「ずっと欲しいと思っていた本を手に入れることができた」「また来てもっとじっくり回りたいと思った」など、なかなか好感触の感想が記されている。

ツアーの最後には、誠心堂書店という古書店に立ち寄らせ、用紙にツアー終了の証明印を押してもらうことにしている。誠心堂書店は神保町の白山通りにある和漢書および書道関係の古書店で、俣孝賢監督の映画『珈琲時光』のロケにも使われた老舗だが、この誠心堂書店のご主人こそ、本書の著者橋口侯之介さんである。橋口さんとは三十年来の友人で、近年は私の勤務先の大学の大学院にも出講していただいている。ツアー終了の証明印押印などという手間をお願いしているのはその誼みにほかならない。しかし、橋口さんがこのような面倒なことを引き受けてくださっているのは、年若い学生たちに古書というものを身近に感じ取って欲しい、そのためにできることなら何でもしようという使命感があるからだろうと思っている。

さて、書名そのまま、本書は和本についての入門書であるが、何よりも本書の特色とするところは、書誌学を研究する学者が書いたものではなく、現役の古書店主が書き下ろしたものだというところにある。三十年来、和本流通の現場に立ち会ってきた著者ならではの「和本を見るツボ」（まえがき）を押さえた、「書誌学や図書館学の本などには出てこない、独特の見かた」の呈示された、「実用的でわかりやすい」入門書として書かれている。

そうした著者ならではの見かたは、書名にも使われる「和本」という言葉を著者が採用した理由にも現れている。「和本」に類する言葉としては「古典籍」「和古書」「国書」などというものがあるが、著者はあえて「和本」という言葉を採用し、「有史以来、明治の初め頃までに日本で書かれたか、印刷された書物の総称」という定義を与える。詳しくは本書を読んでいただきたいが、「古典籍」「和古書」「国書」などという名称に比べ、「和本」の意味するところは広い。むしろ漠然としていると言ってよいかもしれない。書誌学者ならば、もう少し厳密に定義された名称を使おうとするであろう。しかし、ここにこそ橋口さんらしさが現れている。定期的に開かれている古本業者の市には、過去の社会や文化の全体像を反映した多様な書かれたものが集まってくる、と橋口さんは言う。それらを丸ごと扱うためには、あらかじめ対象を狭く限定してはならない。厳密な定義は対象を狭く囲い込み、多様性を否定することにつながりかねない。「書物というのは幅広いものなので、あまり狭く考えずに「和本」のようにゆるやかに包容することばで語るほうがいい」と言う。現場の人ならではの判断である。

本書は四章で構成されている。「和本とは何か——その歴史と様式を知る」と題される第一章において、和本の歴史的展開と、歴史的な展開のポイントごとに、和本の形式・大きさ・紙・印刷様式・製本法など、「物」としての和本の概要が解説される。まことに巧みな叙述法だが、従来の書誌学研究の蓄積をじゅうぶんに踏まえながら、初心者にも分かりやすく、簡潔に和本とは何かが示されており、橋口さんの明快な文章が、読者を和本の世界へ引き込んでいく。

第二章の「実習・和本の基礎知識——本作りの作法を知る」において注目すべきは、和本を分類・整理するための三箇条、すなわち和本の目録作りのために必要な三箇条が提示されているることである。著者はそれを「基本情報」「位置情報」「個別情報」という三つのカテゴリーとして提案する。「基本情報」とは書名、著者名、成立年代、書型、巻冊数などの情報をいい、「位置情報」とは出版年、初版か再版か、初刷か後刷かなど、その本がどの段階のものであるかについての情報を指し、「個別情報」とは保存状態、旧蔵者、書き入れなど、その本固有の特徴についての情報を意味している。ここに挙げたような和本についての諸項目は、従来も和本の目録作成においては当然必要事項とされてきたものではあるが、このような重層的な三つのカテゴリーとして明快に整理したのは、橋口さんが初めてではないかと思う。コンピュータに強い橋口さんならではのカテゴリー設定である。

第二章では主としてこのうちの「基本情報」について解説されるが、特に書名と著者名の採り方についての知見が初心者にとっては実践的で有益である。実際に和本を前にしてまず困惑するのは、いったいこの本の書名は何なのかということである。近代の活版本と違って、和本では表紙に記された外題、本文の巻頭に記された内題、表紙見返しに大きく記された見返し題、序文に付けられた序題、本文の末尾に記された尾題、版本なら版心に記された版心題などさまざまな箇所に書名が記されているが、それらは往々にして異なっているからである。橋口さんは例外も認めながら、和本ではまずは内題に拠るべきことを主張する。そして、さらには内題や外題などを踏まえて標準的な「統一書名」というものを定め、それを基準として採用する方向に進んでいくべきことを提案する。著者名についても、現実の和本では近代のように氏プラス名の形で出てくるわけではない。和本における著者名表記パターンの解説も初心者にとっては有益だが、著者名についても橋口さんは「統一著者名」という考え方を支持している。目録をデータベース化しコンピュータで検索することが一般化しつつあるなかでは、穏当で実際的な判断である。

第三章「和本はどのように刊行されたか——刊記・奥付の見かた」では、和本の「位置情報」と「個別情報」の問題が取り上げられる。特に大きな問題として力説されているのが、版本における初版と改版、同一版における初刷と後刷の問題である。初版と改版、初刷と後刷の違いを言葉で説明することは難しくない。しかし、それだけでは問題の所在を明らかにしたことにはならない。橋口さんは江戸時代中期に出版された菊岡沾涼著の『江戸砂子』という江戸の地誌を具体例に、その問題の所在を具体的に明らかにしてゆく。

実際に出回っている和本『江戸砂子』にはさまざまな名称が記されており、内容上の相違とも相俟って、整理に混乱を来す要因になっている。そこで『江戸砂子』を統一書名として諸本を分類整理した結果、大別すると享保十七年（一七三二）に出版された初編ともいうべき『新撰江戸砂子』、三年後の享保二十年（一七三五）に出版された続編ともいうべき『続江戸砂子』、恒足軒こと丹治庶智によって明和九年（一七七二）に出版された初編の増補修正版ともいうべき『再校江戸砂子』の三版があり、さらに『続江戸砂子』と同時に続編の附録として出版されたと思われる『新板江戸分間絵図』という地図もあると橋口さんは言う。橋口さんは、それら各版の『江戸砂子』をできるだけ数多く閲覧蒐集し、それらの巻末に付されている刊記や奥付を比較検討した結果、同じ版の本でも版元名に異同があることに注目する。そしてその事実に、諸本の版面の荒れ具合や刷りの善し悪しの状態を重ね合わせ、また『享保以後江戸出版書目』などという本屋の記録類と突き合わせて、同じ版でもどの本が初刷で、どの本が後刷かということを明らかにし、さらには板木そのものが版元の間を転々と移動し、増刷が重ねられていった事情を解明してゆくのである。その解明作業には一種謎解きのような面白さがあり、和本の世界の奥深さを実感的に体験させてくれるものになっている。

そして最終章である第四章「和本の入手と保存――次の世代に残すために」では、和本流通の現場に関わってきた古書店主橋口さんならではの和本の入手法と保存法が語られる。もちろんその背後にあるのは、橋口さんの和本への愛である。私は橋口さんが和本を手に取った時のある印象的な場面を思い出すことができる。七、八年昔のことだが、勤務先の大学の図書館が所蔵している、いわゆる貴重書を橋口さんに見てもらう機会があった。原装丹表紙の古活字版

『後漢書』全五十冊のうちの何冊かを手に取って、その重さを実感するかのように手のひらに載せて軽く上下させせながら、「これは良い本ですよ」と言った橋口さんの嬉しそうな表情には、おのずからなる和本への愛が現れていたような気がするのである。

本書の主要テーマは、千年もの寿命を持つ「物」としての和本について、その特性と魅力を初心者に解説することであったと言ってよい。しかし、和本は「物」としてあるだけではない。和本は「言」を載せ、「事」を伝えるメディアとして存在している。「物」としての和本を正しく認識することによって、初めて「言」や「事」としての和本の位相も明らかにすることができる。「物」としての和本を「言」や「事」としての和本へどうつなげてゆくべきか、橋口さんは本書執筆中もそのことを考えていたに違いない。おそらくその課題は本書の後続作において、より正面から取り上げられているはずである。

（いび　たかし／近世文学）

参考文献

【基本情報】
『国書総目録』補訂版　八冊＋著者別索引一冊、平成一〜三年、岩波書店
国文学研究資料館編『古典籍総合目録』三冊、平成二年、岩波書店
＊いずれも国文学研究資料館 http://www.nijl.ac.jp/ で「日本古典籍総合目録」として検索ができる
＊漢籍は「全国漢籍データベース」http://www.kanji.zinbun.kyoto-u.ac.jp/kanseki/ で検索可能

【全般的な概説書】
『長澤規矩也著作集』十冊＋別巻一冊、昭和五十七〜平成一年、汲古書院
川瀬一馬著・岡崎久司編『書誌学入門』平成十三年、雄松堂出版
中野三敏『書誌学談義　江戸の板本』平成七年、岩波書店
中野三敏『江戸文化評判記』中公新書、平成四年、中央公論社
中野三敏『和本の海へ』平成二十一年、角川学芸出版
林望『書誌学の回廊』平成七年、日本経済新聞社
反町茂雄『一古書肆の思い出』五冊、昭和六十一〜平成四年、平凡社
廣庭基介・長友千代治『日本書誌学を学ぶ人のために』平成十年、世界思想社
長友千代治『江戸時代の書物と読書』平成十三年、東京堂出版
堀川貴司『書誌学入門』平成二十二年、勉誠出版
橋口侯之介『続和本入門』平成十九年、平凡社

橋口侯之介『和本への招待』平成二十三年、角川書店

【書誌学図録・用語など】

長澤規矩也『図書学参考図録』五冊、昭和四十八〜五十二年、汲古書院

長澤規矩也『図解和漢印刷史』一冊＋別冊一冊、昭和五十一年、汲古書院

井上宗雄ほか編『日本古典籍書誌学辞典』平成十一年、岩波書店

川瀬一馬『日本書誌学用語辞典』昭和五十七年、雄松堂書店

鈴木俊幸編『増補改訂近世書籍研究文献目録』平成十九年、ぺりかん社

【おもな蔵書目録】

『改訂内閣文庫国書分類目録』二冊＋索引一冊、昭和四十九〜五十一年、国立公文書館内閣文庫

『改訂内閣文庫漢籍分類目録』昭和四十六年、国立公文書館内閣文庫

『大東急記念文庫書目』二冊、昭和三十・五十三年、大東急記念文庫

林望ほか編『ケンブリッジ大学所蔵和漢古書総合目録』一九九一年、ケンブリッジ大学

天理大学附属天理図書館編『綿屋文庫連歌俳諧書目録』二冊、昭和二十九・六十一年、天理大学出版部

武田科学振興財団編『杏雨書屋蔵書目録』昭和五十七年、臨川書店（発売）

駒沢大学図書館編『新纂禅籍目録』一冊＋追補編一冊、昭和三十七・三十九年、駒沢大学図書館

【おもな分野別目録および研究】

川瀬一馬『五山版の研究』二冊　昭和四十五年、ＡＢＡＪ（日本古書籍商協会）

川瀬一馬『増補古活字版之研究』三冊　昭和四十二年、ＡＢＡＪ（日本古書籍商協会）

後藤憲二編『寛永版書目并図版』平成十五年、青裳堂書店

長澤規矩也『和刻本漢籍分類目録』一冊＋補正版一冊、昭和五十一・五十五年、汲古書院

山崎麓編『改訂日本小説書目年表』昭和五十二年、ゆまに書房

棚橋正博『黄表紙総覧』三冊＋索引編一冊＋図録編一冊、昭和六十一〜平成十六年、青裳堂書店
笠井助治『近世藩校に於ける出版書の研究』昭和三十七年、吉川弘文館
多治比郁夫・中野三敏編『近世活字版目録』平成二年、青裳堂書店
岩田豊樹『江戸図総目録』昭和五十五年、青裳堂書店

【各種解題、辞典】

『日本古典文学大辞典』六冊、昭和五十八〜六十年、岩波書店
『国史大辞典』十七冊、昭和五十四〜平成九年、吉川弘文館
高木利太編『家蔵日本地誌目録』復刻版、二冊、昭和五十一年、名著出版
小野玄妙ほか編『仏書解説大辞典』十三冊＋著者別書名目録一冊＋別巻一冊、昭和八〜六十三年、大東出版社
桂五十郎『漢籍解題』復刻版、昭和四十五年、名著刊行会
近藤春雄『中国学芸大事典』昭和五十三年、大修館書店
日本図書館協会日本の参考図書編集委員会編『日本の参考図書』第四版、平成十四年、日本図書館協会
市古貞次ほか編『国書人名辞典』五冊、平成五〜十一年、岩波書店
国学院大学日本文化研究所編『和学者総覧』平成二年、汲古書院
長澤規矩也監修・長澤孝三編『漢文学者総覧』昭和五十四年、汲古書院
関儀一郎・関義直編『近世漢学者伝記著作大事典』昭和十八年、井田書店ほか

【江戸期の本屋】

井上隆明『改訂増補近世書林板元総覧』平成十年、青裳堂書店
上里春生『江戸書籍商史』復刻版、昭和四十年、名著刊行会
蒔田稲城『京阪書籍商史』昭和四十三年、高尾彦四郎書店
今田洋三『江戸の本屋さん』昭和五十二年、日本放送協会、平成二十一年、平凡社ライブラリー

長友千代治『近世貸本屋の研究』昭和五十七年、東京堂出版
長友千代治『江戸時代の図書流通』平成十四年、思文閣出版（発売）
朝倉治彦ほか編『享保以後江戸出版書目』新訂版、平成五年、臨川書店
鈴木俊幸『江戸の読書熱』平成十九年、平凡社
鈴木俊幸『江戸の本づくし』平成二十三年、平凡社
大阪図書出版業組合編『享保以後大阪出版書籍目録』復刻版、昭和三十九年、清文堂出版
慶応義塾大学斯道文庫編『江戸時代書林出版書籍目録集成』三冊＋索引、昭和三十七〜三十九年、井上書房
長澤規矩也・阿部隆一編『日本書目大成』四冊、昭和五十四年、汲古書院
朝倉治彦監修『近世出版広告集成』六冊、昭和五十八年、ゆまに書房

【その他の参考書】

渡辺守邦ほか編『新編蔵書印譜』平成十三年、青裳堂書店
川瀬一馬『日本における書籍蒐蔵の歴史』平成十一年、ぺりかん社
福井保『紅葉山文庫』昭和五十五年、郷学舎
恩地孝四郎編『製本之輯』昭和十六年、アオイ書房
遠藤諦之輔『古文書修補六十年』昭和六十二年、汲古書院
文化財虫害研究所編『文化財の虫菌害と保存対策』昭和六十二年、文化財虫害研究所

【中国の書物】

北京図書館原編『中国版刻図録』昭和五十八年、朋友書店
井上進『中国出版文化史』平成十四年、名古屋大学出版会
陳国慶著・沢谷昭次訳『漢籍版本入門』昭和五十九年、研文出版
魏隠儒ほか著・波多野太郎ほか訳『漢籍版本のてびき』昭和六十二年、東方書店

ま

や〜わ

用語索引

平凡社ライブラリー　744

和本入門《わほんにゅうもん》

千年生きる書物の世界

発行日…………2011年9月9日　初版第1刷

著者……………橋口侯之介

発行者…………関口秀紀

発行所…………株式会社平凡社

〒112-0001　東京都文京区白山2-29-4

電話　東京(03)3818-0742[編集]

東京(03)3818-0874[営業]

振替　00180-0-29639

印刷・製本……藤原印刷株式会社

DTP…………平凡社制作

装幀……………中垣信夫

ISBN978-4-582-76744-5

NDC分類番号020.21

B6変型判（16.0cm）　総ページ276

平凡社ホームページ　http://www.heibonsha.co.jp/

落丁・乱丁本のお取り替えは小社読者サービス係まで
直接お送りください（送料、小社負担）。

平凡社ライブラリー　既刊より

【日本史・文化史】

網野善彦……………………………………異形の王権
網野善彦……………………………………増補　無縁・公界・楽――日本中世の自由と平和
網野善彦……………………………………海の国の中世
網野善彦……………………………………里の国の中世――常陸・北上総の歴史世界
網野善彦……………………………………日本中世の百姓と職能民
網野善彦＋阿部謹也………………………対談　中世の再発見――市・贈与・宴会
網野善彦＋石井進＋福田豊彦……………沈黙の中世
田中貴子……………………………………外法と愛法の中世
笠松宏至……………………………………法と言葉の中世史
丹生谷哲一…………………………………検非違使――中世のけがれと権力
瀬田勝哉……………………………………増補　洛中洛外の群像――失われた中世京都へ
佐藤進一＋網野善彦＋笠松宏至…………日本中世史を見直す
佐藤進一……………………………………足利義満――中世王権への挑戦
佐藤進一……………………………………増補　花押を読む
塚本　学……………………………………生類をめぐる政治――元禄のフォークロア

原田信男……歴史のなかの米と肉――食物と天皇・差別
西郷信綱……古代人と夢
西郷信綱……古代人と死
西郷信綱……古典の影――学問の危機について
西郷信綱……源氏物語を読むために
佐竹昭広……古語雑談
岩崎武夫……さんせう太夫考――中世の説経語り
廣末　保……芭蕉――俳諧の精神と方法
田中優子……江戸はネットワーク
加藤郁乎……江戸俳諧歳時記　上・下
今田洋三……江戸の本屋さん――近世文化史の側面
服部幸雄……大いなる小屋――江戸歌舞伎の祝祭空間
前田　愛……樋口一葉の世界
前田　愛……近代日本の文学空間――歴史・ことば・状況
高取正男……神道の成立
高取正男……日本的思考の原型――民俗学の視角
堀　一郎……聖と俗の葛藤